本项目研究得到云南省哲学社会科学研究基地支持

加强和创新社会管理的法律问题研究

主　编　杨临宏
副主编　陈　颖　朱素明　邓　博
撰稿人　邓　博　朱素明　华袁媛　李　静
　　　　孙　琳　黄劲媚　宗　宏　顾德志
　　　　陈　颖　曾圣谒　沈春梅

中央编译出版社
Central Compilation & Translation Press

图书在版编目（CIP）数据

加强和创新社会管理的法律问题研究/杨临宏主编
. — 北京：中央编译出版社，2015.6
ISBN 978-7-5117-2638-4

Ⅰ.①加… Ⅱ.①杨… Ⅲ.①社会管理－法律－研究
－中国 Ⅳ.①D920.0

中国版本图书馆 CIP 数据核字（2015）第 083530 号

加强和创新社会管理的法律问题研究

出 版 人：	刘明清
出版统筹：	董 巍
责任编辑：	王 景　曲建文
责任印制：	尹 珺
出版发行：	中央编译出版社
地　　址：	北京市西城区车公庄大街乙 5 号鸿儒大厦 B 座（100044）
电　　话：	（010）52612345（总编室）　（010）52612363（编辑室）
	（010）52612316（发行部）　（010）52612315（网络销售）
	（010）52612346（馆配部）　（010）66509618（读者服务部）
传　　真：	（010）66515838
经　　销：	全国新华书店
印　　刷：	北京天正元印务有限公司
开　　本：	710 毫米×1000 毫米　1/16
字　　数：	229 千字
印　　张：	16.5
版　　次：	2015 年 6 月第 1 版第 1 次印刷
定　　价：	48.00 元
网　　址：	www.cctphome.com　　邮　箱：cctp@cctphome.com
新浪微博：	@中央编译出版社　　微　信：中央编译出版社（ID：cctphome）
淘宝店铺：	中央编译出版社直销店（http://shop108367160.taobao.com）

本社常年法律顾问：北京市吴栾赵阎律师事务所律师　　闫军　梁勤
凡有印装质量问题，本社负责调换。电话：010—66509618

目　录

第一章　运用法治思维，创新社会管理 …………………… 1
　　第一节　社会管理创新与法治建设 ………………………… 1
　　第二节　社会管理创新与行政法完善 ……………………… 7
　　第三节　协商民主与社会管理创新 ………………………… 16

第二章　积极配套立法，确保边疆安宁 …………………… 29
　　第一节　云南境内的人口跨境流动 ………………………… 30
　　第二节　跨境人口管理的法律问题 ………………………… 33
　　第三节　跨境婚姻管理的法律问题 ………………………… 37
　　第四节　跨境人口管理的创新与前瞻 ……………………… 38

第三章　规范救助体制，服务高危人群 …………………… 41
　　第一节　艾滋病高危人群管理的概述 ……………………… 41
　　第二节　艾滋病高危人群管理 ……………………………… 46

第四章　结合应急机制，确保公共安全 …………………… 76
　　第一节　应急管理体系法律问题研究 ……………………… 76
　　第二节　公共安全体系法律问题研究 ……………………… 84

第五章　加大监督力度，确保食品安全 …………………… 95
　　第一节　云南省食品安全监管模式的探索和创新 ………… 95
　　第二节　食品安全监管存在的问题 ………………………… 99

第六章　加强法治建设，管理社会组织 ········· 106
第一节　社会组织管理概述 ········· 106
第二节　云南省社会组织发展的法律环境评述 ········· 110
第三节　云南省社会组织参与社会管理的法律制约 ········· 112
第四节　促进云南省社会组织发展的法律建议 ········· 117

第七章　借力人民调解，化解医患难题 ········· 121
第一节　《人民调解法》背景下的医疗纠纷人民调解制度构建 ··· 121
第二节　云南省医疗纠纷人民调解实践模式 ········· 146
第三节　医疗纠纷人民调解的实践经验和完善建议 ········· 161

第八章　强化调解仲裁，化解劳资纠纷 ········· 174
第一节　劳动人事争议仲裁委员会的整合 ········· 177
第二节　劳动人事争议仲裁院建设 ········· 184
第三节　劳动人事争议调解仲裁工作机制创新 ········· 190
第四节　劳动人事争议案件处理机制创新 ········· 199
第五节　劳动人事争议调解工作机制创新 ········· 209
第六节　调解仲裁工作制度创新中存在的问题和对策 ········· 213

第九章　建立行政调解，化解社会纠纷 ········· 218
第一节　行政调解制度概述 ········· 218
第二节　我国行政调解制度的现状分析 ········· 231
第三节　域外行政调解制度之比较研究 ········· 239
第四节　完善我国行政调解制度的构想 ········· 246

参考文献 ········· 256

后　记 ········· 259

第一章 运用法治思维,创新社会管理

第一节 社会管理创新与法治建设

随着中国经济三十多年来的高速增长,社会问题也随之快速增长。与此同时,传统社会管理与经济社会发展状况出现了断裂,难以适应社会利益格局的激烈变动和社会矛盾的复杂运动。创新社会管理的体制机制已经成为了保持社会稳定、经济可持续发展的必然选择。而在社会管理创新中运用法治思维和法治方式,充分发挥法律调整社会关系、定分止争的功能,是有效化解社会矛盾、维护社会秩序、和谐社会关系、促进社会发展的必由之路。正如党的十八大报告所提出的:"提高领导干部运用法治思维和法治方式深化改革、推动发展、化解矛盾、维护稳定能力。""更加注重发挥法治在国家治理和社会管理中的重要作用","要围绕构建中国特色社会主义社会管理体系,加快形成党委领导、政府负责、社会协同、公众参与、法治保障的社会管理体制"。习近平总书记在首都各界纪念现行宪法公布施行 30 周年大会上的讲话(2012 年 12 月 4 日)中强调:"各级领导干部要提高运用法治思维和法治方式深化改革、推动发展、化解矛盾、维护稳定能力,努力推动形成办事依法、遇事找法、解决问题用法、化解矛盾靠法的良好法治环境,在法治轨道上推动各项工作。"在中央政治局集体学习时,习近平总书记进一步强调(2013年2月23日):"各级领导机关和领导干部要提高运用法治思维和法治方式的能力,努力以法治凝聚改革共识、规范发展行为、促进矛盾化解、保障社会和谐。"在中央全面深化改革领导小组二次会议(2014年2月28日)上,习近平总书记又再次强调:"凡属重大改革都要于法有据。在整个改革过程中,都要高度重视运用法治思维和法治方式,发挥法治的引领和推动作用,加强对相关立法工作的协调,确保在法治轨道上推进改革。"习近平总书记之所以反复强调运用法治思维和法治方式足见其在建设法治中国、法治政府、法治国家中的重要性。加强和创新社会管理的最终目标是要建设法治社会、和谐社会、小康社会、文明社会,如何运用法治思维和法治方式加强和创新社会管理是一个值得认真思考和对待的大课题。

一、法治与社会管理创新的关系

传统社会管理以静态社会稳定为目标、以社会控制为管理理念、以政府为单一管理主体、以行政命令为管理手段,其核心是偏爱权力的人治模式。传统社会管理已不能适应当下中国的经济社会状况,不仅不能解决社会矛盾和问题,反而产生了许多新的弊端,只有以法治精神推进社会管理创新,构建法治型社会管理模式才是保持稳定、健康、有活力的社会秩序的根本。

(一)法治是社会管理创新的重要方式

社会管理涉及领域广泛、涉及政府部门众多,还关系到每个公民的切身利益,无疑需要综合运用经济调节、法律规制、行政管理、舆论引导、道德约束、心理疏导、科学技术等多种方式。而基于稳定性、公正性、可预期性的特质,法治方式在社会管理领域中,特别是在社会纠纷解决中必须发挥重要的作用。而社会管理领域内进行创新,也必须依赖法治的方式,否则,创新将可能偏离公平、公正的价值目标,创新的成果也难以固化,难以摆脱"人亡政息"的窘境。

（二）法治是社会管理创新的根本保障

社会管理创新的本质，是"通过社会内部结构的调整、改变与重新组合，以及外部环境的调适和改造，使社会管理发生整体功能的转变"①。而社会管理转变，在价值导向上必须符合公平正义的法治理念，在形式上必须以法律规则和程序为支撑，在实施中又必须借助于法律的强制执行力。就过程而言，社会管理创新就是按照法律规范的要求，将社会管理的原有状态转化为具有一系列完备、具体、可操作的新法的法律制度，并获其保障的过程。如果没有法治的保障，社会管理创新将会因其合法性欠缺，受到公众的质疑而难以获得真心实意的接受。

（三）法治是社会管理创新的基本内容

当前社会管理中存在的一个重要问题就是社会管理的非法治化，主要体现在实施社会管理的公权力未完全受到制度的约束、公民权益未受到法律的强有力保障、公众参与社会管理没有制度化的渠道。因此，社会管理创新的基本内容就是将公权力置于制度之笼、强化公民权益的法律保障、构建公众有效参与社会管理的制度渠道。

（四）法治是社会管理创新的目标追求

社会管理创新的最终目标是实现人的自由和秩序。自由是人的自然属性，秩序是人的社会属性，两者均为人的基本属性。自由与秩序是既互相对立，又互相统一的，没有秩序则自由无法实现，没有自由则秩序失去存在的价值。而法治是人类在长期追求自由和秩序历史中所寻找到的最不坏的社会管理模式。法治强调社会管理主体的一切活动都要以法律为依据，以保证社会管理的可预期性，满足人类的秩序需求，同时，法治强调法律所规定每一个人的权利和基本自由，使人民免于管理者的专断和独裁的侵害。

二、社会管理创新与法治的平衡

由于法治强调稳定性，而创新强调变化性，因而两者存在难以克服

---

① 陈柳裕：《在法治框架内实行社会管理创新》，载《今日浙江》2011年第17期。

的紧张关系："一方面，要进行创新，就势必面临如何维护法律的尊严及其稳定性问题；另一方面，要实施法治，则又面临如何保证创新的及时进行，以适应新的形势需要问题。"① 只有把握以下几个原则，才能在创新的变动性与法律的至上性和稳定性之间保持平衡。

（一）社会管理创新不可超越法律的基本框架

法治的社会管理模式包含的基本内容有：社会管理主体有着明确的职责范围、管理手段与方式、行使权力的程序，而社会利益主体也具有法律所确定的权利与义务以及明确界限。"只有在法治框架内完成的社会管理创新，才是真正的创新；只有在法治框架内完成社会管理创新，才能及时消解创新的变动性与法律的至上性和稳定性之间的冲突和矛盾。"② 当然，由于社会生活的变化，也应当应现实形势需要进行创新，然而，无论是事前预防的创新、事中处理的创新还是事后化解的创新，社会管理主体都不能逾越法律确定的范围、权限、程序、手段与方法，而必须在法律允许的范围内进行创新。在社会管理中，创立新制度、建立新机制、采用新方法，应遵循以下原则："（1）对于公民来说，属于选择性、赋权（权利）性、授益性的创新举措和制度规范可以宽松一点；（2）对于公民来说，属于禁止性、限权（权利）性、损益性的创新举措和制度规范则应非常谨慎和严格对待之；（3）创新举措和制度规范的出发点、目的性必须正当，必须坚持以人为本，实现私益与公益、公平与效率、自由与秩序的兼顾平衡，尽可能体现帕累托改进，降低成本，减少伤害；（4）创新举措和制度规范的社会效果应有助于贴近其出发点和归宿点。"③

（二）社会管理创新成果应实现法制化

对传统的社会管理模式进行改造、改进和改革的创新，会涉及社会

---

① 蔡乐渭：《社会管理创新的法治之维——论法治视角下社会管理创新的重点》，载《领导科学》2011年第4期。
② 陈柳裕：《在法治框架内实行社会管理创新》，载《今日浙江》2011年第17期。
③ 莫于川：《行政法治视野中的社会管理创新》，载《法学论坛》2010年第11期。

管理的主体、权限、程序、方法、途径、手段等。这些变化都可能涉及不同主体的利益,因而法制化格外重要。同时,社会管理创新既存在成功的可能性,也存在失败的可能。对于失败的创新,应当及时废止,而对于成功的创新应及时将其制度化,通过制定法律的方式将其固定下来,从而保证成功的创新经验得到长期和广泛的应用。

(三)社会管理法律本身要进行创新

社会生活是纷繁复杂而不断变化的,社会管理法律则是对以往社会管理经验的总结,立法者不可能预见以后的所有变化。因而,当社会形势和需要与既有法律存在不可调和的矛盾时,必须修改法律。社会管理法律社会管理创新应在法律框架之内进行,但并不排斥对法律进行修改。当社会管理法律不能适应社会管理形势发展的需要,或出现因法律的局限而导致必要的社会管理创新无法开展的时候,就应当对相关法律进行修改,也说是进行创新。社会管理法律的修订不仅可对社会管理创新进行有效保障,同时使依法所进行的社会管理适应社会形势发展的需要,更重要的是能够在法治的轨道内进行社会管理创新,不致出现表面上"良性违法",实际上却有损法律尊严的状况。

三、以法治推进社会管理创新

以法治推进社会管理创新,需要进一步加强与深化对社会管理规律的研究,精心规划,找准以法治推动社会管理创新的切入点、结合点和着力点。"以形式法治为基础,以实质法治为主导,以行政法治为重点,以程序法治为核心,以民生法治为后盾,在更高层次、更宽领域、更多环节上充分发挥法治在社会管理创新中不可或缺、不可替代的基础性作用。"①

(一)以形式法治为基础

形式法治可以概括为"有法可依,有法必依,执法必严,违法必

---

① 江必新、罗英:《社会管理创新三论》,载《理论与改革》2012年第1期。

究"。以形式法治为基础，就是既要加快社会管理立法，形成健全的社会管理法律体制，又要严格实施社会管理法律，从而树立法律权威；既要大力推进社会管理创新，又要切实尊重法律权威，不能突破法律的基本原则和基本框架；既要防止社会管理创新脱离法治轨道与损害法律尊严，又要通过健全完善解释机制、清理机制、修改机制、废止机制而畅通社会管理创新的法律渠道，保障具有正确价值导向的社会管理创新得以实施。

（二）以实质法治为主导

实质法治强调的是法律本身的正义含量以及法律实施的合目的性。当前实质法治表现为对"公平正义"的价值追求和法律实施的为民取向。首先，既要加快社会管理立法进度，又要坚持依法立法、科学立法、民主立法，保障立法质量。其次，要真正坚持以人为本，把社会大众的合法权益作为社会管理法治化的出发点与落脚点。第三，要完善立法过滤机制与审查机制、执法与司法的监督机制与纠错机制，统筹考虑社会管理的法律效果与社会效果，在法律范围内寻求法律效果与社会效果的统一，寻求社会效果的最大化。

（三）以行政法治为重点

针对政府负责社会管理这一实际，把行政法治建设作为推进社会管理创新的重点，加快法治政府建设。要结合社会管理创新，加快体制改革，努力形成行为规范、运转协调、公正透明、廉洁高效的行政管理体制与权责明确、行为规范、监督有效、保障有力的行政执法体制，为推进依法行政、建设法治政府清除体制障碍。

（四）以程序法治为核心

要以法治政府建设为目标，以社会管理创新为契机与动力，加快社会管理程序建设，把建立和完善社会管理程序作为创新社会管理与推进依法行政的重点任务，因为只有将社会管理的环节、实施步骤程序化、规范化，才能让社会管理人员有所遵循，从而避免管理的随意性。要重点完善社会管理对象的参与程序，保障其知情权、参与权、监督权，开创参与型、共治型、开放型的社会管理新局面。

（五）以民生法治为后盾

社会管理创新的出发点和落脚点是以人为本，因此，完善社会管理的法律体系首先应当从民生入手，着力建立健全民生领域的立法。为尽快实现基本公共服务的均等化提供法律保障。要完善社会保险制度、社会福利制度与社会救助体系，加强对弱势群体的保护。要完善个人权益保护机制、个人诉求表达机制、社会矛盾化解机制，消民怨，排民忧，解民难。要按照社会大众自觉接受管理、主动配合管理、积极参与管理的目标，尽量满足社会大众的民生愿望。

第二节　社会管理创新与行政法完善

党的十八大提出，要尽快形成"党委领导、政府负责、社会协同、公众参与、法治保障"的社会管理体制，其中，政府应当对社会管理承担主要责任，行政法作为政府实施社会管理的重要法律依据，应与时俱进，顺应社会管理创新的要求，主动变革创新，以顺应实现社会管理的法治化的要求。

一、行政法理念转变

我国行政法在理念上长期以来存在"重管制控制、轻协商协调，重行政手段、轻法制规范，重政府作用、轻多元参与"的现象。社会管理创新必然要求行政法理念的更新。从传统的行政管制理念、全能行政理念、人治行政理念和封闭行政理念向服务行政理念、有限行政理念、法治行政理念和开放行政理念转变。

（一）从管制到服务

管制理念与服务理念的核心区别在于：究竟是官本位还是民本位？究竟是政府本位还是社会本位？究竟是权力本位还是权利本位？长期以

来，行政法从立法到执行，都过于强调对经济社会的管制，而忽视政府对于人民负有提供公共服务的义务，但是享受政府所提供的公共服务却是人民的固有权利。树立行政法的服务理念就是要积极回应社会需求和公民诉求，实现以经济建设为主到以公共服务为主的转变，由管理型政府走向服务型政府，进而走向服务型社会。由此，承担必要的保障公共服务供给是政府法定的职责，进而既要防止政府在保障公共服务供给过程中滥用权力，更要激励政府主动、积极地行使公共权力，优化公共服务。

(二) 从全能到有限

在计划经济体制下，政府职能被不切合实际地无限放大，政府对经济进行全方位的直接干预，导致经济停滞、政府机构膨胀。改革开放以来，我们逐渐实现了由"全能政府"向"有限政府"的过渡，但总体来说，我们社会管理主体单一的问题，还是没有得到解决。政府仍然对社会资源配置起决定性作用，政府管理包罗万象，由此产生弊端愈来愈凸显：政府越位、缺位、错位现象突出；审批行为不规范，随意性很大，结果造成"权力寻租"，国家权力部门化，部门权力个人化；行政审批权无限延伸，审批项目五花八门。与全能政府相对应的是有限政府，是指权力、职能、规模和行为方式都受到宪法和法律的明文限制，并接受社会监督和制约的政府。只有理念上从"全能"转变为"有限"，才能在行政立法和执法中实现职权法定、权责一致，避免行政权的滥用，侵害人民群众的合法权利，减少社会冲突。

(三) 从人治到法治

法治观念与人治观念的界限，或称本质区别在于：从主体上看，治理国家和管理社会是众人之治，还是一人或少数之治。法治观念是民主政治的反映，即主张主权在民不在官；而人治观念则认为治国之道是为官当权者的个人专制，官僚之治，即主权在君、在为官当政者而不在民。由于现代法治的依据是人民大众的利益和意志；而人治的依据是少数为官当权者的利益和意志，因此现代法治观念与人治观念的分界线就表现在：当治理国家和管理社会过程中，遇到法律制度的适用贯彻，与为官当权者的利益和意志发生冲突时,法治观念主张将法律制度的贯彻,高于与之冲突的个人意志和利益。只有各级政府工作人员都实现人治观念到法治观念的转变,才能以人民群众的利益和意志为客观依据而立法,实现"有法可依",才能要求领导干部必须带头做到依法办事,实现"有法必依";才能使领导干部率先自觉地严格执法和遵从法律制度的约束,实现"执法必严";才能使领导干部带头依法追究违法特权,并且要放弃和深究自身的法外特权思想,同时依法严厉追究所有违法行为,实现"违法必究"。

(四)从封闭到开放

传统公共行政理论指导下的政府具有极大的封闭性。在社会管理创新中,应当将开放性当作政府的基本特征来把握。作为民主政治中的一种基本理念,具有开放性特征的政府能够有效建立与其他团体的合作关系,能够有效响应民众和社会对政府的呼声和要求。作为政府追求的一种目标,它是对政府发展状态的描写,反映了民众对政府评价和政府在民众心目中的地位。作为一种制度安排,它意味着在政府内部与外部必须建立有效的沟通机制,以利于政府内部运转和外部运转始终保持良好的状态。政府是社会管理的核心,是公共政策的制定者和公共利益的分享者,但并不等于政府可以独霸和支配公共领域的所有事务,应该发动全社会来共同承担,来解决我国社会管理主体单一的问题。行政法应当为社会组织、行业协会、自治组织、中介机构等新的主体参与到社会管理当中确立规则,并明确行政机关和其他主体在社会管理中的职责权限,以充分发挥社会组织和自治组织在社会管理中的自律和自治作用,形成各主体之间合理分工、相互协作,以达到提高社会管理的效率又互相监督的效果。

二、行政法体系变革

(一)行政法价值目标的变革

社会管理创新表现在对传统管理型政府中,政府与社会、政府与公民之间关系的调整上，其基本摒弃了管理型政府的官本位、政府本位和权力本位的基本思想，从而转向对公民本位、社会本位和权利本位理念的认同。社会管理要求一切组织形式和行为形式应当以追求为公民提供更好的服务和对公共事务的有效管理作为出发点和落脚点。服务型政府的行政理念被定位为"服务"而不是"管制"，政府职能为"掌舵"而非"划桨"，政府应当追求"公平"而不仅仅是"效率"。政府责任认定和评价标准也由其所提供的服务内容和服务质量所决定。社会管理创新的目标被定位于建设民主、文明、公正、和谐的法治社会，必然要求行政法体现民主、文明、公正、和谐的价值目标。社会管理主体的多元化要求行政法价值目标应体现出对其他社会主体的尊重。社会管理格局要求行政法的价值取向更多地体现合作和共享。

（二）行政法逻辑的变革

传统行政法是以行政权尤其是国家行政权为逻辑起点的制度体系，这种制度设计不仅虚化了社会主体和一般民众在公共事务管理中的法律主体地位，而且模糊了行政权的管理对象和管理任务。社会管理创新以公民、社会和权利为本位，落实到公共管理领域，就是要求行政机关以追求为公民提供更好的服务和对社会公共事务的有效管理作为一切工作的出发点和落脚点。这对于行政法来说，不仅要求其应当以有效保护公民权利和公共利益作为价值目标，而且应当将之作为行政法律制度建构的逻辑起点。将公民权利和公共利益明确和具体地纳入行政法律制度当中也将是应然之意，因为从有效管理社会事务角度考虑，也只有明确了具体事务范围和具体任务才有可能和有必要进一步决定如何选择管理者和管理形式的问题。对于权利保护来说，只有明确了需要保护的权利范围，建立权利保障机制才具有明确的方向，才有可能建立更为有效的权利保护机制；公共利益的保护也是如此。公民本位思想实际上也否定了行政机关在社会事务管理领域的独占地位。从公共事务管理有效性的角度出发，无论是管理主体还是管理方式均应当依据管理任务的需要而定。

（三）行政法原则的变革

传统行政法的基本原则主要有合法性、合理性等原则。社会管理创新对行政法原则提出了新要求，在秉承传统行政法原则的基础上，吸纳一些新的原则，如应急、效率、公开、民主、信赖利益保护、服务等基本原则体系。以合理性原则补充合法性原则，以比例原则、信赖利益保护原则补充依法行政原则，限制政府滥用权力；承认行政自由裁量权并加以控制；放弃或限制"主权豁免"原则，确立国家侵权赔偿责任；以程序法治补充实体法治，保护公民正当程序权利。行政法将需要从维护形式法治转向如何有效地促进行政机关为公民提供更好的服务和对社会（公共）事务的有效管理上来，也就是如何有效地保护公民权利和公共利益上来。同时，必须注重对政府提供的公共服务进行绩效考核评价，因此，绩效原则也就成为现代行政法的基本原则之一。

三、行政法内容更新

当前的政府职能和行政管理体制已不适应当前社会管理，亟待深化改革。"社会管理创新与经济体制改革具有同样的逻辑。如同围绕着政府与市场的关系展开经济体制改革一样，社会管理创新应当主要围绕政府与社会的关系展开；如同经济体制改革的过程就是政府职能转变的过程一样，或者准确地讲，政府职能转变、行政管理体制改革与经济体制改革相伴随，社会管理创新的过程必然伴随着政府职能的继续转变和行政管理体制的深入改革。"① 而政府职能的转变和行政管理体制的改革要求行政法的内容需要重大更新。

（一）行政法主体的更新

社会管理创新意味着政府、社会组织（第三部门）、公民等都可以成为社会管理的主体，实现管理主体的多元化。行政法主体需从传统的

---

① 肖金明：《社会管理创新：意义、特征与重心所在》，载《山东大学学报（哲学社会科学版）》2012年04期。

一元化主体向现代的多元化主体转变,即政府、社会组织、公民均可成为行政管理主体。传统行政法的"责任政府",主要指国家行政权由政府行使,政府向议会和人民负责。"责任政府"并不要求人民直接参与国家行政权或其他国家权力的行使。社会管理创新要求建立"党委领导、政府负责、社会协同、公众参与"的社会管理新格局。政府仍然是社会管理的主体,但更多强调社会的协同、公众的参与。行政权力向社会转移和公民参与社会管理,使行政主体已不仅仅是国家行政机关。在现代行政法制下,行政权实际由国家行政机关、社会和公民共同行使,尽管国家行政机关仍是最重要的行政主体。

(二) 行政权力制约法律机制的更新

首先,应当强化程序制约机制。"按照现代法治的基本原理,公权力行为都应遵循一定的程序,这样才能避免公权力的滥用,才能保护社会利益主体的合法权利。"① 行政机关是社会管理最重要的主体,承担着主要的社会管理工作和任务,行政权力行使的好坏直接关系着社会管理的成败,因此,从规范行政权的运作的角度来讲,建立统一的行政程序法显得尤为重要。公正、公开、参与、诚信的行政程序能够为行政机关合法、合理地行使行政职权设置一个基本的规则,从而保证社会管理的有效实施。其次,应当强化以权力制约权力,即强调权力制衡。在社会管理领域中,更多地强调社会管理系统内部的相互制约。第三,通过以权利制约权力。通过公民广泛的行政决策参与,大众传播媒体及社会公共舆论全方位的监督,可以有效监督和影响国家权力的行使和决策,同时可以通过对国家权力行使的事中和事后监督,防止权力的滥用。人民权利对国家权力的制约是社会管理良治的重要保证。

(三) 公众参与法律机制的更新

在充分保证宪法和法律赋予公民的政治权利和自由的前提下,对公

---

① 蔡乐渭:《社会管理创新的法治之维——论法治视角下社会管理创新的重点》,载《领导科学》2011年4月(下)。

民政治参与的内容、方式、途径作出明确的规定,使其可以按一定的程序实际操作,并用法律的形式固定下来,做到有法可依,依法参与,使公民政治参与经常化、制度化、规范化。目前,我国公民的立法参与权和公共决策参与权的制度化和规范化还远远不够。应进一步健全我国公民参与的权利体系,并加强其制度化和规范化,增强公众对立法的认同感,进而提升法律和政策的权威性和实效性。一是通过法律法规制度,明确规定公众参与国家和社会公共事务的范围。要依法扩大公众的立法参与,扩大公众的法律提案范围,扩大公众对法律议案的讨论,保障言论自由,加强新闻舆论对公众意见的反映,完善公民公开讨论制度。让立法资源取之于社会、取之于民众。二是完善参与程序及方式,具体规定公众参加立法听证会、公听会、咨询会的方式及在此过程中享有的权利。为公众提供多渠道的参与途径,善于利用网络、媒体等信息传递方法,拓宽公众参与面,便于公众参与立法。着力健全政务信息公开制度,扩大公民对政务的知情范围和知情度。①

(四) 纠纷解决法律机制的更新

《国务院关于加强法治政府建设的意见》(国发〔2010〕33号)明确要求"行政机关工作人员特别是领导干部要带头学法、遵法、守法、用法,牢固树立以依法治国、执法为民、公平正义、服务大局、党的领导为基本内容的社会主义法治理念,自觉养成依法办事的习惯,切实提高运用法治思维和法律手段解决经济社会发展中突出矛盾和问题的能力。要重视提拔使用依法行政意识强,善于用法律手段解决问题、推动发展的优秀干部"。

建立社会纠纷多元解决机制,主要包括:调解解决社会纠纷机制,完善由人民调解、行政调解、司法调解相衔接的矛盾纠纷化解"大调解"体系,建立健全"公调对接"、"检调对接"、"诉调对接"、"援调对接"等对接调处机制;仲裁机制和诉讼机制,深化司法体制改革,公正

---

① 刘萍:《社会管理创新的法治理念及机制建构》,载《齐鲁学刊》2012年第5期。

廉洁司法，坚持调判结合、当调则调、当判则判，充分发挥通过司法判决来解决社会纠纷，为社会立行为规则、定是非标准、树法律权威，为调解提供规则指引和工作指导的社会功能。当前应着力建立行政调解工作体制，完善行政调解制度，提高行政调解效能，加强与信访、人民调解、司法调解的联动来解决社会冲突。要进一步加强行政复议工作，各级政府对于依据行政规范性文件确立的社会管理创新方式，提出行政复议申请的，要及时立案审查，不当的应予以撤销、更改和完善。要健全行政与司法的良性互动机制，各级政府要改进行政应诉工作，尊重司法权威，合力化解社会矛盾纠纷。

（五）社会保障法律机制的更新

社会管理创新的出发点和落脚点是以人为本，因此，完善社会管理的法律体系首先应当从"民生"入手，着力建立健全民生领域的立法。主要包括：改善民生的扩大就业创业机制，建立健全劳动工资薪酬体系和工资薪酬劳资协商机制，提高居民收入水平，缩小收入差距，鼓励自主创业，扩大中等收入阶层比例；政府基本公共服务法制，建立符合国情、覆盖城乡、持续发展的基本公共服务体系；市民服务中心、行政服务中心、司法行政法律服务中心等政府管理服务平台机制，构建覆盖全面、及时有效、群众满意的服务平台体系；社会保险和社会救助机制，建立与居民可支配收入直接挂钩、与地方国民生产总值增长同步的社会保障投入增长机制。

四、行政法技术创新

传统的一元社会管理模式已经不能适应现代社会经济的变革。面对社会管理领域出现的新问题、新情况，单纯依靠行政手段很难有效完成社会管理的目标。刚性的管理手段运用较多，柔性的管理手段运用较少；公民参与社会管理不够，缺乏有效的平台和途径；社会管理容易搞运动，缺乏制度常态化；社会管理的信息和资源不够公开透明。社会管理手段存在着"行政方法不能用、经济方法不好用、法律方法不会用、思想教育不顶用"的尴尬。[①]

(一) 确立行政管理的柔性手段

在社会管理的过程中更多地运用服务性的手段，要尽最大可能保护各方利益主体的合法权益，特别是弱势群体的合法权益需要给予重点关注和保护，尽可能选择对公民权益影响最小的方式和手段进行社会管理，能够运用说服教育等柔性管理手段实现管理目标的，就不用强制性的刚性管理手段。在社会管理的过程中，要把被管理对象当作平等主体对待，平等协商。一些社会管理的有效手段和制度应当常态化。我们常常习惯于用搞运动的办法来实现某一方面的管理，虽然威力大、见效快，但制度化的常态管理必须跟上，否则社会时过境迁，恢复原状，只有阶段性意义。社会经济变革给社会管理带来挑战的同时，也为社会管理手段的创新带来了机遇，多媒体、信息化、互联网这些技术手段完全可以充实到社会管理当中，建立信息化的社会管理模式，能够提高社会管理的效率，促进社会管理目标的实现。

(二) 引入软法技术

软法的核心价值是协商并达成社会契约，这是软法之治与硬法之治在价值论方面的重要区别之一，这一价值取向契合了市民社会的要求和诉求以及政治国家进行社会管理的互动与博弈关系。除此之外，开放性 (强调公众参与)、地方性 (解决区域经济与区域法治与中央集权之间的矛盾关系)、灵活性 (消解硬法之治的机械性与呆板性)、利导性 (以利益诱导方式实现规范实效) 等软法固有的价值取向也适应了城市文明和地区发展对法之价值的客观要求，因此，尽管对于何谓软法在理论上仍然有各种不同的认识，但是软法的客观存在乃至于软法之治的现实适用却是一个不争的客观事实。今天的软法，在我国的社会管理乃至人们的政治、经济、文化生活中具有越来越大的影响，软法之治也正日益渗透

---

① 杨建顺：《社会管理创新的内容、路径与价值分析》，参见 http://news.sina.com.cn/o/2010-02-02/012317028767s.shtml. 最后访问时间 2014 年 6 月 7 日。

到政府管理社会生活的方方面面。与传统的硬法管理技术相比较，软法之治更加强调具备多元化、协商性和灵活性的社会管理和治理技术。具体来说，相对于硬法之治而言，软法之治的主要技术有：公共服务外包技术、随机抽选公民代表技术、社会调查与统计技术、协商与谈判技术、行政指导技术、行政合同技术、专家咨询与决策技术（包括头脑风暴法，对演法、德尔菲法等）、会议组织与实施技术（其核心机制是罗伯特会议规则的应用）、建立在社会心理学基础之上的软约束与软惩罚技术等。①

第三节　协商民主与社会管理创新

协商民主（Deliberative Democracy）的概念由美国学者约瑟夫·毕塞特（Joseph M. Bessette）于1978年提出，意在反对美国宪法精英式、贵族式的解释以及把立法和公共政策解释为自利个体理性计算的结果而不是就共同目标进行论辩、述理和说服的结果。后经罗尔斯、哈贝马斯等人的发展，协商民主已经成为20世纪90年代以来西方社会最重要的政治发展和政治思想成果之一。本世纪初期，协商民主理论被介绍到中国，受到国内学界的重视和广泛研究。2012年党的十八报告中提出："社会主义协商民主是我国人民民主的重要形式"，"要完善协商民主制度和工作机制，推进协商民主广泛、多层、制度化发展"。协商民主理论强调公共理性、公众参与和注重自由平等的对话、讨论、审议和协商来消除利益冲突，对当今中国在转型过程需要解决的利益多元化、矛盾复杂化、冲突多样化等问题有很强的针对性，因此，该理论对社会管理所需要的理论及制度创新有很强的借鉴价值。

---

① 梁剑兵：《社会管理创新过程中的软法之治》，载《上海政法学院学报：法治论丛》2012年第2期。

第一章 运用法治思维，创新社会管理

一、协商民主的价值理念与社会管理

协商治理奉行一种民主治理的理念，治理以协商民主的方式进行，表达了对更合理的民主治理的关切和需求。就社会管理而言，协商民主所蕴含的价值理念与当今社会管理所需要强调的价值理念有很强的契合性。

（一）平等

平等是协商民主的核心价值，"平等是一种原则，一种信条"[①]，主要体现在：1. 地位平等。在公共管理中，政府官员、有关专家以及各种利益相关的社会组织和公民在身份、地位上一律平等，是协商过程的平等参与者。2. 机会平等。"机会和社会认可的平等是有效政治参与或者完全的公共职能的最低条件。"[②] 任何公民和社会组织尤其是政策的利益相关者都有在非强制性的、自愿的基础上参与有关协商的平等机会，并且都有平等的发言表决机会，使自己的意见和观点得以表达和倾听。3. 资源平等。"协商以资源平等为条件，它确保个人同意其他人提出观点确实不是强制性的。"[③] 在协商过程中要积极促进信息的公开和交流，使参与者能够平等地获得信息等协商资源。4. 能力平等。在协商过程中，如果参与者想使自己的观点得以表达并获得他人的认可，还需具有与其他参与者平等的表达能力和说服能力，能够提出具有说服性的观点，并使自己的理由得到平等的重视。"能力平等体现着协商民主理论的根本特征。"[④]

（二）参与

协商民主主张在政府管理过程中无论是问题的确定，论据的争论，

[①] ［法］皮埃尔·勒鲁：《论平等》，商务印书馆1988年版，第20页。
[②] ［美］詹姆斯·博曼：《协商民主与有效社会自由：能力、资源和机会》，载陈家刚主编：《协商民主》，上海三联书店2004版，第114页。
[③] ［美］杰克·奈特、［美］詹姆斯·约翰逊：《协商民主需要什么样的政治平等》，载陈家刚主编：《协商民主》，上海三联书店2004版，第241页。
[④] ［美］玛莎·麦科伊、［美］帕特里克·斯卡利：《协商对话扩展公民参与：民主需要何种对话》，载陈家刚主编：《协商民主》，上海三联书店2004版，第146页。

议程的形成,还是被接受方案的执行,政府都应当更加开放,让更多的公民参与。政府要在自身的及时决策与公民的合理参与之间作出平衡,公共管理者必须决定在多大程度上与公众分享权力,由哪些人以什么方式参与公共决策,注重参与的广泛性、经常性和代表性。

中国公民社会的建立在一定程度上,要有赖于公民和各种组织的参与积极性。"公共参与"是协商民主的核心理念之一,其强调要让制度和政策的利益相关方积极地参与到协商过程中,在参与过程中表述自己的建议,表达自己的理由,理解他人的意见,而形成相对一致的共识。所以从这个角度看,公共参与是扩展和深化公民社会活动的基本载体。而参与的价值,就在于协商过程在形式上的可能性,在于制度和政策的意见广泛性,还在于对未成形、未成熟的公民社会的培育。另外,"公共参与"的一个重要内容和目的就是共识协商。在协商民主那里,共识是合法决策的基础。也可以说,协商民主的最终追求是在允许保留不一致情况下达成相对一致的共识,这是公共参与的理想。"公共参与"的途径是多样和复杂的,这是由社会的多元主义决定的,参与的形式并不一定完全是由政府主张和主持,很多方面是由社会组织进行的,这也是由在会的多元化决定的,而多元的最终取向是共识的达成。社会管理要在理念上偏向"公共参与"和"共识协商",主要是应对多元社会、矛盾社会之下,对各种利益冲突的调和作用。而这种"公共参与"和"共识协商"理念,就要求社会管理在具体进行过程中,并不是讲求"管理"的取向,更不是追求制度和政策的最终获取,而是能够将社会管理的内容和形式,真正地在"社会"中展开。这种"公共参与"和"共识协商"对社会管理的价值就在于,能够明确制度制定的具体指向,更加宽广地考虑各种意见,从而让管理能够向社会扩展,达到的共识也是在公共参与的基础上,为各利益主体方所认可,并且这种认可不仅仅是政治的推动,还更应是管理社会化的结果。社会管理的重要价值取向之一,就是要将社会管理社会化,其虽然没有建立公民社会的目标,但社会化的趋向却是社会管理的必然追求。

(三) 责任

在政治参与过程中,参与主体对自己的行为负责就是责任性的体现。参与主体要了解自身偏好,并能够为自己的观点提出相应理由以说服协商过程中的其他参与者;同时,要能对他人的观点和理由作出积极的回应,并根据协商过程中各方提出的观点和理由来修正各种建议以达成共同接受的建议。这是每一个参与协商者的责任。① 协商参与者除了对他人利益负有关照的责任外,更要对公共利益负责。公共利益反映了社会和公民的整体利益和长远利益。协商民主在承认多元社会的利益分歧下,主张通过公开讨论公共问题,充分考虑并协调不同利益,倡导参与者以公共利益为导向转变自身偏好。公民在协商参与过程中承担着使协商得以持续下去的责任。在协商过程中,公民在发挥主观能动性的同时,也要积极配合政府的工作,保证协商秩序,避免协商过程中产生过激行为,积极而又合法地行使自身的权利。

(四) 程序

协商民主是一种程序性民主。"协商民主尊重程序,并将程序看作决策获得合法性的规范性要求。"② 协商民主不能只偏爱那些受过良好教育的人,有机会获得特殊信息的人,占有大量资源、拥有社会特权的人,它必须有合理的程序,保证协商过程公平地对所有人开放。发挥协商民主在政府管理中的作用,必须要有制度化的程序设计。协商主体的范围,协商内容的确定,协商形式的选择,协商手段的运用以及协商结果的落实都需要合理的程序。在程序设计上要综合技术专家和社会公众的多方面意见,保证协商程序的科学性、民主性和合理性。只有在合理程序的规范下,政府管理中的协商活动才能有序进行,避免不加限制的、毫无规则的政府行为和公民参与行为。

---

① 陈家刚:《协商民主:概念、要素与价值》,载《中共天津市委党校学报》2005年第3期。

② 陈家刚:《协商民主:概念、要素与价值》,载《中共天津市委党校学报》2005年第3期。

二、行政实践中的协商民主与社会管理

"所谓协商民主,在其实践上即为公民经由一定形式的公共协商而形成更理性的民意传达给决策部门并力图影响公共决策的一种民主形式。因此,在很大的程度上,协商民主也是一种关于民主参与的理论与实践。"① 作为一种新型的民主模式,协商民主的实践形式是多样的,存在的层次与领域也是多样的。在当代中国的社会管理领域内,已存在诸多民主协商实践,但仍处于分散、零乱、偶发的状况。政府是社会管理的最主要主体,其在有关社会管理中的行政立法、行政执法、行政救济实践中的协商民主具有典型意义。

(一)行政立法中的协商民主

近年来,我国地方政府在有关社会管理的行政立法中大量采取协商机制,已经取得了一些的成果。如很多地方省市在对与人民群众息息相关的环境污染、噪声干扰、房屋公积金、社会安全等问题的行政立法中都采取了行政立法的协商机制,广泛向公众征求意见。事实上,进行协商是社会主义民主法制基本精神的集中体现,是落实科学执政、民主执政、依法执政要求的具体体现,可以使行政立法充分反映人民的利益和意愿,凝聚多数人的智慧,切实提高行政立法的质量和水平,而且也能够使法规规章获得人民群众的认同,并且可以有效地在群众中执行。

同时,协商机制也进入了我国的立法体系。我国《行政立法制定程序条例》第12条规定:"起草行政法规,应当深入调查研究、总结实践经验、广泛听取有关机关、组织和公民的意见。"听取意见可以采取召开座谈会、听证会等多种形式。《规章制定程序条例》第14条规定:"起草规章应当深入的调查研究,总结实践经验,听取有关机关、组织和公民的意见。"该条例第15条规定:"起草的规章直接涉及公民,法人或者其他组织切身利益,有关机关、组织或公民对其存在重大分歧的

---

① 张敏:《协商治理:一个成长中的新公共治理范式》,载《江海学刊》2012年第5期。

应向社会公布，征求社会各界的意见；起草单位也可以举行听证会等等。"

虽然有关社会管理的行政立法实践有了较大进展，但仍然存在着不可忽视的缺陷，主要表现在：一是社会公众并没有取得被足够重视的角色，仍然处于次要的角色，公众的意见对行政立法的进程或内容并没有刚性的制约；二是现行的协商机制，仅有行政主体与同级人民政府其他行政部门的协商和行政立法送审稿的审查机构与起草机构的协商，完全忽视了其他的机构之间的协商，即与行政法规利益机关的组织集团之间的协商；三是协商机制形式单一，现阶段公众参与立法的协商主要是对立法草案的讨论，而在制定、起草、立法提案、争议、表决、公布等环节尚未有协商；四是立法成本过高，在行政立法过程中，协商机制中会调动大量的人力资源，这样就会增加立法成本；五是协商机制中，知识分子、名家、教授、政府机关的公务员的比例特别大，而弱势群体被忽视，其利益、诉求得不到表达和保障。

（二）行政执法中的协商民主

"现代行政法在本质上应当是对人民真实需求以及满足此等需求之方法的记载和表达。行政法的实施过程，也就是不断满足人民的现实需求的具体过程。在此过程中，作为公共利益代表者的行政主体与作为私人利益代表者的行政利害关系人之间，就有必要进行充分协商，包括正式和非正式协商，以实现双方利益的协调和最大化。"① 当前有关社会管理中的行政执法协商实践主要体现在行政合同、行政指导、行政听证、行政强制执行和解。

行政合同是现代行政法上较为新型且重要的一种行政管理手段。行政合同是引进了公民参与国家行政的新途径，通过行政合同，普通公民可以以积极的权利方式而不仅仅是负担义务直接参与实施行政职能，特别是经济职能；行政合同的广泛使用，将会减低行政机关对个人进行单

---

① 施建辉：《行政执法中的协商与和解》，载《行政法学研究》2006 年第 3 期。

方命令的行政安排，以协商的方式提出要求和义务，便于公民理解，容易形成接受和赞同，从而减少因双方利益和目的的差异而带来的对立性，有利于化解矛盾，创造和谐社会。当前，我国的行政合同主要有：国有土地使用权出让合同、全民所有制工业企业承包合同、公用征收补偿合同、国家科研合同、农村土地承包合同、国家订购合同、公共工程承包合同、计划生育合同等。

行政指导是指"行政主体为实现所期望的行政状态而向国民施加的作用"①，一般认为行政机关为实现一定的行政管理目标，在其职权范围内，以非公权力的任意手段，主动采取的事实行为，取得相对人同意或协助，要求相对人为一定行为或不为一定行为的行政作用。现代行政中被称为助言、指导、指示、希望、建议、劝告、奖励、告诫、警言，要求协助等一连串非正式活动，一般都可以称之为行政指导。行政指导的作用表现为对行政相对方不正当的行为进行规制，对自然人、法人和其他社会组织之间发生的利害冲突进行调整，对行政相对方进行辅助、服务、引导。

行政听证，是指行政机关作出涉及公民、法人或者其他组织利益的重大事项或者重大决定之前，充分听取公民、法人或者其他组织的意见的活动。听证制度是促进权力机关、行政机关依法决策、依法行政，维护公民、法人或者其他组织合法权益的一项重要制度。听证制度是现代民主政治和现代行政程序的重要支柱性制度，是现代制度所追求的公正性与民主性的集中表现。我国的行政听证产生于1996年通过的《行政处罚法》，主要是在借鉴美国听证制度的基础上产生的。听证程序对提高行政执法的透明度，增强行政执法的公正性，保护当事人的合法权益，能起到非常积极的作用。我国行政听证的法律依据主要有《行政处罚法》、《立法法》、《价格法》、《行政许可法》、《行政强制法》。当前，行政听证主要存在的问题是具体行政行为的听证范围很窄、限制较多，

---

① 南博方：《日本行政法》，中国人民大学出版社1988年版，第66、67页。

抽象行政行为被排除在外。

所谓行政强制执行和解是指在行政强制执行阶段，行政机关及相对人双方就执行标的的全部或部分达成协议，从而使义务尽快得到履行以终结执行程序的行为。虽然我国实践中存在大量的行政强制执行和解案例，但行政强制执行和解制度长期未得到确立。直到 2011 年 6 月 30 日通过的《行政强制法》（2012 年 1 月 1 日起施行）才在制度上确认了该制度。《行政强制法》第四十二条规定："实施行政强制执行，行政机关可以在不损害公共利益和他人合法权益的情况下，与当事人达成执行协议。执行协议可以约定分阶段履行；当事人采取补救措施的，可以减免加处的罚款或者滞纳金。执行协议应当履行。当事人不履行执行协议的，行政机关应当恢复强制执行。"行政强制执行和解制度可以有效化解行政强制执行机关与被执行人的对立情绪，节约执行成本。

（三）行政救济中的协商民主

按照现行《行政诉讼法》和《行政复议法》的有关规定，在行政诉讼和行政复议程序中，应当对被告或者被申请人具体行政行为的合法性和适当性进行审查，然后作出维持、撤销或者变更被诉具体行政行为的决定。在行政救济程序中，法律不允许审查机关进行调解。也就是要求审查机关必须旗帜鲜明地表达对被诉具体行政行为的态度，是支持还是否定，究竟行政机关的行为是合法还是违法。但从实际效果看，在行政救济程序中这种严格审查、不许调解的制度并不能总是产生理想的法律和社会效果。原因在于其一，在救济程序中即使行政机关已经认识到自己行为的违法性，甚至行政机关已经撤销了原具体行政行为，只要原告不撤诉，人民法院还要继续对原具体行政行为进行审查；其二，当事人在私下已经达成某种协议，被告承认违法并予以补救，原告受损害的合法权益已经得到补救和满足，因此原告表示谅解和接受，此时救济程序的目的已经达到，但是人民法院的审判活动还要照常进行，因为法律并无如此结案的规定。

事实上，在行政救济中建立协商制度可以减少了当事人之间的对立情绪,还减小了救济成本、提高了救济效率。协商机制通过一种相互博弈的协商,达成双方同意的结果,这个结果是双方自愿做出的,因而对双方当事人关系而言不会存在冲突性的破坏。反之,禁止协商并不能解决所有问题,"所谓通过诉讼达到的判决使纠纷得到解决,指的是以既判力为基础的强制性解决。这里所说的'解决'并不一定意味着纠纷在社会和心理的意义上也得到了真正解决。由于败诉的当事者不满判决是一般现象,表面上像是解决了的纠纷又有可能在其他方面表现出来"①。行政救济中的协商机制是当事人在平等、自愿的基础上互谅互让解决纠纷,具有纠纷解决彻底性的优点。

行政救济中的协商机制还有利于政府职能的转变,塑造服务型政府理念,增强公民的权利主体意识。在精神层面上,行政救济中的协商机制体现了服务政府的理念,政府有责任为社会公众提供服务,帮助当事人在资源有限的情况下用便捷、成本低廉的方式解决纠纷。这与我国目前正在推行的建设法治政府与服务政府的目标相吻合。同时,行政救济中的协商机制也有利于打破以强制手段解决纠纷的服从式管理模式,它弱化了"管理",强化了"协调",体现出来的是政府的服务精神。这有利于促进公众对政府的认同,增强政府的亲和力,提升政府的威信。从公民的角度看,行政救济中的协商机制有利于公民主体法律意识的提高。在行政救济中的协商机制的过程中,当事人在法律规定的范围内做自己的主人,自主、自愿地处分其权利,不必听命于行政机关,公民在政府面前这种充分的意识自治的展示,无疑有助于增强其权利意识,促使其养成热爱法治、崇尚法治的理念。行政救济中的协商制度主要表现为行政复议中的调解以及行政诉讼中的调解与和解。

行政复议调解制度在我国法律上正式确立经历了一个漫长的过程。1990年国务院出台的《行政复议条例》第8条规定:"行政复议机关审

---

① [日]谷口安平:《程序正义与诉讼》,王亚新、刘荣军译,中国政法大学出版社1996年版,第48页。

理行政复议案件，不适用调解。"1999 年《中华人民共和国行政复议法》实施，将原国务院的《行政复议条例》中关于行政复议不适用调解的内容删除。但是由于受"公权力不可处分"思想的影响，对能否在行政复议中使用调解手段，法律没有明确规定。各级行政复议机关在进行行政复议活动时，逐渐形成了不能使用调解方式结案的惯性思维。行政复议机关只是对部分复议案件采取不公开的"案外调解"方式解决疑难问题。据国务院法制办公室统计，这个时期全国各地在受理的行政复议案件中实行"案外调解"方式审理案件的数量逐年增加。2007 年国务院颁布的《中华人民共和国行政复议法实施条例》，进一步明确了行政复议调解在解决行政争议、建设法治政府，构建社会主义和谐社会中的作用。《实施条例》第 50 条规定："有下列情形之一的，行政复议机关可以按照自愿、合法的原则进行调解：（一）公民、法人或者其他组织对行政机关行使法律法规规定自由裁量权作出具体行政行为不服申请行政复议的；（二）当事人之间的行政赔偿或者行政补偿纠纷。行政复议调解书经双方当事人签字，即具有法律效力。调解未达成协议或者调解书生效前一方反悔的，行政复议机关应当及时作出行政复议决定。"这一规定明确了调解在行政复议中的合法地位，由此经历了二十年的时间，我国行政复议调解制度正式确立。

建立中国特色行政救济和解制度，也得到理论界和实务界广泛认同。在 2006 年全国高级法院院长座谈会上，时任最高人民法院院长的肖扬在讲话中明确指出："要积极探索和完善行政诉讼和解制度，在不违反法律、不损害国家利益、公共利益、他人合法权益和自愿原则的前提下，尽可能采取协调的方式促使当事人和解。"2007 年 3 月 7 日，最高人民法院又出台了《关于进一步发挥诉讼调解在构建社会主义和谐社会中积极作用的若干意见》，其中第 6 条规定："……对行政诉讼案件……人民法院可以根据案件实际情况，参照民事调解的原则和程序，尝试推动当事人和解。……不断探索有助于和谐社会建设的多种结案方式，不断创新诉讼和解的方法"。最高国家审判机关的这一司法政策导向，表明以诉讼和解来化解行政争议已经正式纳入到了我国当前行政诉讼制度改革的议程。

三、协商民主的法治追求与社会管理

合法性追求可以说是协商民主核心理想。"从最根本的意义讲，协商民主强调的乃是公民及其代表需要对其决策的正当性证明。他们都希望赋予其施于对方的各种法律以正当性。"① 协商之所以能具备其结果的合法性是基于，协商以参与者的意愿和集体的理性反思为基础，经过平等的讨论和对话，广泛考虑各方的利益和需求，最终消除分歧、达成共识，而且协商民主合法性追求还在于一种基于决策协商的结果。

（一）决策程序的合法性

决策协商的理念是针对协商具体过程中可能存在盲目追求形式而言的。决策协商理念要求协商各方在协商过程中，首先要做到拿出的制度或政策方案并不是最终决策，而是期待在协商过程中的讨论、对话，达成共识后才是最终定案。其次，在决策协商理念下，决策者已经不是单一的政府主导，而应该是协商过程中的各方主体在共同决策。社会管理需要法治化过程，首先也要面对合法性拷问，协商民主的这种程序恰恰可以对社会管理的制度和政策的合法性起到参照作用。也就是说，中国的社会管理在利益多元、诉求林立的转型社会时期，其制度安排和政策出台是否是在尊重公民意愿和集体的反思基础上。通过与各方利益主体平等对话、理性辩论而最终形成，将是保证这种制度和政策合法性的一个程序基点。

（二）协商结果实施的合法性

协商民主"合法性追求"的另一重要内容是协商结果实施的合法，也就是协商结果实施的公信力取得，这同样在协商民主过程的公开与平

---

① 转引自陈家刚：《协商民主与当代中国政治》，中国人民大学出版社 2009 年版，第 53 页。

等性上可以得到映照。在协商民主理论看来，公开意味着协商过程的公开、各方意见的公开以及政策形成的公开。这种公开最终显示的是结果的公正。而协商的平等意味着协商主体之间的平等、获得意见阐述机会的平等、获知协商结果的平等，这种平等也是协商结果公正的必要条件。协商民主的公开、平等特性，可以让协商各方在协商过程中，相互认识、熟悉意见、亲近理想、共同密切关注结果的出台和执行，从而建立一定的甚至高度的信任。这对社会管理公信力的塑造具有相当的参照意义，也是社会管理法治化的实施途径。

（三）协商民主争端解决的合法性

协商民主在其运行过程中，必然会产生某种冲突或争端。协商民主运行中出现的冲突与争端如果不能通过进一步的协商得到解决，应当启动法律争端解决机制，根据已有法律规定，将冲突与争端交由司法机关审理裁决，以保障其解决的合法性。以下几个方面的争端，在协商无效的情况下，应当构建相应的法律机制来解决：

一是平等协商参与权受到损害。在协商民主过程中，公民能否发表自己的言论，表达自己的利益需求有着至关重要的意义。如果公民的言论自由受到压制，则社会公共领域无法形成，社会共识无法达成，协商民主则无法实现。因此，应当运用法律手段充分保障公民的基本权利的实现，特别是保障公民在民主政治协商中的平等参与权。如在部分法律或行政法规中，有"应当听取各方面的意见"的强制性规定；在形式方面有"可以采取座谈会、论证会、听证会等多种形式"的规定。因此，如果立法机构立法过程中或行政立法过程中，违背了这些法律规定，我国公民或机构可以据此要求立法机构或行政立法机构开展协商程序，否则可以启动法律争端解决机制，申请复议或提起诉讼。

二是程序争议。协商民主与票决民主不同的是，协商的议题不是先定的，而是临时根据需要设定的，因此，程序对于协商民主便有着特殊的意义。只有在先定的程序中展开协商，才能使协商起到整合各方理解、达成各方共识的功能；程序不合乎规定，即会损伤协商结果的法定效力。协商民主过程中有关的程序争议如果无法依协商得到解决,就应当通过法律机制解决。对于违背先定程序的协商,可以申请撤销其活动结果,重新展开协商以达成有效的共识。

三是对协商效力的认定产生争议。协商的结果就是对某个协商的议题形成社会共识,并在此共识基础上进行立法、决策等活动。某种情况下,协商的结果也可能会表现为某种具有法律效力的协议、会谈纪要、联合声明等。当参与协商的各方签署了此种协议或会谈纪要、联合声明后,就应当视其为有约束力的规则,应当自动地遵守执行。虽然这些协议、纪要或声明对某个具体问题的规定可能是原则性的、抽象的,甚至是模糊的,但是绝不意味着原则和精神是可有可无的。协商各方应当严格遵守这些原则和精神,在具体的决策与工作中执行或落实这些协议。如果因此发生争端,参与协商的一方主体可以依照相应的法律规定启动复议程序,或者直接依据法律规定提起诉讼,由法院参照合同或契约的规定进行法律裁决。①

---

① 王新生:《论协商民主的法治化》,载《湖南大学学报(社会科学版)》2010年第1期。

第二章　积极配套立法，确保边疆安宁

　　居于中国版图西南边陲的云南省，自西向东依次与缅甸、老挝、越南接壤，边境线长达4060公里。其中，中缅边界长1997公里，境内为我国怒江、保山、德宏、临沧、普洱、西双版纳六个州市的十九个沿边县市，境外为缅甸克钦邦和掸邦；中老边界长710公里，境内为我国西双版纳勐腊县、普洱市江城县，境外为老挝南塔、乌多姆赛、丰沙里三省；中越边界（云南段）长1353公里，境内为我国江城、绿春、金平、河口、马关、麻栗坡、富宁七县，境外为越南莱州、老街、河江三省。在这漫长的滇边国境线上，跨国居住着苗、瑶、壮、傣等十六个人口在5000人以上的少数民族，绝大多数边界为陆地边界，因地理、民族因素的影响，沿边境线一带居住的边民自古以来国家边界意识比较淡薄，国界两边的人民基于共同的民族认同、经济依赖、区域共性而频繁往来，关系密切，大量存在着以婚姻、亲缘为基础的群体联系。

　　近年来，随着全球化的加剧，边境地区与其他区域一样，深深地卷入现代化、工业化的浪潮中，人口的迁徙和流动成为这一浪潮的显著后果之一，而边境地区因其特殊的地缘位置，人口的流动更增添了"跨境"这一既具有地缘意义，也具有政治意义的特性。

加强和创新社会管理的法律问题研究

第一节 云南境内的人口跨境流动

一、跨境务工

人口的跨境流动,是边境地区卷入全球化进程中难以避免的趋势,在工业化主导的全球化进程中,必然出现劳动力从农业经济向工业经济的转移,人口从农业地区向工业地区流动,从较低工业水平的地区向较高工业水平的地区流动。从跨境流动的角度来讲,则出现人口从较落后国家向更为发达国家流动的趋势,因为唯有如此,作为个体的劳动者才能够在以工业经济为主导的社会进程中获得更好的经济收益和生计模式。同与云南接壤的周边国家相比,中国的经济发展具有明显的优势,对周边国家劳动力有着强烈的吸引力,同时,与东南沿海和内地相比,偏居边陲的云南省在工业化进程中相对落后,这种经济发展程度上的梯级差异,最终带来了人口流动的梯级反应——中国边境地区的农业劳动力为了获得更好的经济收益到发达地区打工,造成该地区传统农业生产劳动力的需缺,使毗邻国家劳动力向我国边境地区流动成为可能,而我国边民打工收益与边境地区农业生产劳动力价格间的差价,为邻国劳动力向我国境内的流动创造了条件。简而言之,有两点决定了人口跨境流动的趋势:第一,我国边民外出打工的收益高于雇人从事原农业生产的支出;第二,邻国边民到我国边境地区打工的收入高于其在本国从事农业生产的收益。

二、跨境通婚

在云南边境地区自古就有跨境通婚的传统,除因战争原因出现过短暂的中断期外,中国与毗邻国家边民之间的跨境通婚一直存在,近年来更有不断增长的趋势。跨境通婚的存在有其历史、地理、民族等方面的原因，也与经济利益的考量相关。

（一）历史因素

与云南毗邻的周边国家在历史上多与中国中央政府存在着政治上的附属关系，虽然彼此划分疆域，但是实际上并没有非常明确的边界线，生活于边境地区的人民也没有明确的国属意识和疆界意识，基于地缘和血缘关系的结合，在边疆的社会秩序建构中发挥着重要作用，人们往来频繁，交往密切，跨境通婚成为一种必然的经常性现象。以越南为例，据史料记载就一直存在跨境通婚，"越南在中国未放弃宗主权以前，虽有疆域之分，然究属一家，实无明确的界线，双方人民混居杂处，婚嫁相通，往来听其自便"①。目前，虽然国家边界线已经明确划定并通过各种方式实行有效管理，但历史上边界意识模糊的传统仍然存在，边境地区的人民往往从地缘群体的角度去看待与毗邻国家边民的关系，视跨境通婚为一种自然的选择，进而无法理解国家法律对缔结该种关系设置的障碍。

（二）地理因素

云南的边境地区多为山区，地形复杂，山高林密，增加了中央政府进行有效管理的难度，加之边界线多为陆地边界，边民往来方便，经济生活的相互依赖和协作也比较强，提升了形成跨国婚姻的可能性。因边境地区的特殊地理环境及其与各自国家相对发达的平原地区间经济发展模式和程度上的差异，使得具有共同地理空间的边境地区更容易形成一种基于地域认同的地缘联系，虽然有边界线的阻隔，却不足以阻挡这一地域认同下存在着的边民之间对彼此的熟悉感和一体感，加之民族认同因素的作用，成为塑造群体认同，形成婚姻联系实实在在的基础。

（三）民族因素

云南是一个多民族省份，民族大杂居、小聚居的现象十分突出，在

---

① 黄铮、萧德浩：《中越边界历史资料选编》，社会科学文献出版社1993年版，第1056页。

边境沿线一带，边界两边生活的人们往往同属一族，虽然各国对民族族称认定不同，如中国称瑶族，在越南则被分为瑶族、巴天族、山由族；中国称壮族，在越南则分为岱族、侬族、布标族、拉基族、山斋族等①，但语言相通、习俗无异，彼此间有较强的民族认同。

（四）经济因素的考量

诚如上文所言，在全球化浪潮的席卷之下，工业经济成为社会发展的主导性生计模式，在这一模式之下谋生能够获得比传统农业生产更高的物质收益回报，相对而言对工业经济融入程度更高的云南省比周边国家的接壤省区经济发展更好，生活水平更高，对邻国边民具有强大的吸引力。

正是多种因素的共同作用，使跨境通婚现象在边境地区越来越突出，也由此引发了一些突出的问题，如非法婚姻、非婚生子女大量存在；跑婚、骗婚时有发生；家庭不稳定、家庭暴力现象危及边境地区社会的和谐与稳定。

三、人口跨境流动的消极影响

（一）人口跨境流动的混乱局面不利于我国的和谐稳定

人口的跨境流动是经济全球化趋势下的必然，但是，无论是跨境务工还是跨境通婚，都应当在国家法律的范围内，在有效的行政管理手段之下来完成，否则大量涌入中国的非法跨境务工者和"嫁入"中国的"三非"女性势必给我国的治安管理、边防安全、计划生育等带来影响，无论是务工还是通婚，入境的人口都将融入中国的某一特定社区，并在谋生的过程中与周边人群发生各种各样的联系，成为中国社会生活当中实实在在的一个组成因子，如果我国的法律、行政管理不能够对这一数量庞大的人群进行有效的管理，失控的跨境人口流动必然带来不可预估的消极影响。

---

① 范宏贵：《中越两国的跨境民族研究》，载《民族研究》1999年第6期。

(二) 增加我国资源、环境和社会保障的压力

我国本身人口数量庞大，资源环境矛盾突出，社会保障能力不高，大量涌入的外籍人口势必增加我国资源、环境的压力，加重社会保障体系的负担，影响本国国民社会保障水平的提高。以非法通婚为例，仅文山州截止2012年7月就有3283名未经登记的非法通婚妇女"嫁入"我国定居生活。① 这些入境妇女今后的生计都将依赖于我国境内的资源。根据调查，在边境地区，因为实际操作过程中的疏失，有相当一部分并未进行婚姻登记，不具有我国常住居民身份的入境妇女实际上享受着我国的农村合作医疗补助，这一支出同样依赖于我国的资源和社会保障资金。

(三) 给犯罪行为以可乘之机

伴随着人口跨境流动而来的，是拐卖妇女、非法偷渡等犯罪行为。笔者在边境调查中就发现，有人专门从事从偏远边境山区组织劳工非法运输到东南沿海工厂打工的犯罪行为，以致形成了组织—运输—分配进厂的一系列分工合作。这些入境劳工没有合法的入境手续，也没有有效的身份证明，流动迁徙和劳工务工过程中无法得到法律的保障；这些人员如果犯罪潜逃，我国警方也难以进行清查追诉。

人口的跨境流动是经济全球化发展的必然，但必须是在国家法律有效管理之下的有序流动，通过行政管理活动落实法律的实施，掌控人口跨境流动的信息、方式，避免混乱的跨境流动给社会稳定、经济发展带来消极影响。

第二节 跨境人口管理的法律问题

跨境人口的管理，针对的是一个动态过程，不仅要求掌握已入境人口的动向和信息，而且需要对人口入境的过程有所掌控，对跨境人口的

---

① 从文山州民政局获得的数据。

管理过程，应从该对象入境之时起立即启动。依据云南省的实际情况，对跨境人口的管理主要涉及入、出境管理、境内居留管理和跨境婚姻管理三个方面。

一、入、出境管理的法律问题

云南与毗邻国家之间多为陆地边界，边民往来方便，除了经国家正式批准的口岸、互市点和通道入、出境外，数量众多的便道也是边民跨境往来的重要通道，只要不深入对方国家内地，边民在跨境往来的过程中很少严格依照国家的规定办理或携带各种证件，公安、边防等部门往往也难以严格纠察边民随意的越境活动。对于生活在边界两边的边民来说，往来于国界两边几乎成为他们日常生产、生活的一部分，边民的此类跨境活动不是国家法律关注的重点，各国法律往往都对边民的此种跨境行为给予了法律上的特别宽容和行政管理措施上的诸多便利。边境地区跨境流动的法律问题主要针对的是突破了边民地缘生活群体范围的跨境流动，如前文所述的跨境打工、跨境通婚问题。

对跨境务工和跨境通婚的法律规制和行政管理，必然也必需是以入境管理为基础和主要对象。只有入境管理明晰有效，非法的跨境务工和跨境通婚才能在源头上得到控制。《中华人民共和国出入境管理法》对外国人入境和在中国境内停留、居留作出了专门性的规定，而《云南省中越、中老边境地区人员出入境管理规定》是依据云南省的实际情况对该法做出的细化，该规定的第三章专门规定了越方、老方及第三国人员入出境需遵守的规则和条件。第十条规定："越方、老方持外交、公务、因公普通护照的人员，凭其有效护照从双方规定的口岸入出境。"第十一条规定："越方、老方持因私普通护照的人员及第三国持护照的人员，凭有效护照和我国的入境签证从双方规定的口岸入出境（同中国政府订有互免签证协议国家的人员除外）。"第十三条规定："越方、老方边境地区人员凭本国主管机关签发的《边境地区出入境通行证》、从双方规定的口岸或者通道入出境。"第十五条规定："越方、老方持《边境地区出入境通行证》入境的人员需进入我省内地的,必须持有关函件或者证明向入境地县以上公安机关申请办理前往内地的证件。对获准进入我省内地的越方、老方人员,发给《中华人民共和国外国人入境证》;从边境地区到我省内地不对外国人开放地区,或者途中必须在不对外国人开放地区停留过夜的,必须同时签发《外国人旅行证》;径直从边境地区到我省内对外国人开入地区的,可以免办《外国人旅行证》。对获准进入我省内地的越方、老方中国籍人员,发给《中华人民共和国入出境通行证》。"

在实际执行过程中,相关法律、法规的规定没有得到严格的执行,原因是多方面的:边境地区地理环境复杂,边防管理部门难以穷尽所有区域;受地缘群体关系的影响,我方边民碍于情面很少主动举报非法过境的对方边民;边境线绵长且很多地方交通不便,边民若严格从规定通道和口岸出入境相当麻烦,走便道则方便、经济;多数边民过境只是为了赶集、走亲访友、生产互助等不超出地缘群体范围的事项,导致边防管理部门放松了警惕,使非法长途运输劳工入境的行为不易被察觉。

总之,边境跨境人口入出境管理,不仅需要积极落实现有的法律、法规,而且需要从云南边境地区的地理、历史、民族特性出发,寻找符合实际,能够行之有效的管理方法,要积极发挥农村基层组织的作用,利用地缘群体的联系发动群众,区分以日常生活为目的的跨境流动和以非法越境务工、通婚为目的的跨境流动,建立农村基层组织与边防管理部门之间的信息沟通和行动反应机制。

二、境内居留管理的法律问题

跨境人口境内居留的管理,是跨境人口管理的主要内容。无论是跨境务工还是跨境通婚,入境人员对我国社会造成实际影响皆是来自于其居住在我国境内的事实和状态,鉴于当前无法从源头上阻断非法入境,也无法通过遣返完全禁绝非法入境者的事实,对居留境内的外籍人口的管理成为公安、民政等行政管理部门所面临的巨大挑战。

依照《云南省中越、中老边境地区人员出入境管理规定》第十条规定:"需在我境内停留三十日以上的,必须自入境之日起十日内到居住地县以上公安机关申请办理《外国人居留证》或者《外国人临时居留证》。"第十三条规定:"持《边境地区出入境通行证》的越方、老方人员,入境后只限在我省边境县(市)范围内活动,停留期限不超过一个月;需停留一个月以上、三个月以内的,凭其有效入境证件向边境县(市)公安机关或者其授权的派出所申请办理《入境停留许可证》;需停留三个月以上、一年以内的,凭其有效证件向居留地县(市)公安机关申请办理《云南省边境地区境外边民临时居留证》。"第十七条规定:"越方、老方人员以及第三国人员在我境内住宿的,必须履行住宿登记手续。在旅店住宿的,必须交验本规定所涉及的有效证件,并填写住宿登记表;留宿上述境外人员的旅店必须在二十四小时(地处农村的七十二小时)以内将填写好的住宿登记表,送达指定的公安机关。未经公安机关批准,旅店不得擅自留宿上述境外人员。在居民家中住宿的,必须于抵达后二十四小时(在农村的七十二小时)以内,由留宿人或者本人持住宿人的有效证件和留宿人的户口簿,到当地公安机关或者受公安机关委托的乡(镇)人民政府或者村公所、办事处办理住宿登记手续。在帐篷、摊点、施工棚等临时或者移动性住宿工具内住宿的,住宿人或者为住宿人提供场地的单位和个人,必须事先向公安机关提出申请,经批准后方能住宿,并按前款规定办理住宿登记手续。"

然而实际上,这些规定往往难以得到执行,原因在于:在边境地区,两边边民长相相似,有民族语言相通,仅凭外表难以区分;有的乡镇旅馆开设于家庭,本身就难以严格管理,也就难以严格执行检查和登记住宿者的规定;专门从事非法入境劳工运输的犯罪分子有其自己的运输、中转渠道,并不落脚旅店;由于国家和边界意识的淡薄,亲戚之间的互访被当地边民看做非常自然的事情,没有需要报告和登记的意识。

区别于具有流动特点的入境务工,以通婚为目的的入境迁徙具有更强的定居性,入境人员融入当地社区生活的程度也比较深,居留的目的和特征都比较明显，且因为生育、生产、社会保障等问题，与我国的常规行政管理有着更密切的联系，下文详述。

第三节　跨境婚姻管理的法律问题

我国法律并不禁止跨境通婚，但是相关法律的规定为跨境通婚设置了一些程序上的障碍，对边民跨境通婚作出专门性规定的是《中国边民与毗邻国边民婚姻登记办法》，对边民婚姻的登记程序作了细致的规定。该法第四条规定："边民办理婚姻登记的机关是边境地区县级人民政府民政部门。边境地区婚姻登记机关应当按照便民原则在交通不便的乡（镇）巡回登记。"第六条规定："办理结婚登记的中国边民应当出具下列证件、证明材料：（一）本人的居民户口簿、居民身份证；（二）本人无配偶以及与对方当事人没有直系血亲和三代以内旁系血亲关系的签字声明。办理结婚登记的毗邻国边民应当出具下列证明材料：（一）能够证明本人边民身份的有效护照、国际旅行证件或者边境地区出入境通行证件；（二）所在国公证机构或者有权机关出具的、经中华人民共和国驻该国使（领）馆认证或者该国驻华使（领）馆认证的本人无配偶的证明，或者所在国驻华使（领）馆出具的本人无配偶的证明，或者由毗邻国边境地区与中国乡（镇）人民政府同级的政府出具的本人无配偶证明。"第十条规定："未到婚姻登记机关办理结婚登记以夫妻名义同居生活的，不成立夫妻关系。"

与1995年的规定相比，2012年修订之后的规定简化了边民结婚登记的程序和要求，如将登记机构由原来的州级民政部门下放到了县级民政部门；取消了原来需要的毗邻国一定级别的政府同意结婚的证明。这些修改释放的信号是对边民的通婚采取了更为宽容的态度，并在创造条件引导边民缔结符合中国法律的婚姻。然而，地方管理部门在执行该办法过程中遇到的最大问题恐怕还在于如何处理长期以来已然存在的"未到婚姻登记机关办理结婚登记以夫妻名义同居生活"的大量跨境婚姻关系。

根据笔者在文山州、红河州的调查,现有的边民跨境通婚基本上都没有履行相关的婚姻登记手续,这些婚姻所生的子女,在依照非婚生子女的标准征收一定数额的社会抚养费后,可以落户,其教育、社保不受影响。在当地群众的观念里,并不觉得这些入境通婚是非法的。这些家庭在当地同样被视为正常的家庭,甚至调查中笔者还发现有的基层农村组织干部甚至帮助入境通婚的越南妇女享受新型农村合作医疗保险,可见这些婚姻在当地地缘群体当中所获得的认可。所以,沿袭《中国边民与毗邻国边民婚姻登记办法》修改的思路,对跨境通婚的管理主要还是应当从稳定社会秩序,有利人民生活的角度出发,管理的重点在于掌握信息,适当引导,并帮助这些家庭进行相关法律程序的纠正和补救,减少非法现象的存在,使边民的跨境通婚纳入到国家法律和行政管理体系的范围之内。

第四节　跨境人口管理的创新与前瞻

一、德宏模式

德宏州三面与缅甸接壤,边境两侧边民多为同一民族跨境而居,文化相通、习俗相近,跨境通婚历史久远。改革开放以来,我国边境地区经济社会发展取得巨大成就,在相对优越的环境吸引下,境外边民入境通婚人数大幅增长,其中有的已领取中国结婚证,有的则是存在实质婚姻关系但因各种原因未领取结婚证,这些因涉外婚姻长期居住于德宏的外籍人员,其居住、通行、谋生等权益不明确,也影响了政府有关部门对这些人员的信息统计和管理。针对这一情况,德宏州公安局、州民政局在征求外事、计生、劳动、卫生、教育等部门意见的基础上,制定了

《德宏州边民入境通婚备案登记证管理规定（试行）》。① 根据该规定，与德宏州常住户籍人口按照中国法律办理了结婚登记，或者以夫妻名义同居生活，并居住在德宏州行政区域内的缅籍边民，应当办理《边民入境通婚备案登记证》。持该证可以在德宏州行政区域内居住、经商、务工、通行，并享有中国法律、法规以及德宏州地方政府给予境外边民的各项权益。办理《边民入境通婚备案登记证》应由夫妻双方共同提出申请，并提交相关证明。受理申请的机关是中国籍申办人常住户口所在地的公安派出所，办理该证不收取任何费用。

规定公布实施后，德宏州公安、民政部门对州内居住的缅籍入境通婚边民进行了彻底的清查登记，督促办理《边民入境通婚备案登记证》，并进一步强化措施，积极引导涉外通婚人员办理结婚登记，搭建公安部门和民政部门信息的共享，极大地提升了德宏州对入境通婚流动人口的行政管理效能，改变了过去对入境通婚人员状况不明、信息不全、管理不力的局面，既提升了政府行政管理的水平，也对入境边民的基本权益保障提供了可依之法。对入境通婚边民的权益、登记管理办法等做出系统规定的做法，德宏州尚属首创，这一创新性的尝试，符合国家对待边民跨境通婚问题的基本思路，既考虑到边民的实际困难和需求，也发挥了政府介入和掌控跨境通婚问题的积极作用，在当前云南省的实际情况下，不失为一项很有价值的尝试。

二、跨境人口管理创新前瞻

人口跨境谋生、跨境流动，在当前的形势下，已经成为无法禁绝的现象，担负着地方管理职能的边境地区各级政府必须积极地面对这一问题，努力寻求行之有效的管理策略，使人口的跨境流动成为在地方政府有效管理和掌控之下的有序流动，避免因混乱的人口跨境流动带来对边境地区社会稳定、经济发展的负面影响。各地各级政府应该在法律的范

---

① 信息来自德宏州人民政府公众信息网。

围内，在各自的权限范围下，因地制宜地主动采取对跨境人口迁徙、务工、居住、通婚等问题的管理措施，在有立法权的层级上，应该学习借鉴德宏州的做法，将有效的管理措施上升到地方行政法规的形式，并积极探索行之有效的实施途径。

从我国法律的立法权限层级来看，这一模式具有可行性。根据宪法第一百一十五条规定："自治区、自治州、自治县的自治机关……依照宪法、民族区域自治法和其他法律规定的权限行使自治权，根据本地方实际情况贯彻执行国家的法律、政策。"第一百一十六条规定："民族自治地方的人民代表大会有权依照当地民族的政治、经济和文化的特点，制定自治条例和单行条例。"民族自治地方依法享有根据本地方的实际情况进行立法的权力，而云南边境沿线各地均为少数民族自治地方，依照宪法享有立法权。

人口跨境流动的问题，正是边境地区因其特殊的地缘位置而出现的特有现象，具有地方特殊性；云南省边境地区都是少数民族地区，人口的跨境流动受着民族因素的影响，这使得问题也具有了民族性；相关民族自治地方针对这一具有地方特殊性与民族性的问题，做民族地方的自治性立法，是合理的，也是必需的。党的十八大报告提出要"完善和创新流动人口和特殊人群管理服务"，德宏模式即为一项从地方实际出发探索流动人口和特殊人群管理服务的创新之举，对云南省内其他面临跨境人口管理难题的地方政府具有积极的借鉴意义，各地应当在扎实调查掌握本地实际情况，广泛听取边防、民政、计生、外事、教育等部门意见的基础上，进行有地方针对性的立法，以指引行政管理实践工作。

第三章 规范救助体制,服务高危人群

第一节 艾滋病高危人群管理的概述

艾滋病最初发现于20世纪80年代,一度引发人群恐慌,出现谈艾色变的普遍现象。时至今日,艾滋病似乎对大众而言已不陌生,艾滋病的概念、传播途径、预防及关怀等都耳熟能详。但是,艾滋病作为一种生物—社会—心理医学模式为主导的传染病,有其特殊性。

艾滋病名为获得性免疫缺陷综合征(Acquired Immunodeficiency Syndrome,AIDS)。是由艾滋病病毒(人类免疫缺陷病毒 Human Immunodeficiency Virus,HIV)引起的一种严重传染病。艾滋病病毒侵入人体后破坏人体的免疫力,使人体发生多种难以治愈的机会性感染和肿瘤,最终导致死亡。[1] 在过去的二十多年里,艾滋病在全球迅速传播和蔓延,造成了数以千万青壮年劳动力、妇女和儿童的死亡,严重制约了经济、社会的发展。当今医学的指导思想从生物医学模式逐步向社会—心理—生物医学模式转变。美国罗彻斯特大学医学院精神病学和内科教

---

[1] 国务院防治艾滋病工作委员会办公室、联合国艾滋病中国专题组:《中国艾滋病防治联合评估报告(2007~2008)》。

授恩格尔（O. L. Engel）在 1977 年《科学》杂志上发表了题为《需要新的医学模式，对生物医学的挑战》的文章，批评了现代医学即生物医学模式的局限性，指出这个模式已经获得教条的地位，不能解释并解决所有的医学问题。生物医学模式关注导致疾病的生物化学因素，而忽视社会、心理的维度，是一个简化的、近似的观点。为此，他提出了一个新的医学模式，即生物-心理-社会医学模式。而艾滋病的预防和控制不仅仅存在于生物维度，更应关注心理和社会维度的预防控制。

艾滋病的特殊性还体现在患病人群上。不同种族、年龄及性别的人均对艾滋病病毒易感。但根据人们暴露艾滋病病毒的机会，可将人群划分为高危人群和一般人群。云南省艾滋病高危人群（concentrated population）主要集中在男男性接触人群、注射吸毒者、性工作者和嫖客等中。随着艾滋病流行趋势的变化，艾滋病通过桥梁人群逐步的向一般人群扩散。由于经济地位、资源分配在男女两性间的差异，以及文化、传统观念对男女两性行为约束和影响，使得女性要比男性更容易受到艾滋病病毒的侵袭；而男性则比女性更易发生高危行为，更容易传播艾滋病病毒。由此，社会性别的观点将有助于我们对一般人群预防艾滋病提供有效的管理依据。总之，我们将就艾滋病及艾滋病高危人群的管理进行探讨，以期从社会和心理维度更深层次的对艾滋病进行预防和控制。

一、艾滋病的流行状况

（一）艾滋病在全球、中国和云南的患病情况

根据世界卫生组织和联合国艾滋病规划署对全球艾滋病疫情的估计，全球艾滋病病毒感染者已达 3950 万人。其中亚洲艾滋病病毒感染者达到了 860 万人，2006 年新感染艾滋病病毒人数约达到 430 万人，其中新感染艾滋病病毒人数约达到了 96 万人。目前，东南亚和中亚是艾滋病疫情流行严重和上升速度最快的地区，尤其是地处大湄公河次区域的缅甸、泰国、越南、柬埔寨等国家和地区艾滋病流行态势更为严峻。我国 1985 年报告首例艾滋病病例。至 2006 年，中国艾滋病的流行

仍然处于全国低流行和局部地区及特定人群高流行并存的态势。截止2006年12月31日,全国累计报告艾滋病病毒感染者191565例,其中艾滋病病人47713例,累计死亡13632例。2005年底,按照联合国艾滋病规划署和世界卫生组织推荐的方法估算,中国现有艾滋病病毒感染者和病人约65万人,人群感染率为0.05%。感染者人数居亚洲第二位,世界第十四位。云南省艾滋病流行状况是1989年10月我省首次在滇西边境静脉吸毒人群中发现艾滋病病毒感染者146例。截止2006年年底,全省累计报告艾滋病病毒感染者48951例,艾滋病病人3935例,其中死亡1768例。艾滋病病毒感染者人数位居全国第一。专家估计,2006年年底存活的艾滋病病毒感染者超过8万人,流行形势十分严峻。2005年底,全省16个州市中,4个州、市(德宏、红河、临沧、文山)进入高度流行期,其余12个州市进入中度流行期。德宏州累计报告感染者总数超过8000人,红河州超过5000人,而西双版纳、昭通、丽江、迪庆、怒江报告数低于1000人,且不同流行地区吸毒、暗娼和孕产妇人群感染率存在较大差异。女性感染者逐年增多,感染者男女之比从流行之初的40∶1变为目前的2.2∶1。

目前,经性途径传播艾滋病的疫情上升较快,艾滋病疫情由高危人群向一般人群扩散。传播模式由注射吸毒传播为主,逐渐发展为注射吸毒传播、性传播和母婴传播共存的模式。艾滋病母婴传播是艾滋病传播的三条传播途径之一,2009年全球15岁以下艾滋病儿童数为250万人,新感染儿童37万人。① 据2010年联合国艾滋病规划署统计,目前全世界有3340万名艾滋病病毒感染者。卫生部和联合国艾滋病规划署、世界卫生组织联合评估结果表明:截至2009年底,估计我国现存活艾滋病病毒感染者和病人约74万人。② 2010年云南省防治艾滋病工作新

---

① 云南省三年防治艾滋病人民战争评估报告(2005～2007年)。
② 中国疾病预防控制中心编:《娱乐场所服务小姐预防艾滋病/性病干预工作指南(试用本)》,载 http://www.doc88.com/p-7055416693602.html. 最后访问时间2014年5月8日。

闻发布会通报：截止 2010 年 10 月底，云南省累计报告艾滋病病毒感染者/病人 82305 例，孕产妇感染率达 3.8‰，母婴阻断工作面临着巨大的压力和挑战。① 中国艾滋病正面临着由高危人群向普通人群扩散的严重威胁，局部地区和特定人群疫情严重，其中孕产妇 HIV 感染率不断上升的趋势不容忽视，在中国部分艾滋病流行高发地区，孕产妇感染率已超过 1‰②，HIV 阳性母亲所生小儿的健康面临着严峻挑战，并由此带来沉重的家庭和社会负担。

(二) 艾滋病流行导致的影响

1. 艾滋病对个人的影响

艾滋病直接影响个人的身体健康，一项研究表明，55.2% 的病人在出现机会性感染后一年内死亡。2006 年中国传染病疫情统计分析发现，艾滋病的病死率为 20%，居全国甲乙类传染病病死率的第三位。累计死亡报告的艾滋病病毒感染者和病人中，约 3/4 为 20－49 岁的青壮年，死亡年龄平均为 37.6 岁。

由于目前艾滋病仍然是不可治愈的、致死性的严重传染病，并且没有有效的预防艾滋病病毒感染的疫苗，很多人一旦检测出艾滋病病毒抗体阳性会产生绝望感。同时由于艾滋病的感染常常与一些高危行为（如静脉吸毒、多性伴行为等）有关，感染者常遭到社会歧视，加之自身产生的负罪感使得其精神压力非常大。调查显示，2/3 的感染者曾有过长时间的抑郁情绪和自杀念头，少数感染者自杀死亡。歧视艾滋病病毒感染者的社会现象仍较严重。调查显示，约 40% 的社会大众不愿意与艾滋病病毒感染者接触。

儿童是受艾滋病影响的主要群体之一，他们除了可能由于母亲感染而导致出生时染上艾滋病病毒外，还将承受丧失父母的痛苦，据估计，全球约有 1400 万因艾滋病失去单亲或双亲的儿童，其中 80% 生活在亚

---

① 吴尊友、张家鹏、王云生等：《云南省服务小姐预防性病/艾滋病干预试点研究》，载《中国性病/艾滋痢防治》，1998 年（增刊）第 23 期。

② 云南省第四轮全球基金/中英艾滋病项目《行为改变交流培训教材》，2008。

撒哈拉以南的非洲地区，由于丧失亲人的照顾，他们中的许多人陷入失去居所、食物和健康等基本生存条件的困境中。社会歧视、失学以及过重的劳动负担等也是受艾滋病影响儿童面临的主要问题。中国的一项调查显示，父母发病使近70%的未成年子女失去对未来的希望，失去对自我价值的认同。个案调查发现，儿童感染者被同伴排斥于学校和集体活动之外现象仍然存在。

2. 艾滋病对家庭的影响

艾滋病对家庭的影响主要表现为：由于青壮年劳动力患病和死亡而导致的家庭结构破坏（只剩下老人和小孩）、家庭赡养和抚养能力的下降，以及由于收入减少和医疗费用增加而导致的家庭贫困等。调查显示，感染HIV后，57%的人不再工作，只有21%的人继续原来的工作，2%的人换了其他工作，年收入比感染前下降近30%。感染者家庭的人均收入只是未受影响家庭收入的44%—47%。尽管中国在全国范围内实行了"四免一关怀"政策，为感染者/病人免费提供抗病毒治疗药物及相关检测/治疗费用，艾滋病病人仍需承担部分抗机会性感染治疗和药物毒副反应治疗费用，家庭医疗费用支出明显增加。

3. 艾滋病对社会经济的影响

由于劳动力丧失以及医疗卫生支出的增加，艾滋病流行将减缓国家的经济增长，增加贫困人口数量。据粗略估计，当成人艾滋病病毒感染率达到20%时，国内生产总值（GDP）的增长平均将下降2.6%。乌干达由于国内1/3的劳动力是艾滋病病毒感染者，国民生产总值一下降了30%；泰国由于艾滋病的严重流行，其经济损失达85亿，国内生产总值降低20%。调查显示，艾滋病不仅抵消了国家扶贫的成果，而且增加了绝对贫困人口的比例，一些国家贫困人口的数量因艾滋病流行增加了5%。

艾滋病流行还严重影响国家的人口发展，导致人均预期寿命、人口数量和人口素质的下降，以及人口结构的改变（青壮年人口构成下降）。根据2003年联合国人口报告，7个成人艾滋病病毒感染率超过20%的非洲国家的人均期望寿命下降了 13 岁。在无抗病毒治疗的情况下，斯威士兰王国、赞比亚和津巴布韦的人均期望寿命将下降到 35 岁以下。由于艾滋病的流行，到 2025 年，38 个非洲国家的人口总数将减少 14%，7 个成人艾滋病病毒感染率超过 20% 的非洲国家的人口总数将减少 1/3 以上。

第二节 艾滋病高危人群管理

艾滋病高危人群的划分是基于是否存在高危行为，我们将存在高危行为的人群称为艾滋病高危人群。可见，有效防控艾滋病高危行为，从而实现了艾滋病高危人群管理。

一、艾滋病高危行为

艾滋病高危行为可根据艾滋病传播途径来进行分类。

（一）经性途径传播的危险性行为

第一，多性伴：几乎任何成年人群都会发生性行为，包括同性和异性之间的性行为。多性伴指同时与多人（同性或异性）发生性行为，或短期内和多个同性或异性发生无保护的性行为。由于与其发生性行为的人员数量较多，无法知晓对方性活动的范围及危险程度。一般情况下，如果与一个人较轻易就发生性行为，则与其他人发生性行为的几率就较大，也会同时拥有较多的性伙伴。相关研究证实，在我国，普通人群中多性伴情况较为常见，假如在其性活动的人群中一旦有传染源的引入，就极易在其圈内引起艾滋病的传播与流行。

第二，换性伙伴：虽然在一定时间内只和一个人发生性关系，但其性伴更换较快或较多，同样也具有较大的危险性。此行为不仅表现在暗娼、嫖客和男男性行为等人群中，普通人群中更换性伴情况也较为常见。在吸毒人群中由于毒品的需求，用性来换取金钱或直接用性换取毒品也十分常见。部分吸毒人群通过吸食毒品也会发生群交、滥交等性乱活动。

第三，不使用或不正确使用安全套：安全套的使用是预防性途径传播艾滋病的有效措施。但在实际性活动中，并不是每个人都能够坚持和正确使用安全套。一方面，由于受个人感受、性病/艾滋病防治知识、安全套使用意识、安全套质量、获得安全套难易程度和部分人群对橡胶制品过敏因素的影响，部分人群不能坚持使用或没有条件使用安全套；另一方面，部分人群虽有意识使用安全套，也能获得并愿意使用安全套，但由于不具备安全套使用的知识，不能正确使用安全套，如不是全程使用安全套，仅在射精前才戴安全套，或不是每次性活动都使用安全套，同样也会造成艾滋病经性途径的感染。再者在安全套使用的过程中，安全套破裂或脱落后不能正确进行补救处理，也存在一定的传播风险。

（二）经血途径传播的危险行为

第一，注射吸毒：吸毒行为中的注射吸毒是艾滋病经血途径传播最危险的行为，也是我国艾滋病流行的主要传播方式。目前，我国31个省中均有经注射吸毒感染HIV的报告。据国家禁毒委公布的数据显示，到2008年底，全国登记在册的吸毒人数达112.7万人，且每年还有一定数量的增加。由于还有部分隐性吸毒人员的存在，据估计，实际吸毒人数远比公布的数据要大得多。在公安部门掌控的吸毒人群中，吸食海洛因的人数约为87.8万人，占吸毒人员的77.5%，50%以上的为注射吸毒者。在吸毒人群中，18—45岁的占92.3%；其中35岁以下的吸毒人数所占比例约为60%，初中以下文化者占80%以上，其受教育程度低、卫生观念淡薄、艾滋病相关知识知晓率不高。共用针具是造成注射吸毒者艾滋病快速传播的主要因素。一方面是注射针具的共用。在注射吸毒过程中，吸毒人群通过"回抽"注射器的方式确定注射针是否进入血管，在注射完毒品后也要反复回抽以最大限度地减少毒品的浪费，同时也为了获得注射吸毒的欣快感，这就导致了有较多的血液残留在注射器的针头及针管内。另一方面,多名吸毒者聚居在一起注射吸毒,由于注射器的可获得性、数量和吸毒人群的"哥们义气",共用情况普遍存在。有时即使没有注射器的共用,但在同一器皿中进行毒品的溶解和针具的简单清洗,由于没有进行消毒处理导致针具的污染而引起传播。同时,吸毒人群的性乱活动和女性吸毒人群为了获得购买毒品的毒资而卖淫或直接用性来换取毒品,往往采取不戴安全套的阴道性交甚至肛交等高度危险的性行为以获得相应的费用,导致了吸毒人群中艾滋病的快速传播。

第二,不正确求医行为:部分人群由于就医价格和其他因素,到一些不正规或非法的消毒不严格的医疗机构就医,一定程度上增加了艾滋病感染的危险。例如,贪图便宜在街头消毒不严格或不消毒的江湖游医处进行有创伤性的治疗;由于担心隐私暴露,不到正规医疗机构进行性病诊疗;部分暗娼或嫖娼人员由于相关知识的欠缺,感染性传播疾病后到非法诊所或是自行购药进行对症治疗等。

第三,不安全用血行为:非法采血制造血液制品亦会引起艾滋病经血途径传播,如我国河南省在20世纪90年代艾滋病的流行,就是由于一些单位和血液制品企业非法采集原料血浆,违规操作,引起交叉感染而造成部分供血者经血液途径感染了HIV。

二、高危人群(重点人群)

本节对重点的高危人群进行简述,从而引出高危人群管理的相关策略。通常所说的艾滋病高危人群(重点人群)主要有以下几类:

1. 女性性工作者(female sex worker,FSW,暗娼)

女性性工作者指的是为男性提供性服务(卖性)的女性,暗娼一词具有歧视和贬义,学术上定义为女性性工作者(FSW)。她们主要存在于宾馆酒店,娱乐场所(卡拉OK、KTV、夜总会),桑拿按摩房,洗头洗发屋,出租屋等场所,部分还在街头流动。通常通过中间人("鸡头"、"妈咪"等)介绍、电话联系或直接面谈等方式,采取上门提供服务("出台过夜"、"出台不过夜")、现场提供服务("快餐"、"坐台")、出租屋内提供服务和露天场所提供服务等进行性交易。根据 FSW 的年龄、长相、文化程度、服务场所等，有不同的收费标准，分为高、中、低层次。其中，以低层次 FSW 如街头流动（站桩、站街女等）、出租屋和小型洗头洗发屋为最重点关注人群。该人群存在年纪大、长相一般、知识层次低、卫生知识欠缺、收费少等特点。该人群服务的对象多为收入较低的流动务工人群或经济状况差的大年龄（50 岁以上）人群。该人群性病/艾滋病防治的相关知识和卫生意识淡薄，使用安全套进行安全性行为的意识缺失，容易通过危险性行为引起艾滋病经性途径传播。同时，由于多种原因，使得她们获得艾滋病防治相关信息和服务也相应较少，故该人群受艾滋病传播的危险性是最高的。有监测资料表明，低层次 FSW 与其他 FSW 的 HIV 检出率可相差 10 倍以上，该类人群是防止艾滋病经性途径传播行为干预的最重要人群。同时，具有吸毒行为的 FSW 更是重中之重。

2. 嫖客

嫖客，是指以金钱或物质支付方式与 FSW 交易获得性服务的男性。任何一个成年男性都可能成为嫖客，这取决于他的买性行为而不取决于他从事什么职业或他有多大年龄。嫖客的买性行为，确定了他的多性伴，且他的性伴是与其他人频繁发生性行为的。在发生性行为的过程中，可能发生肛交、口交等行为，也有可能发生不使用安全套的危险性行为，其行为是引起艾滋病和其他性传播疾病发生的重要原因。

3. 吸毒人群

吸毒传播艾滋病重点是注射吸毒人群，有的地方称为粉仔、四号客、海落部队等。一方面由于注射吸毒并普遍存在针具的共用而引起艾滋病的快速传播；另一方面，吸毒人群的性乱也是导致艾滋病快速传播的重要因素。再者，因购买毒品的需求，女性吸毒人群通过卖性或直接用性换取毒品并采取无保护的性行为并不少见。近几年来，新型毒品（摇头丸、K 粉等）的使用逐渐增加，通常是多人聚集吸毒，在进行毒品吸食后处于兴奋状态，导致使用者在吸食毒品后发生群交性行为，且不使用安全套，可以引起经性途径的传播。

4. 男男性行为人群（men who have sex with men，简称 MSM）

凡是与男性发生同性性行为的人群均归在这一范畴，是艾滋病经性途径传播的重要人群。其危险行为主要表现在以下几点：

第一，多性伴或频繁更换性伴；

第二，以肛门性交行为（肛交）为主要性交方式；

第三，不使用或不正确使用安全套。该人群主要包括：

（1）男性同性恋者：具有男性同性恋病理及行为的人群，仅对男性有性行为的兴趣，对异性表现为不接纳甚至是拒绝。大多选择单身并与同性发生性行为，大多数频繁更换性伴或同时与多名同性保持性关系，多性伴情况较为普遍。有部分同性恋者迫于社会环境及家庭的压力，选择了与异性结婚并与之发生性行为，但同时又与其他多名同性保持性关系，一定程度上加快了艾滋病等性传播疾病在人群中的传播速度。

（2）双性恋者：既有同性恋倾向，同时也接受异性恋行为。他们既有同性间的性行为发生，具有男男性行为人群特有的肛交、多性伴等高危行为特征，同时也与异性发生性行为或有婚姻关系，这就在高危行为与普通人群中架起了艾滋病传播的桥梁，应给予高度的重视。

（3）境遇性的男男性行为者：该人群并不是男性同性恋人群，也没有同性恋倾向，但由于环境导致只有同性存在而发生了同性间的性行为，一旦脱离了这个环境，其同性间的性行为也随之结束。主要存在于如监狱、军队、远洋海员、边远封闭地区的施工工地等。近年来，随着大型工地的施工而引起的暗娼聚集现象较为普遍，在边远工地境遇性的男男性行为人群可能会相对减少。

（4）为男性提供性服务的男性（moneybody MB）等发生男性同性间性关系的人群：该人群不一定是同性恋人群，有的仅只为得到金钱而为同性提供性服务。一方面性伴较多且更换频繁，同时采用不使用安全套、肛交、口交等高危险性方式较为常见。

（5）易装和跨性别人群：对自己现在的生理性别有不同的认识，认为自己本来应该属于女性，常打扮为女生，并与男性发生性行为，或为男性提供性服务。这部分人，有的已经通过变性手术实现了自己的心理性别，有的则没有实施变性手术。但这部分人群的危险性不在于他的心理状态如何，而是决定于他是否发生同性间的性行为，特别是不使用安全套的肛交行为和多性伴行为。

5. 多性伴人群

多性伴人群指同时具有多个性伙伴或频繁更换性伴的人群。这类人群可以是不同人群，如吸毒、暗娼、嫖客、男男性行为人群或是普通大众等，由于他（她）的多性伴和频繁更换性伴的行为，导致了艾滋病等性传播疾病的快速传播，即使他（她）不属于上述高危重点人群，但仍然是防止艾滋病经性途径传播的重要人群之一。

6. 感染者配偶及性伴

感染者配偶及性伴是指 HIV 感染者的阴性配偶或性伴。由于其配偶或性伴已经是 HIV 感染者，他（她）处于高度危险的环境下，极易通过性关系被感染 HIV，应引起高度重视。

7. 其他人群

长途卡车司机、外出务工流动人员等。一方面，由于长途卡车司机和外出务工人员常年在外，且处于年轻力壮的性活跃时期，对性生活有着较大的需求；另一方面由于职业、生活、经济、生存条件等特性，该人群外出大多不带配偶，促进了其在外寻找其他性伴或 FSW 行为的发生；再者，流动务工人群大多经济能力较差，其寻找的 FSW 多为低层次的，加之双方都缺乏相关的健康知识和预防艾滋病的相关措施，且得不到一些如知识宣传、同伴教育、安全套发放等的相关服务，具有高度的危险性。

三、艾滋病高危人群管理应遵循的原则

（一）保密原则

（二）自愿、尊重和不歧视原则

对目标人群的管理工作，要建立在尊重、自愿的基础上。同时，开

展管理活动的工作人员,要正确认识管理工作的重要性和目标人群应有的权利,不歧视管理的目标人群。

(三) 分类指导原则

不同的目标人群,具有不同的社会、心理和行为特点,只有针对特点,采取分类指导的原则,采取不同的措施和方法,才能取得较好的效果。如对注射吸毒人群采取药物维持治疗、清洁针具交换等有针对性的干预措施等;为男男性行为人群提供安全套、润滑剂;为低档次的性服务人群提供免费的安全套等。

(四) 受益原则和减少伤害原则

所有的措施和服务,均应使目标人群获益和减少伤害,才能起到良好的效果和可持续性。

(五) 目标人群参与原则

在进行管理和干预活动中,无论是什么目标人群,只有获得他们的认可和参与,才能达到事半功倍的效果。如:开展同伴教育,利用同伴进行外展活动等。特别是社区吸毒人群和 MSM 的干预工作,目标人群的参与所起的作用是专业机构人员所不能取代的。

(六) 综合干预原则

艾滋病预防干预工作,不是哪一种方法就能解决所有的问题,必须提供综合的干预服务。包括医学、社会、心理和精神等各方面的干预措施,同时还要提供多种干预方法。如对吸毒人群的干预,除提供健康教育、宣传知识外,还应提供清洁针具交换、社区药物维持治疗、社区康复治疗、安全套推广、同伴教育等,同时根据目标人群的需要还需提供性病诊疗、结核病诊疗、咨询检测、抗病毒治疗、抗机会性感染治疗、母婴阻断、心理支持及干预、关怀救助等方面的服务,甚至还可提供生存技能培训、就业信息提供及转介、病人护理及关怀等。对其他目标人群,同样应提供一系列的综合干预服务。

(七) 覆盖面和覆盖频度原则

在干预活动中,应注意干预的覆盖面和覆盖频度,干预活动要达到足够的目标人群覆盖率和较高的覆盖频度，才能产生较好的干预效果。如果一个地区的干预工作仅注重县城所在地忽视乡镇，则不能覆盖所有的目标人群。同时，干预的目标人群，特别是性服务人群和男男性行为人群流动相当频繁，如果达不到一定的覆盖频度或是覆盖频度较低，则起不到应有的效果。

四、高危人群管理

正如前述，对于艾滋病高危人群的管理归根结底要从高危人群的高危行为入手，这是高危人群管理的重中之重。

（一）女性性工作者行为干预

目前，国内外针对 FSW 采取的干预措施有宣传教育、安全套推广、性病与生殖健康服务等，这些措施已经得到了国际上的认可，认为其是现在针对 FSW 最有效地预防性病/艾滋病的干预措施。我国也于 2005 年出台了《高危行为干预工作指导方案（试行）》。《方案》中指出高危行为干预的主要措施包括小媒体宣传、同伴教育、外展服务、安全套的推广与正确使用、规范性病诊疗服务和生殖健康服务、有关场所的干预等。针对 FSW，通过外展和同伴教育等方式，开展促进安全套使用和鼓励接受性病诊疗与生殖健康服务等综合干预措施。

1. 开展宣传和健康教育

通过有关部门及老板的协助，同伴骨干宣传员在娱乐服务场所开展宣传教育活动。宣传教育内容包括：性病/艾滋病基本知识（传播途径和预防方法），性病的症状及危害，演示如何正确使用安全套，说服对方使用安全套的技巧等。除此以外，对于 FSW 日常碰到的妇女健康问题随时给予解答。同伴骨干宣传员的主要任务是：鼓励 FSW 坚持使用安全套；传授安全套的使用技巧；发放宣传教育材料；提供安全套；提供有关性病、生殖健康方面的咨询服务等。同时，还要掌握娱乐场所中 FSW 的流动情况，尤其是要及时发现新来的 FSW，加强对其进行宣传教育。此外，同伴骨干宣传员还需对每次的外展活动进行记录。

2. 提供性病诊疗和健康服务

正确的求医行为的影响因素：(1) 医疗服务的可及性。(2) 医疗服务的质量和可接受性。(3) 媒体广告宣传。电视、报纸、杂志等媒体的广告宣传对病人的就医选择影响较大。(4) 性别、年龄、婚姻、经济状况、文化程度等人口学因素不同的病人在求医行为上有较大的差异。(5) 病人的健康知识水平。(6) 周围人的影响。

针对影响因素的解决途径：

(1) 促进正确的求医行为。促进正确的求医行为是国际上公认的预防和控制性病/艾滋病的重要措施之一。它使病人得到及时有效的治疗，从而缩短病程，减少感染者数量，减少传染源，阻断传播途径，降低发生并发症和后遗症的危险性。促进正确的求医行为，需要动员社会多方面的力量，从不同方面进行行为干预：①加强有关正确求医的健康教育与咨询。有关正确求医的健康教育内容包括：各种性病的表现尤其是早期症状、危害性、传播方式、预防措施、及早诊断和治疗的重要性，延误治疗或错误治疗的害处，如何利用当地的性病医疗服务机构等。开展促进正确求医的健康教育，应配合其他干预活动一起开展，而不是孤立的。这些活动包括以下几个方面：开展有针对性的咨询服务，利用咨询门诊、性病/艾滋病咨询热线、社区咨询等条件，向干预对象开展有关正确求医的健康教育与咨询。到重点人群和高危人群聚集的场所开展活动，如发放健康教育材料、联系卡、放映录像、组织讲座、小组讨论和知识竞赛等。通过开展同伴教育，鼓励高危人群正确求医。利用大众媒体，广泛宣传性病/艾滋病防治知识。②营造良好的就医环境。性病病人就医时不应受到任何形式的歧视。社会舆论应该有助于引导宽松、正确的就诊取向。如开展反歧视宣传，普及正确的性病/艾滋病知识，性病医疗广告不可过多过滥，其内容应真实、准确。③改进服务态度，提高服务质量，增强对病人的吸引力，性病/艾滋病医疗服务机构要为就诊者提供价格合理、准确彻底的治疗，采用方便就诊措施，如延长服务时间，开设午间、夜间或节假日门诊，建立良好的医患关系，进行细致的健康教育和咨询，动员性伴就诊，通过优质服务提高医疗服务机构的知晓度，增强对病人的吸引力。这样能够引导病人到正规医疗机构就诊，使得更多的病人得到有效的治疗，提高就诊率、治愈率和性伴治疗率。

（2）规范性病诊疗服务。性病规范服务，即是向就诊者提供及时（当天得到诊疗）、有效（按卫生部门方案诊疗）、可及（容易得到）和费用可承受（收费合理）的服务，包括从咨询病史、体格检查、诊断、治疗、健康教育、咨询、安全套促进、性伴告知和疫情报告等一系列过程。特别是健康教育、咨询、安全套促进、性伴告知，对控制性病/艾滋病的传播有重要作用，而这些恰恰是日常临床工作容易忽视的。

◇设立规范化性病门诊。

◇到FSW聚集地提供服务。

◇提供现场与门诊相结合的服务。

这种服务实际是以性病门诊为依托开展外展服务，必须要有规范化的性病门诊的支持和足够的、符合条件的外展人员。

◇建立吸引FSW寻求和接受规范性病诊疗服务的鼓励或优惠机制。

针对FSW普遍反映"到医院看病太贵"的问题，在现阶段以有效的方式尽量降低FSW的性病诊疗费用，是吸引她们（特别是低档FSW）寻求并接受规范化性病服务的有效方法。采用一些鼓励或优惠政策在很大程度上可吸引FSW到医院或指定门诊就医。

3. **安全套促进使用**

（1）安全性行为的概念。安全性行为是针对如何降低性行为传播疾病的危险而提出的概念，它是指那些既能减少性行为传播疾病的危险，又能满足性需求的行为。从性行为方面考虑，要保证性行为的安全就要避免在性活动中接触他人的体液（包括血液、精液、阴道分泌物等）或皮肤黏膜溃疡等。所以，一个人进行的性活动（如自慰/手淫、性幻想等）是安全的。此外，两个人进行一些没有体液交换的性活动（如拥抱、爱抚等）也是比较安全的。然而应该指出的是，有些性病病原体可能从阴茎、阴道以外的病损部位排出，如梅毒硬下疳可出现在身体的其他部位，生殖器疱疹也可以出现在生殖器附近等，所以与这些人身体的密切接触仍有感染这些疾病的危险。如果发生性交，每次坚持正确使用质量可靠的安全套可以大大减少疾病传播的危险。在几种性交方式（口交、肛交和阴道性交）中，不使用安全套的肛交行为是最危险的。

（2）使用安全套的重要性。安全套可提供一种物理屏障，避免直接接触性伴的体液。国内外研究证明，正确和坚持使用安全套是保护使用者及其配偶免于意外怀孕和预防性病/艾滋病的有效方法。

（3）FSW 在安全套使用方面存在的障碍。第一，对安全套的防病作用认识不足或存在障碍。有的 FSW 缺乏知识，缺乏自我保护意识，认为自己不可能感染性病/艾滋病。第二，客人不愿用。第三，不掌握正确使用安全套的技巧。第四，经济障碍。第五，安全套质量不理想。

（4）怎样克服 FSW 在安全套使用方面的障碍。

第一，加强推广使用安全套的宣传培训，提高 FSW 对安全套使用重要性的认识。重点宣传安全套的防病作用，性病/艾滋病对个人、家庭、社会的严重危害以及个人应承担的对家庭、社会的责任，以提高她们的知识水平，改变不正确的观念、想法，让 FSW 感觉到健康危险的存在和严重程度，提高她们使用安全套的意识，促进安全套的使用。同时要讲解并演示安全套的正确使用方法。宣传培训的方法有专题培训、小组讨论、咨询、面对面交流等。

第二，营造社会支持性环境。营造一个支持性的社会环境是增强安全套的可获得性、促进 FSW 正确使用安全套的前提。例如可召开公安、司法、旅游、计生、宣传等相关部门领导参加的专题协调会，对"促进 FSW 使用安全套是性病/艾滋病防治工作必不可少的重要措施"达成共识。此外，利用广播、电视、报纸等新闻媒体开展宣传，创造出促进安全套使用较宽松的社会环境，使推广使用安全套工作在 FSW 人群中顺利开展起来。

第三,加强使用安全套的技能培训。针对 FSW 不能正确使用安全套的状况,应加强安全套使用方法的培训。培训中要注重技能培训。干预人员应做完整的戴安全套的示范演示,并让 FSW 现场练习操作,最好能做到在黑暗中也能熟练、正确地戴上安全套。

第四,加强对客人使用安全套的宣传教育。由于在性活动中男性往往居主导地位,一旦男性不同意使用,女性很难坚持使用安全套。所以加强对客人有关性病/艾滋病预防的宣传教育,提高他们使用安全套的意识和自觉性非常重要。有的干预人员要求 FSW 和场所老板主动向客人发放宣传材料,宣讲安全套的防病作用,并在场所内张贴相应的宣传画。

第五,进行与客人协商使用安全套的技能培训。除加强对客人的性病/艾滋病预防宣传教育外,为了促进安全套的使用,还应该给 FSW 培训一些说服客人使用安全套的方法和技巧。

(二)吸毒人群行为干预

吸毒人群行为干预是指对吸毒人群开展的各种干预活动的总称。旨在应用各种措施和方法以降低与使用毒品相关行为所造成的不良后果的一个整体策略,以达到阻止传播艾滋病病毒、丙肝病毒等。降低与毒品相关的违法犯罪行为和反社会行为。使吸毒者恢复已丧失的个人、家庭和社会功能的目的。

1. 该人群与艾滋病相关的行为特征

自 1989 年我国首次报告艾滋病病毒(HIV)在吸毒人群中出现流行以来,静脉注射吸毒一直是我国报告 HIV 感染的主要传播途径之一。2007 年中国艾滋病防治联合评估报告显示,截至 2007 年 10 月底,中国累计报告的 223501 例艾滋病病毒感染者和病人中注射毒品传播占 38.5%。了解吸毒者的吸毒、性行为的特征,对制定控制艾滋病流行的有效行为干预措施是必需的。

(1) 静脉注射吸毒共用针具

吸毒者静脉注射毒品时共用针具或借用针具,不消毒的现象较为普遍，主要有以下几个原因：

第一，缺乏卫生意识。吸毒人群的文化程度普遍偏低，缺乏卫生意识，没有消毒观念，对直接共用注射器，尤其对共用容器也是一种共针行为的间接危害缺乏认识，导致其在不了解危害性的情况下共用针具。在边境少数民族中尤其如此。

第二，注射器太贵。吸毒者首先考虑的是有钱就买海洛因等毒品，别的都不在意。即使单个注射器的花费看上去很低，但是多数吸毒者至少每日都需要注射，因此他们如果购买注射器将导致费用的急剧上升。

第三，急需时互通。吸毒者在"瘾发"而无注射器备用的情况下，为了及时获得欣快感，向身边的毒友借用注射器是很普遍的现象。

第四，表示关系好、团结和相互信任。吸毒者伙伴的共识是吸毒，大家有时在一起共用注射器吸毒，以此方式来表示关系好，团结和相互信任，类似于酒友相聚互相传杯喝酒。

第五，认为对方比较健康，盲目相信"我和他都没有传染病"。由于艾滋病病毒感染后的数年内可能没有症状，吸毒者会觉得自己没有传染病，经常见面的亲朋好友看起来健康，也没有传染病。有的吸毒者会自备针具并且消毒，但仍与少数"信得过"的毒友共用针具，理由是"我感觉或知道他没有传染病"。

第六，不知道如何正确消毒注射器。大多数吸毒者不消毒注射器，在重复使用时，他们会用清水、开水或酒精随便清洗一下后继续使用。

（2）静脉吸毒者的性活动

静脉注射吸毒者是艾滋病高危人群，该人群艾滋病病毒感染率很高。云南省3年（2005—2007年）防治艾滋病人民战争评估报告显示，全省18个注射吸毒者哨点监测结果，2005—2007年全省哨点注射吸毒人群平均艾滋病病毒感染率在24%—28%之间。艾滋病吸毒者一方面通过不良吸毒行为在吸毒者中传播艾滋病，还通过无保护性行为将艾滋病传播给其他人群，造成艾滋病在人群中进一步扩散流行。吸毒者的性活动主要有两个特征：

第一，多性伴、嫖娼等性乱行为。

第二，安全套使用率非常低。吸毒者与固定性伴发生性行为时安全套使用率较低，而与临时性伴发生性行为时偶尔使用安全套。不使用安全套的原因主要是性伴固定没有必要、不舒服或不喜欢用、没有意识要用、不知道怎样用、买不起安全套等。

以云南省3个县（区）对101例吸毒者访谈的结果为例。吸食毒品方式：多数人采用注射吸毒方式吸毒，3个县区被采访的吸毒者中注射吸毒者分别占100%（30/30）、72.2%（26/36）和42.9%（15/35）。注射吸毒者认为注射吸毒主要是因为过瘾、省钱、方便和朋友劝说。注射器来源：来源主要是药店和私人诊所，在"瘾发"的情况下，他们也会借用别人的注射器。共用注射器：3个县区的吸毒者共用注射器比例最高的达96.2%（25/26），最低的为46.7%（7/15）。调查表明，虽然大多数吸毒者能从正规渠道购买注射器，但由于种种原因，共用针具或借用针具的现象较为普遍。调查还发现，被访谈的吸毒者大多数不消毒注射器或不知道如何正确消毒注射器，在重复使用时，他们会用清水、开水或酒精随便清洗一下后继续用。

不安全性行为：3个县区的吸毒者在与固定性伴发生性行为时使用安全套的比例分别为55.2%（16/29）、31.3%（5/16）和16.7%（3/18）。而与临时性伴方式性行为时，有两个县区的吸毒者回答几乎不使用安全套，有一个县区的吸毒者有59.3%（16/27）的回答偶尔使用安全套。调查还发现，吸毒者使用安全套的主要原因是避孕，其次是防病；不使用安全套的原因主要是性伴固定、不舒服、没有意识要用、不知道怎样用。

2. 静脉注射吸毒人群高危行为干预措施

（1）美沙酮维持治疗

美沙酮是第二次世界大战期间在德国作为阿片类镇痛药被研制和合成的，当时主要用于代替吗啡镇痛。20世纪40年代末的研究发现，美沙酮可有效地控制海洛因依赖的戒断症状。到50年代后期，美沙酮被广泛用于阿片类物质依赖的脱毒治疗。我国在20世纪60年代末和70年代初，曾作为镇痛药生产和使用过美沙酮。从90年代初期开始至今，美沙酮一直是我国阿片类物质依赖的脱毒治疗的重要药物之一。

目前美沙酮维持治疗是针对吸毒人群降低危害的一种有效的核心干预措施。美沙酮维持治疗是指较长时间或长期服用美沙酮来解决阿片类药物成瘾问题的一种治疗措施，结合心理治疗、行为干预等综合措施，以最终达到减少毒品危害和减少毒品需求的目的。同时，美沙酮维持治疗也是一种有效控制因共用针具注射毒品而导致艾滋病传播的有效办法。美沙酮维持治疗就其本质而言属替代治疗，不是传统意义上的"戒毒"，也不是"小毒代大毒"，如同糖尿病和高血压等慢性疾病需要长期或终生维持用药治疗一样。

（2）清洁针具交换

清洁针具交换是指在静脉注射吸毒人群中推广安全注射的观念，免费提供一次性清洁注射器，并回收静脉注射吸毒者用过的注射器进行统一集中销毁处理，以减少静脉注射吸毒人群共用注射器的危险行为，从而控制艾滋病在静脉注射吸毒人群中的传播及向一般人群蔓延扩散。

（3）安全套的促进作用

性传播是艾滋病传播的一个重要途径，预防性传播最有效的干预措施就是使用安全套。由于无论是男性吸毒者还是女性吸毒者，他/她们在性活动中使用安全套的比例都非常低，普遍存在高危性行为。因此，在静脉注射吸毒人群中进行安全套的推广使用也是预防艾滋病的一项重要干预措施。应大力传播安全套使用的相关信息，提高和改变静脉注射吸毒人群对安全套使用的认知，提高男性静脉吸毒者的用套率，提高女性静脉吸毒者的自我保护意识，以及提高吸毒女性工作者说服客人使用安全套的技能。在静脉注射吸毒人群中促进安全套使用要与其他干预活动进行整合，而且要侧重考虑尽量为他们提供足够免费的或者是低价优质的安全套，增加安全套的可及性和可获得性。

（4）艾滋病咨询检测和医务人员主动提供艾滋病咨询检测（PITC）

为吸毒者提供艾滋病咨询检测和 PITC 可以使他们获得相应的公共卫生服务，得到预防和治疗。这种环境有利于吸毒者高危行为的改变，能够促进他们向自己的性伴、静脉注射使用毒品的同伴以及家庭成员暴露感染状况，从而采取有效的预防措施，减少艾滋病病毒在性伴、静脉注射使用毒品同伴及母婴之间的传播。对感染艾滋病病毒的吸毒者进行关怀和治疗等服务（包括将其纳入美沙酮维持治疗）。此外，开展艾滋病咨询检测和 PITC 有助于发现更多的吸毒感染者，为艾滋病流行监测提供一个工作平台，准确掌握艾滋病在该人群中的流行趋势，为制定相关的性病/艾滋病防治政策与策略提供科学依据。

（5）外展服务

吸毒人群属于社会弱势人群，具有较强的隐蔽性，要求他们主动接触公共卫生服务受到诸多限制，包括社会歧视、社会耻辱、担心被暴露等。单一的定点的干预服务覆盖面窄，很难接触或接触不到更多的社区中的吸毒人群。通过外展服务接触"隐藏"的吸毒人群是最有效的方法之一。外展服务就是要通过对吸毒人群需求的评估，外展服务的工作人员和吸毒者同伴教育坐进社区，利用各种方法和技巧，接近和深入这些社区吸毒人群活动和居住的场所或较为集中的地方，以各种合适的方式，把这些降低危险行为的服务（包括降低毒品危害的信息、安全注射和性行为、防治吸毒过量、提供安全套、漂白粉等消毒剂和针具、美沙酮维持代替治疗等）送达该人群中。外展服务能够接触到社区中的吸毒人群，外展工作者可以起到角色示范、教育者和倡导者的作用，可以对目标人群提供实际的关怀和支持。工作实践评估显示，外展服务可以有效地和那些以前未与卫生服务机构有联系或联系不规律的人取得良好的联系，并且是实施预防、健康促进、提供一定程度治疗服务的有效方法。工作实践评估还显示，现在或以前的吸毒者可能是最好的处展服务工作者，因为目标人群信任他们，他们能很好地接触到目标人群。

针对静脉注射人群主要开展核心外展服务包括：①与吸毒者讨论与

性病/艾滋病相关的危险行为。讨论应与吸毒人群的具体行为相联系，这样有助于让吸毒人群看到危险，并作出应对；②利用外展人员开展针具社会营销，回收吸毒者使用过的注射器并妥善安全地销毁这些注射器；利用外展人员的人际网络，与社区中未参与美沙酮维持治疗的吸毒者保持接触，引荐和动员更多的静脉注射吸毒者加入治疗；③为吸毒人群提供咨询检测服务；④围绕减少危害与吸毒者进行讨论和交流，向吸毒者解释减少危害的渠道和方法，提供降低危害的器具或用品（如清洁针具、安全套、消毒剂、注射用水、棉签等），促进吸毒人群的行为改变；⑤外展人员要向吸毒者提供相关的核心教育信息。包括：静脉注射毒品的危险，如可导致感染艾滋病病毒、甲肝、乙肝、梅毒；导致吸毒过量等；安全注射的方法；正确消毒和清洁注射器的方法；正确全程使用安全套的方法；转介服务信息，告诉他们哪儿可以获得美沙酮维持治疗、清洁针具、咨询检测、抗病毒治疗、性病诊治服务、母婴阻断等。

（三）男男性行为人群行为干预

1. 男男性行为与艾滋病相关的行为特征

多种危险因素加剧了 HIV 在 MSM 人群中的流行形势。首先，高危性行为在 MSM 人群中普遍存在。从生理角度看，男男性行为者多采用肛交方式来满足生理欲求。肛交时生殖器与肛门直肠剧烈摩擦，由于直肠黏膜为单层柱状上皮，摩擦使黏膜充血、微小血管易破裂，精液中若带艾滋病病毒便极易随之侵入，导致 HIV 感染。该人群中有肛交行为的比例超过 80％，50％以上 MSM 人群有多个性伴。发生肛交时安全套使用率低，2004～2005 年哨点监测显示，最近一次肛交安全套使用比例仅为 40％，约有 40％－60％的 MSM 从来不用安全套。其次，我国 MSM 数量很大。相关调查表明，中国社会处于 15－49 岁性活跃期的男同性恋者约占性活跃期男性大众人群的 2％－4％，人数约为 500 万－1000 万。再者，迫于社会和家庭的压力，MSM 人群中相当一部分人还有女性性伴或与女性结婚、生育子女，将女性置于危险之中。此外，MSM 人群中性交易也较普遍，很多男性卖淫者既同男性也同女性发生性关系。综上所述，MSM人群是艾滋病侵害的主要人群之一，而且通过与其有性接触的女性，容易造成HIV更大范围的传播。

2. 针对男男性行为人群高危行为的干预措施

（1）志愿者队伍的建立

在MSM人群中开展干预工作离不开志愿者的积极参与。他们是可以依靠的主体力量，是干预工作是否顺利、能否达到干预预期效果的关键因素。因此，应发挥男男性行为人群志愿者的积极性，更广泛参与艾滋病防治工作。招募愿者的方式包括公开招募；志愿者推荐介绍；在培训、访谈、调查和外展活动和动员新的志愿者、专家或机构的介绍与推荐；对同志场所经营者、活跃人士和小团体中的核心人士进行动员等方式招募志愿者。对招募的志愿者提供递进的必要的培训，不断提高他们的工作能力和技巧等。同时通过及时招募和培训新的志愿者，关心爱护志愿者，在工作上提供持续有效的支持，创造条件保持志愿者的热情等措施，来保持志愿者队伍的稳定。

（2）同伴教育

通过开展同伴教育，促进MSM人群形成健康、理性的生活态度和风气，在人群水平上实现持久的行为转变。通过不断招募和培训同伴宣传员，利用同伴影响和示范带动促进安全性行为理念的普及和风气的形成。通过同伴教育扩大MSM宣传覆盖面，增强针对性，提高干预效果。发现、动员、培训更多适合做预防艾滋病宣传工作的MSM人群志愿者，保障MSM人群预防艾滋病工作长期可持续进行。

从MSM人群中挑选和招募同伴教育师资，师资需具备一定的条件：如热心公益事业；有空闲时间参加相关活动；沟通交流能力强；有较强的组织能力和亲和力；为人诚实和正直等。由当地疾病控制机构专业人员和有经验的MSM志愿者共同完成师资培训，培训内容包括同伴教育基本概念和技能、艾滋病/性病和毒品基本知识、艾滋病/性病流行趋势及危害、生殖健康、安全性行为理念及其技能、安全套正确使用方法和协商技巧、咨询、检测、诊疗服务的寻求和利用，志愿精神以及培训的组织和技巧。同时广泛动员 MSM 人群志愿者招募同伴宣传员。同伴宣传员应是热心艾滋病预防宣传公益事业，在 MSM 人群内有一定影响力，在 MSM 人群内有较为广泛的社会关系网络和良好的人际关系。

同伴宣传员数量根据当地 MSM 人群规模确定，以保障有足够数量的同伴宣传员在目标人群中开展宣传，确保干预措施的覆盖面达到国家规定的目标。同伴宣传员培训合格后，可利用所学内容在 MSM 人群中开展同伴宣传活动。利用同伴影响力，采取同伴咨询、同伴传授、同伴教育等方法，同伴宣传员可在 MSM 人群中传授艾滋病知识和防病技巧，促进安全套使用和艾滋病/性病相关服务的利用，促进对 MSM 人群艾滋病病毒感染者的关怀和支持，减少歧视等。

可通过定期组织同伴宣传员的聚会，了解他们在宣传中碰到的问题和困难，有针对性地给予鼓励和支持。建立长效机制，通过有计划、有组织地持续动员和招募，不断弥补流失。并采取有效的激励措施，定期开展同伴宣传员聚会和交流，保持同伴教育队伍的稳定。

疾病控制机构工作人员要尊重同伴教育志愿者的意见和建议，工作中要做到平等、相互尊重、多沟通交流、不勉强从事不愿做的工作。在师资和同伴宣传员培训活动中，疾病控制机构工作人员要全程参与并确保培训效果。

（3）外展服务

支持志愿者小组/个人开展外展服务，提高固定场所 MSM 人群安全性行为意识和技能，促进 MSM 人群接受自愿咨询检测。定期到 MSM 人群相对固定的活动场所开展咨询、散发宣传材料、张贴宣传海报，并利用 MSM 人群组织的各种活动宣传预防艾滋病知识，如文艺演出、郊游、智力竞赛、卡拉 OK 比赛、趣味运动等健康益智活动。活动内容包括：动员 MSM 人群经常活动场所的经营者和业主，支持和配合志愿者在场所内开展的宣传教育活动，如预防艾滋病文艺演出、知识竞赛、见面会等。支持志愿者定期到 MSM 人群经常活动的酒吧、茶室、浴室、会所、公园等场所开展外展服务，内容有现场小讲座、宣传和咨询等。动员和支持场所经营者在场所内固定位置摆放宣传材料、安全套和润滑剂、咨询检测联系卡、性病诊疗服务联系卡等，以供随时索取。动员志愿者对那些极少出入公开场所的 MSM 人群群体，如"家族式"群体、"伴侣式"群体等，采取适宜的方法进行宣传教育。

外展活动严格按照年度计划进行，每次活动要制定活动计划，现场活动要有工作记录和小结。外展人员开展活动的频率应确保至少每月到相关固定场所一次，可以根据当地实际情况定期或不定期组织开展场所外活动。外展活动最好二人一组，事先告知同伴去处，到浴池、公园等公共场所要有防护意识，注意保护自身安全，学会巧妙拒绝。

（4）电话咨询服务

目的是为 MSM 人群提供便捷和即时的健康咨询服务以及心理、情感支持。通过建立咨询热线，从志愿者中选择热心参与社会公益活动、有一定交流能力的志愿者为热线咨询员，由疾病控制机构工作人员和有热线接听经验的 MSM 人群志愿者对其进行培训，培训内容包括艾滋病/性病基本知识、检测目的、结果解释、咨询基本概念、热线咨询技巧、心理咨询技巧等。支持 MSM 人群志愿者通过电话热线开展热线咨询服务，宣传艾滋病预防知识，解答与艾滋病/性病相关的问题，为求询者提供心理疏导和情感支持。

（5）利用互联网宣传

通过增加宣传活动方式，扩大宣传覆盖面，提高宣传效果。利用现有网站宣传，动员本地区 MSM 人群网站，或帮助现有的 MSM 志愿者建立相关网站，支持、指导其对原有网站内容进行丰富和完善，增加有关艾滋病/性病预防、治疗、政策、咨询检测等内容，宣传安全性行为，保护健康的意义和理念。利用 QQ 群等聊天工具开展宣传，支持志愿者在当地的 QQ 群中定期宣传艾滋病预防知识，以 QQ 群空间、公告栏等形式开展预防艾滋病知识，促进正确使用安全套，鼓励接受艾滋病咨询检测等活动。支持志愿者或预防艾滋病专业人员利用现有网站、信箱，及时解答网友提出的各种问题。定期或不定期组织专家、专业人员、志愿者，利用网站、QQ 进行预防艾滋病在线交流。

（6）自愿咨询检测

通过自愿咨询检测，提高自愿检测人数和感染者发现人数。提高 MSM 人群预防艾滋病意识，增加防病知识和技能，促进行为改变。及时为艾滋病病毒感染者提供相应的医疗和转介服务。

按《艾滋病免费自愿咨询检测管理办法（试行）》和《艾滋病自愿咨询检测工作实施方案（试行）》的要求，积极探索适合当地 MSM 人群特点的艾滋病检测咨询服务体系。一般情况下，可采用以下两种形式开展检测咨询服务：①利用现有检测机构开展检测咨询服务。要充分利用各级疾病预防控制中心、综合医院、性病门诊等现有的检测条件，为 MSM 人群提供艾滋病检测服务。咨询服务开设前要征询目标人群的意见，要防止"标签化"，使目标人群放心地接受艾滋病检测服务，对咨询医生、咨询检测的时间和方式也要及时征询目标人群的意见，尽可能方便 MSM 人群。利用网络、热线、同伴宣传、外展等多种形式广泛宣传检测咨询的信息。可以在以上活动中发布或散发检测咨询服务卡，卡上印有咨询检测联系电话、联系人、工作时间、地址及免费咨询检测等信息。也可在 MSM 人群集中的地点等摆放联系卡，由在场所活动的人员自取。受检者凭联系卡到指定的专业机构接受免费咨询检测。工作人员根据检测联系卡判断受检者的高危行为，从而避免直接讨论男男性接触身份等敏感话题。②咨询服务延伸到 MSM 人群活动场所。在条件适宜的 MSM 人群经常活动的场所，可设立长期的咨询点，在实施过程中，应加强检测前后咨询，支持 MSM 人群志愿者或同伴宣传员在人群中开展咨询检测的宣传动员工作。

（7）性病转接服务

促进 MSM 人群接受便捷、优质、规范的性病诊疗服务，改善求医行为。可以根据当地具体情况选定部分服务规范、价格合理的性病门诊作为 MSM 人群性病诊疗服务的推荐门诊，或选择医术高、乐于为他们提供服务的医生，对医生进行专门培训，培训内容包括 MSM 人群社会特征，常见性传播疾病临床表现、诊断和治疗等。鼓励工作人员对MSM人群的理解和接受，为患者提供友好型的诊疗服务。相关信息可印制成性病诊疗服务联系卡，通过在 MSM 人群活动场所摆放或志愿者发放等方式向 MSM 人群推门诊或医生。

(8) MSM 人群艾滋病病毒感染者/艾滋病病人的干预

对于在 MSM 人群中发现的艾滋病病毒感染者，随访干预是重要工作之一，是预防继发二代传播的重要措施。促进艾滋病病毒感染者和艾滋病病人得到及时有效的医疗预防等多方面服务，促进感染者采取安全性行为。在随访基础上提供医疗保健和咨询服务，疾病控制机构在充分保密的情况下，应积极设法和他们建立持续的联系，提供持续的医疗保健专业咨询服务，向他们提供定期 CD4－T 细胞检测服务，介绍国家艾滋病抗病毒治疗的政策、程序和内容，强调感染者应承担的责任与义务，宣传预防传播的意义，并提供其他治疗内容的转介服务。其次通过动员和支持 MSM 人群志愿者小组或感染者小组为感染者提供心理和情感的支持。指导小组将减少艾滋病病毒感染者和病人危险行为的内容加入到感染者关怀工作中，预防二代传播的发生。

(四) 流动人口行为干预

流动人口指以谋求经济收入为目的，在没有改变原户籍的情况下，到户口所在地地方从事务工、经商、社会服务等各种经济活动的人口，即所谓的"人户分离"，但不包括旅游、上学、访友、探亲、从军等情形。据估计，我国流动人口约 1.2 亿人，多数从乡村流出，流入城镇，其中大部分来自比较贫困的农村地区。随着社会经济的发展，流动人口也发生着变化。由以村落到集镇为主的流动转向村到镇、乡到乡、镇到市和市到市的多元迁徙；由单一谋职为主转向寻求多种途径发展；由随意性短期奔波转向在城镇安家落户。流动人口具有人口基数大、增长速度快、流动性强、多数人处于性活跃期、社会支持少以及社会约束力弱等特点。

1. 流动人群与艾滋病相关的行为特征

联合国艾滋病规划署指出：有无流动本身并不是艾滋病的危险因素，而是人口流动或迁移期间所处的环境和可能具备的行为增加了艾滋病的易感性及与艾滋病有关的危险性。

由于流动人口大多处于性活跃年龄，变化的环境和心理可能导致其性观念和性行为的改变，出现一些对婚前和婚外性行为的过分宽容以及把性商品化的不良倾向，可能会不顾危险而发生他们在家时不会有的不安全性行为，男性流动人口发生不安全性行为倾向较明显。一些调查研究显示，流动人口中多性伴比例较高，艾滋病和性病的发病率较高。并且，流动人口自身的特点决定了这个群体中非法卖血、吸毒等高危行为较非流动人口多。

与农村非流动人口相比，农村流动人口的文化程度较高，接受信息较多，掌握一定艾滋病/性病预防知识，但由于大众传媒的有关信息一般难以有效地传递给他们，他们的有些认识是片面和错误的，且缺少自我保护和防病的意识。

此外，流动人口的数量和流动范围的日益扩大不仅加剧 HIV 传播的速度，同时增加了 AIDS 监测和控制的难度。作为没有注册、没有档案的公民，他们只能半地下状态地生存在政府官员控制不到的地方。由于劳动技能低，甚至没有一技之长，流动人口通常从事低收入和非法工作，或处于"流动失业"的状态，使他们往往游离于社会之外，社会支持网络少，医疗保障不完善且经济条件差。他们一旦感染 HIV 将很难得到及时的诊断、治疗和监测，如果因故被迫返回故乡或者转移他乡，容易导致疾病的扩散和蔓延。

2005 年 11 月 21 日，中央十二部委联合发出《关于联合全国实施农民工预防艾滋病宣传教育工程的通知》，要求相关部门按照《全国农民工预防艾滋病宣传教育工程实施方案》，结合本地、本部门实际制定具体的工作方案和年度计划，在进城务工人员中广泛宣传预防艾滋病知识。《中国遏制与防治艾滋病行动计划（2006~2010 年）》明确了针对流动人口的艾滋病宣传教育和干预工作的具体目标与要求。《艾滋病防治条例》明确指出:"应当对进城务工人员加强艾滋病防治的宣传教育。"

2. 针对流动人口高危行为的干预措施

(1) 成立干预组织

开展流动人口预防艾滋病/性病干预工作,需要加强现有公安、劳动、计生、卫生、工商、城建、教育和宣传等部门的流动人口管理体系,如公安部门对暂住人口的治安管理、劳动部门对外来劳动力的培训用工管理、计划生育部门对流动人口的生育管理、卫生部门对流动人口的预防与疾病管理,还应发挥工会、妇联、产业协会、性病/艾滋病防治协会等群团组织的作用。卫生部门应制定具体卫生实施方案,指导各地开展流动人口艾滋病健康教育工作,逐步将常住流动人口艾滋病健康教育纳入常规管理,促进流动人口艾滋病健康教育工作的开展。

要做好流动人口预防艾滋病/性病干预工作,政府领导和部门协作是关键。在现有的艾滋病防治领导小组的领导、组织、协调、监督下,各相关部门需要积极协调,相互支持,深入到农村流动人口的流出地、流入地及流动过程中的"节点"进行相关研究和干预工作。

各地应根据当地实际,成立相应的工作小组,如规划管理小组、宣传教育小组、同伴教育小组、安全套促进小组和咨询小组。在干预工作中,各项职责要分工明确,责任到人。

(2) 摸清本地区流动人口的基本形势

各地区、各有关部门要在调查研究的基础上,根据当地和相邻地区艾滋病/性病流行与危险因素、流动人口等基本情况,以及当地疾病预防、控制、监督和监测能力,明确本地区、本部门开展工作的重点地区、重点人群和优先干预措施。

除了解当地艾滋病/性病的流行特征及危险因素外,还需了解当地流动人口的规模、类型、特点、聚集地等信息。综合考虑现有资源,艾滋病/性病的严重程度、干预的有效性等因素,确定干预工作的重点对象、干预内容及具体安排。

利用当地艾滋病/性病的疫情监测及当地其他各种调查获取相关资料，分析当地流动人口的疫情及变化趋势。如果没有这方面的资料，应考虑开展专题调查。

在流动人口的流入地，可通过绘制地理标点图，了解流动人口聚集地（建筑工地、工厂、劳务市场、服务场所、车站、流动人口子女就读学校、出租房等）的数量、分布等信息。

可采用个人深入访谈、专题小组讨论等定性调查方法，向有关部门了解当地流动人口的数量、分布和动态变化情况。如条件允许，可随机抽取一定数量的即将流出或已经流入的流动人口进行问卷调查。调查内容主要包括：一般社会人口学特征、艾滋病/性病知识、态度、行为以及相关需求等。

（3）常规宣传教育

常规宣传教育指大多数地区有能力开展的，以传播知识为主的，覆盖范围较广的多种宣传教育活动的总称。

常规宣传教育通常按计划的时间在固定地点，由固定人员开展。重点过流动人口聚居地、劳务市场、农贸市场、车站、码头、机场等地开展形式多样、内容广泛的宣传。活动内容包括在流动人口聚集的场所设立宣传栏和宣传展板，张贴宣传画、标语、公告，编印发放宣传材料，播放科教录像及录音材料，开展小组座谈，召开会议，建立预防艾滋病/性病健康教育室等。此外，在流动人口流出前，可由农村社区结合城市生活技能培训，开展艾滋病/性病知识讲座。计划生育部门可以利用外出劳务输出人员办理流动人口计划生育证明的机会，开展对流动人口的艾滋病防治知识宣传教育。

相关研究结果提示，具有中等以上文化程度的流动人口更愿意接受独立阅读的宣传方式，视、听的传播手段较适用于文化程度较低的流动人口，且能达到较好的宣传效果。专设的健康教育室的宣传效果较一般大众宣传方法好。因此，有人建议铁路车站是流动人口的一个重要集散地，应在车站建立一个永久的艾滋病健康教育室。

卫生人员在艾滋病/性病的宣传教育方面有其专业优势，但在了解流动人口、与流动人口交流等方面可能不如流动人口的管理人员。因此，可探索流动人口管理人员开展健康教育的模式。如劳务市场的工作人员，由于他们长期与流动人口打交道，了解和熟悉流动人口的需求与心理，而且由于其工作性质，很容易取得流动人口的信任。因此，利用他们与流动人口的关系开展艾滋病健康教育工作，可能效果更好，并且能保证今后工作的可持续性。

此外，开发适宜的宣传材料是保证宣传教育效果的关键。有的项目把艾滋病/性病宣传内容加入现有的宣传载体，取得了很好的效果。如在一个针对劳务市场内打工者的艾滋病健康教育项目中，干预人员利用市场内实用的宣传材料《打工者之友》小手册，在其中加入了预防艾滋病/性病的有关知识，使流动打工人口在离开该劳务市场之后仍可随时查看有关知识。另外，为方便打工者求职，市场还印发了"打工者求职自荐书"。由于打工者在整个求职过程中会小心保留它，干预人员在上面加入了预防艾滋病/性病的十条主要信息，使打工者能方便容易地学习艾滋病/性病相关知识。

短时间内集中流动是影响当地艾滋病防治工作开展的一个重要因素。在外打工的农村流动人口一般在春节才回家一趟，形成春节人口流动高峰。"春运"期间，各客运部门应在火车站、汽车站等流动人口集中的地方加强预防艾滋病/性病的宣传工作，以保证艾滋病不随人口流动而蔓延。

（4）外展流动宣传活动

实践证明，流动宣传对增加流动人口艾滋病/性病知识、促进健康知识的传播起到极作用。有研究指出，流动宣传强调在干预过程中保持对流动人口的尊重、平等和不评判的价值取向，强调宣传人员熟悉人际交流、咨询和干预的技巧，因而能够被大多数流动人口及其管理者接受，并取得良好效果。

流动宣传通常在流动人口工作地点（如建筑工地）展开，通过宣传手册、宣传展板和音像材料等向流动人口宣传相关知识。流动宣传也可以在客运车站、铁路列车、流动人口劳务市场和农贸市场展开。流动宣传的特点是可以随时、随地对流动人口开展教育。

流动宣传车在流动宣传中发挥了重要的作用。在汽车上发放宣传品，播放录像和录音，开展面对面咨询，既保证人际交流的隐蔽性和有效性，又因汽车和流动人口的流动性而促进信息在流动人口中扩散。流动宣传的方法要切实考虑流动人口的文化、经济和环境状况，要了解他们的需要和需求。通过定性调查，可以对流动人口的基本情况进行摸底，掌握他们的相关需求及其对干预方式、内容、时间的喜好倾向，对于有针对性地选择干预内容和方式，确定干预时间，制作干预材料，很有帮助。

流动宣传的方法要多样化。如在工地食堂这样人流量大的地方张贴海报、摆放展板，容易引起民工的注意。某项目针对工地民工的需求，把宣传和免费提供咨询、发放安全套和小册子、检查身体等结合起来，把车上一对一的交流、车下"小聚会"式讨论同召开民工大会和播放录像等民工所喜爱的方式结合起来，取得了较好的效果。流动宣传不仅易被流动人口理解和接受，具有可行性，而且容易和疾控中心本职工作相结合，而获得可持续发展的潜力。

（5）同伴教育

国内外的经验表明，同伴教育在传播预防艾滋病/性病知识、转变不良态度、改变高危行为方面十分有效。"同伴"的含义是具有相同背景、共同经历或由于某些原因使其具有共同语言的人，这种共性主要体现在年龄、性别、生活环境和经历、文化以及社会地位等方面。同伴教育就是同伴在一起分享信息、观念和行为技能，以实现教育目标的一种教育形式，一般由经过培训的同伴教育者向同伴讲述自身经历和体会，或充当积极的榜样角色，通过易于理解和接受的方式和被教育者进行交流。

流动人口由于其流动性，若通过正规和长期的培训对他们进行预防艾滋病/性病干预，在培训时间、内容、次数等方面存在种种问题。另外，正规和长期的培训费时费力，覆盖范围也仅限于接受培训的流动人口。农村流动人口通常与同乡结伴外出务工，或者在流入地按同一户籍聚集在一起工作和生活，因此，吃、住、玩、找工作，经常在一起。培训流动人口中的同伴教育者后，他们会随自己的群体移动而移动，所进行的教育不再是间断的，而是连续的，有时还会有"雪球效应"。

同伴教育者在开展同伴教育工作时，可以不受时间、地点和形式的限制，可以是一对一的教育，也可以是一对多的教育，还可以对一些有争议的话题展开讨论，特别是当涉及私人话题时，更容易打开局面，切入主题。另外，教育的内容也可以随着同伴们的兴趣和需求的增加而增加。

对同伴教育者进行培训时，最好有针对性强、内容丰富的知识手册，既能在培训时作为培训教材，又能作为开展同伴教育活动的工具书。某项目的同伴教育知识手册采用问答的形式、通俗易懂的语言、配以简练的插图，使同伴教育者能较快地掌握相关知识。

在流出地开展同伴教育，可请曾经流动返回的人来培训将要流出人群，培训内容除了预防艾滋病/性病的基础知识外，还可包括将要流动人群关心的问题，如怎样找工作、怎样保护自己、如何解决实际问题等。在流入地开展同伴教育，可寻找流动人口中的"领袖"，将他们培训成同伴教育者，因为离家在外孤独的人们特别易于遵从同伴的压力。利用"领袖"的力量，在流动人口中开展艾滋病的同伴教育，往往会起到事半功倍的效果。

（6）发放免费安全套或低价销售安全套

可以结合各种宣传教育活动开展安全套推广工作。如在宣传安全套作用及正确使用步骤的同时，向流动人口发放免费的安全套。在某些场合，如"世界艾滋病日"，可以对流动人口增加免费安全套的发放量。如果条件具备，计划生育部门可对已婚流动人口发放免费安全套，并将其纳入对流动人口的常规管理工作。在流动人口聚集的场所周围可摆放安全套自动售货机，向流动人口（特别是年轻未婚流动人口）销售低价安全套。

此外，还可尝试安全套社会营销的策略，在安全套销售主渠道的基础上，充分利用现有的商业网点，扩大安全套的销售。如可通过同伴教育者向流动人口销售优质低价安全套，也可通过流动人口较集中的场所（如建筑工地、工厂、劳务市场等）的管理人员销售安全套，或者向流动人口提供到何处购买的信息。

（7）咨询

在开展咨询活动前，需要确定和培训咨询人员。咨询人员除需掌握艾滋病/性病主要知识外，还需具备一定的咨询技巧。在干预人员紧缺的地方，一些人员可能身兼两职，既要做宣教工作，又要开展咨询。咨询工作可以在固定的宣传咨询室和咨询窗口开展，也可以随宣传车和流动宣传咨询点开展。通常可在劳务市场、火车站等场所设立健康教育室、咨询窗口或咨询台，有利于提供个性化的信息，保证干预效果。如某针对劳务市场流动打工者的干预项目，在劳务市场的工作人员中间选取和培训了几名志愿者作为"艾滋病/性病咨询窗口"的义务咨询员，由这些义务咨询员免费向市场内的流动打工者讲解艾滋病/性病方面的有关知识，同时发放相关的宣传资料。在宣传车上也可开展个别咨询，使建筑工地、工厂等场所的流动打工者在工作之余可以获得艾滋病/性病相关信息，并可就个人感兴趣的问题获得解答。有条件的地区，可在疾病预防控制部门开设艾滋病/性病咨询热线，并在其他宣传活动中把热线号码告知流动人口，使流动人口在有疑问或想寻求帮助时，可以通过电话咨询满足需求。

（8）针对于流动人口相关人群的健康教育

流动人口相关人群包括流动人口在农村老家的家人、流动人口打工单位的管理人员等。对这些人群开展预防艾滋病/性病健康教育，有助于向流动人口传递知其树立良好的态度，约束其危险行为。

在流动人口流出前或在外务工期间，对他们在农村老家的家人进行健康教育有利于通过家庭的影响，使他们对预防艾滋病/性病采取积极的态度。

对流动人口打工单位的管理人员进行健康教育,是对打工单位流动人口开展健康教育的前提。只有取得管理人员的理解和支持,才能有效地在流动打工者中开展健康教育。只有取得管理人员的支持,健康教育干预工作才能长期稳定地开展。若流动人口直接的雇佣者和管理者(老板、包工头等)能鼓励他们接受艾滋病/性病知识,采用正确的自我保护措施,并经常为流动人口提供心理、信息或其他社会支持,则可以有效地降低流动人口介入高危人群的可能性,促进干预效果的提高。

至此,我们详细探讨了艾滋病高危人群管理的核心基础、相关理论及各重点人群的管理干预步骤。不难看出,社会的支持乃至于法律的保证,是维护高危人群健康和权力强有力的支持和保障。

第四章 结合应急机制，确保公共安全

第一节 应急管理体系法律问题研究

一、应急管理体系概述

对于猝不及防的疫情、地震、矿难和诸如西藏"3·14事件"那样的群体性骚乱等等突发性事件，能否采取恰当的应急管理措施是政府必须履行的职责，也是对政府行政管理能力的重大考验。应急管理是以政府为主体的社会力量对于突然发生并危及公众生命财产、社会秩序和公共安全的公共事件作出应急准备和应对措施，以最大限度地减轻可能产生的事故后果而实施的管理。从现代应急管理理论和各国实践看，法律手段是应对突发公共事件的主要手段，同时也是最有效的手段。通过应急管理法制建设，把对突发公共事件的应急处置纳入法制化轨道，以规范化的制度，明确政府和公民的权利义务，使其能够在突发公共事件中依法开展应急工作。即能够让政府明确职责和得到充分授权来维护国家利益和公共利益，同时也能够最大限度的保护公民的基本权益。

我国既有在一般性突发事件领域规定基本原则和制度的《突发事件应对法》基本法，还有与之并存的大量分散的应对特定种类突发事件的单行立法组成的社会预警和应急管理法律体系。单项立法的优点是针对性强,或者结合某类突发事件的特点,或者结合某个阶段应对工作的特点,规定更具针对性的应对措施。尽管我国现行数量众多的单项立法有很多立法的规定非常不完善,但对于目前人类认识到的各类突发事件的应对,我国的法律在形式上基本覆盖。

《突发事件应对法》于 2007 年 8 月 30 日颁布,是规范突发事件应对工作的国家层面法律,为突发事件应对工作的全面法律化和制度化提供了最基本的法律依据,是我国应急法律制度走向法制统一的标志,也结束了我国突发事件预防与应对无基本法的历史。《突发事件应对法》确立了应对工作应当遵循的基本原则,建构了一系列基本制度,加强了突发事件应对工作的统一性和规范性,首次系统、全面地规范了突发事件应对工作的各个领域和各个环节,其主要特点及其作用概括如下:

第一,《突发事件应对法》所指突发事件为突然发生,造成或者可能造成严重社会危害需要采取应急处置措施予以应对的自然灾害、事故灾难、公共卫生事件和社会安全事件,明确了突发事件应对法的调整范围。该法还对突发事件的分级及其标准作了规定。

第二,《突发事件应对法》确立了突发事件应对过程中应当遵循的法治原则,体现了以人为本的立法精神。该法明确规定在突发事件应对过程中对公民权利的保障,包括对政府在处置突发事件过程中的各项权力进行了必要的约束和规范,避免因权力滥用而损害公众利益和公民合法权益。该法要求政府在采取应急措施时应尽量避免和减少损害公民的合法权益,以及政府采取应急措施时造成公民合法权益损害的,公民有权依法获得赔偿。

第三,《突发事件应对法》第四条规定"国家建立统一领导、综合协调、分类管理、分级负责、属地管理为主的应急管理体制",明确了我国突发事件应对的体制,为全国统一的突发事件应对体制的建立提供了基本的法律依据。

第四,该法规范了政府及各社会力量处置突发事件的程序,包括预防及应急准备、监测与预警、应急处置与救援、事后恢复与重建等各个方面，都有相应明确具体的规范，大大提高了突发事件应对工作的规范化水平。

二、应急管理法律体系存在的问题

我国的突发事件应对法律体系在实施过程中，特别是在应对诸如2008年汶川地震特大突发事件的过程中，其效果有不尽如人意的地方，也暴露出了一些法律自身不完善的问题。

第一，在法律层面没有明确应急管理机构间的相互协同，影响了应急管理机构的运行效率。我国没有独立和常设的应急管理协调机构，在突发事件发生时，事发地的政府和相关职能部门根据危机的类别由相应部门进行垂直管理，都在组织机构上重视纵向机关之间的领导与被领导关系。作为国家最高行政机构的国务院也是国家紧急事务管理的最高行政机构，一旦遇到突发事件则成立临时性指挥机构，对各部门进行指挥与协调，在国家层面上尚能够做到应急管理机构间的相互协同。但在地方层面上，地方政府大都采用分部门、分灾种的单一应急模式，欠缺职能部门间横向关系协调与合作的具体规定。在我国应急管理系统的组织机构中，各应急部门的垂直应急管理体系较完备，但各部门横向之间的职责关系并不十分明确。多数立法只规定了应急工作的主管机关和协助机关及职责，并没有规定中央部门与地方政府之间的职责关系，也缺乏地方政府之间协调与合作的制度约束。一旦遇到职责模糊不清的问题，则大都靠更高一级的领导协调，有时机关负责人之间的私人关系等非制度因素更能发挥救灾协同作用。没有了应急管理机构间的相互协同，就容易出现应急管理机构职能交叉和管理脱节的现象，大大制约了应急管理机构的运行效率。

第二，应急管理机构对突发事件前的预警职能和突发事件后的补偿、救助职能未能全面履行。突发事件的应对包括预防和准备、应急处置、事后恢复和救助三个环节，我国多数应急管理单项立法以事件的处

第四章 结合应急机制，确保公共安全

置为核心内容，对应对组织和应对措施规定较为具体，但对突发事件的预防和灾后恢复、补偿、救助则欠缺规定，或者有规定，但较为原则，缺乏可操作性，没有明确规定应急管理机构对于突发事件预防准备和事后恢复救助的职能。

这样的重突发事件的事中处置，轻事前预防和事后补偿、救助，以至于政府应急管理机构在突发事件出现之前的预警特别是预防方面的职能未能充分发挥，应急管理机构在突发事件处置完毕之后进行相关的制度完善方面的职能也难以履行。《突发事件应对法》以事前预防、事中处置和事后补偿救助三个阶段为立法主架构分别予以规定，而且重在预防，体现出立法思路上对关口前移、防患于未然的重视，在一定程度上改变了重突发事件的事中处置，轻事前预防的状况。但该法对于灾后的恢复重建和救助仍然缺少制度规定，《汶川地震灾后恢复重建条例》也因如此才会在汶川大地震之后短短数日匆忙出台以救急。

第三，在法律层面只有信息披露和信息公开的原则规定，但不够刚性和具体，在实践中难以保证相关信息公开到位。突发公共事件的信息，以及有权机关所作出的采取应急措施对其加以防治的决定，如果不是关乎国家秘密、商业秘密与个人隐私而依法必须予以保密的，那么行政机关不仅应当向其他相关的行政机关通报，而且还要向社会公布信息，以尊重公众的知情权。况且，突发事件的预防和处置是一个需要社会广泛动员和参与的工作，因而在突发事件预防和处置方面的信息披露和信息公开是一个十分重要的环节，也是全社会对突发事件应对工作进行监督的重要前提。信息没有及时而准确披露和公开，一方面影响了突发事件应对过程中的全民动员，另一方面也不利于应急管理机构的活动接受社会监督。不重视社团组织和志愿者等社会力量参与，也是我国应急管理体制又一特点，法律对于调动社会、安排公民自救的方法和措施，只作了一些原则性的宣示，缺乏对民间和社会力量参与灾后重建工作的制度性安排。

第四，我国应急管理立法具有明显的重实体、轻程序的特征。相对于其他组织或个人而言,政府被宪法与法律赋予非常广泛的行政职权,这就为政府有效防治突发公共事件提供了厚实的权力基础。鉴于突发公共事件与常规性行政事件之间的重大差异,因此法律又有针对性地赋予政府以广泛的防治权,尤其是紧急行政的应急处理权,诸如调配相关物资,调集相关专业人员,设立、分配、使用专项财政资金,行政优益权,对私人财产加以征用等等。而这些行政职权又极易被滥用,政府在运用这些权力时需要遵循严格的程序规定。我国现行立法多数重视对政府实体应对权力的配置,缺乏如何正当行使这些权力的程序性规定。

《突发事件应对法》是我国第一部关于突发事件应对的法律,尽管制定过程中在相关制度设计方面力求做到具体、明确和可操作,但由于一方面对相关问题的研究不够深入,另一方面实践中的经验还不足,因而不少规定包括一些重要的制度设计还不够明确、具体、一些规定缺乏可操作性,影响了法律的实施和法律实施效果。

第五,紧急状态领域尚缺乏统一立法将之制度化。涉及紧急状态的立法有宪法条款、《戒严法》、《专利法》等。宪法中规定了紧急状态的决定机关和宣布机关,没有对紧急状态下的相应制度作出具体规定,况且作为治国总章程的宪法也并不适宜具体规定,因此,需要具体而完善的法律制度。根据《突发事件应对法》第69条的规定,发生特别重大突发事件,对人民生命、财产安全、国家安全、公共安全、环境安全或者社会秩序构成重大威胁,采取本法和其他有关法律、法规、规章规定的应急处置措施尚不能消除或者有效控制、减轻其严重社会危害,需要进入紧急状态的,由全国人大常委会或者国务院依照宪法或者其他有关法律规定的权限和程序决定。紧急状态期间所采取的非常措施,依照法律规定执行,或者由全国人大常委会另行规定。理论上任何突发事件都可能引发紧急状态,因为一般性突发事件处置不当也有可能使社会进入紧急状态。而从《突发事件应对法》第69条的规定可以看出,《突发事件应对法》并不适用于紧急状态。

突发事件应对法,是预防和处置突发事件的基本法,但突发事件的预防和处置，依赖更多的法律，但是目前包括与突发事件应对法同样重要的紧急状态立法，以及与突发事件应对法配套的相关法律制度并未能与突发事件应对法同步健全，因而影响了突发事件应对法作用的发挥，相关的法律规定也因此难以形成合力，削弱了突发事件应对的法律基础。

此外，作为基本法的《突发事件应对法》只能是对各类突发事件应对共同的问题作出规定，在基本法之外不可避免存在大量分散的单行立法。我国的单行立法基本是关于应对某类突发事件的规定，主要采取一事一立法的思路。一事一立法具有应对措施更具针对性的优点，但存在立法重复，浪费立法资源，或者立法之间存在不应存在的矛盾等问题。此外，一事一立法不利于整合突发事件应对平台，造成应对资源的浪费。而且，不论是《突发事件应对法》还是大量的单行应急立法，更重视行政强制手段的运用而忽视了行政指导等柔性执法手段的运用。

三、完善应当急管理法律体系的建议

完善的法律体系是应急管理法治化的基础，也是应对工作得以有效、有序开展的制度保障。我国政府在应急管理社会实践中逐步构建起以应急预案、应急管理体制、机制和法制（即"一案三制"）为核心框架的应急管理体系，初步形成了中国特色的应急管理体系。深化以"一案三制"为核心内容的应急体系建设，必须抓紧制定和完善应急管理法律法规，努力使突发公共事件的应急处置逐步走向规范化、制度化和法制化轨道。

第一，继续统一立法的思路，制定一部独立而完整的《中华人民共和国紧急状态法》。《突发事件应对法》的基本定位是将突发事件区分为一般性突发事件和特别重大突发事件。《突发事件应对法》及单行法针对一般性突发事件，以各种专门的防灾、减灾和处理公共安全等突发事件的法律规定为主要内容，突出政府各部门在危机管理中的相互协作和组织协调作用。《紧急状态法》则根据严格的法治原则来确立在紧急状

态时期的国家紧急权力运作机制。由于发生特别重大突发事件,适用普通应对措施无法解决危机的,进入紧急状态,所以《突发事件应对法》并不适用于紧急状态。法律需要在一般性突发事件应对法与紧急状态法之间建立相互协调、相互衔接的配套关系,实行"一般性突发事件应对法优先适用"的原则。但现行宪法只有三个条款涉及紧急状态的决定和宣布,并不涉及紧急状态的应对,关于紧急状态的相关法律制度,需要制定《紧急状态法》予以解决。

第二,制定《灾害保险法》、《灾害救助和补偿法》等法律,完善突发事件的救助和补偿制度,建构有覆盖危机前、危机中和危机后的完整应急管理过程和工作内容的法律体系。我国单行立法集中在灾害的处置方面,但缺乏对各类突发事件面临的救助、补偿等共同性问题的规定。《突发事件应对法》尽管区分了三个阶段的立法,但是仍然没有对救助和补偿等一系列问题做出具体规定。以笔者的看法,应一阶段一立法,弥补现行立法的不足,以防止出现来自政府处治突发事件过程中的错位、越位、缺位与不到位,尤其是紧急行政权的过度膨胀,使得公众饱受紧急行政减损或限制合法权益之苦。

第三,通过立法将不同机关的职责明晰化,设立应急管理协调机构。应急管理更重要的是制定相关的法律规定政府在处理突发事件中的职能和职责。通过制定应急管理方面的法律,统一规定政府在应急管理中的职权和职责,确定依法应对突发事件的原则,有利于增强政府处理突发事件的能力,也有利于维护政府的公信力、权威性和合法性。应急管理机制中的预警机制和快速反应机制的运作是依托于一定的组织结构的,系统的法律支持是实施应急管理的有效保障。我国制定和颁布得的相关法律体系尚不完整,因此必须进一步完善应急管理的相关法律法规,明确规定应急机制中各个机构的设置、职能、地位、权力、责任等,确保其运转实施。

前文说到,作为国家最高行政机构的国务院也是国家紧急事务管理的最高行政机构,一旦遇到突发事件则成立临时性指挥机构,对各部门

第四章 结合应急机制，确保公共安全

进行指挥与协调，在国家层面上尚能够做到应急管理机构间的相互协同。但在地方层面上，地方政府大都采用分部门、分灾种的单一应急模式，欠缺职能部门间横向关系协调与合作的具体规定。在我国应急管理系统的组织机构中，各应急部门的垂直应急管理体系较完备，但各部门横向之间的职责关系并不十分明确。多数立法只规定了应急工作的主管机关和协助机关及职责，并没有规定中央部门与地方政府之间的职责关系，也缺乏地方政府之间协调与合作的制度约束。尽管国务院按突发事件种类设立了相应的机构，但缺乏相应的协调机构。没有了应急管理机构间的相互协同，各部门各行其是，造成了资源与信息的浪费，大大制约了应急管理机构的运行效率。

设立应急管理的综合协调机构具有诸多优点：全程监控事件进展，掌握事件应对过程中的各种信息，制定合理的应对措施，通过优化调度各种应急资源，避免浪费资源；掌握事件应对全过程的信息，利于灾后的恢复与重建。而且，在事件应对过程中积累的宝贵经验为以后的突发事件做出重要准备。

第四，完善程序法律制度规定，确保政府所采取的应急处理措施的科学性与合法性。突发事件的应对较之常态下的行政管理对科学性和民主性的要求更高。因为应急措施应对失误造成的后果可能是灾难性的，而突发事件状态下的行政权力较之正常状态下的行政权力，更具高权性，一旦滥用或者行使不当，对公民权利的损害更大。而科学应对、民主应对都需要理性的程序和民主的程序来保障。因此，对突发事件的应对更应遵循正当法律程序。程序的科学、民主是应对处置工作顺利开展的保证。但长期以来，因对程序的工具主义理解，行政机关没有给程序应有的重视，在需要对突发的灾情、险情做出迅速判断时，程序正当和合法就没有多少人去留意了。尽管紧急情形下更需要程序理性来确保理性的判断。

通常情况下，为了确保紧急行政的及时启动，法律对有权机关做出采取应急处理的决定的期限与方式等程序性内容也都要做出明确规定。

就应急措施的程序而言,要体现出简便、易行、反应敏捷的特点,不仅便于迅速启动,而且能够运行通畅。但这并不意味着应急措施越简便越好。因为应急措施的程序的完备程度与紧急行政权运行的理性程度成正比:越少受到行政程序严格约束的应急处理措施,其被滥用的可能性就越大,不法侵犯公民合法权益的概率就会越高。

第五,对突发事件应对中需要作进一步细化以增强其可操作性的内容,以行政法规、规章的形式完善应急管理措施,在突发事件应对法和其他法律基础上完善应急预案的制定,增强法律的实施性和可操作性。我国虽已建立全方位的突发事件应急预案体系,但在应对重大突发事件的实践中,许多应急预案的内容存在较大的问题,主要是照抄照搬法律条款,上下"一般粗",有些基层预案缺乏细节规定和执行主体的规定,预案操作性不强,没有凸显预案的特点。有的应急预案甚至与法律规定相冲突,不具有可操作性。

因此,由主管部门与相关部门协商制定突发公共事件应急预案。在预案编制前做好风险分析、应急资源调查和整合工作,明确权责关系,开展编制预案培训和演练工作以及建立健全预案科学评价体系等等,建设一套多层次、多领域、动态管理的应急预案体系,建设一套预防与应急相结合、常态和非常态相结合的预案体系。

在完善突发事件应对立法工作中,还需扩展行政指导等柔性执法方式在突发事件应对中的应用,建立灾害保险制度,完善灾害救助和补偿制度,重视社团组织和志愿者的参与,将民众参与纳入突发事件应对制度框架中。此外,重视借鉴境外和国外应对突发事件的法律和措施,以增强我国应急立法和应急机制在市场经济和全球化条件下的适应性。

第二节 公共安全体系法律问题研究

当前,我国经济发展进入难得的黄金发展期,经济持续快速发展,

第四章 结合应急机制，确保公共安全

经济实力和综合国力大幅提升，社会管理和服务水平不断提高，人民群众安居乐业，社会大局总体上比较稳定。特别是近年来，在社会治安管理上坚持"党委领导、政府牵头、部门负责、条块结合、齐抓共管"的综合治理工作思路对于维护社会秩序、促进社会稳定发挥了很好的作用，群众对社会治安的满意度逐渐上升。但与此同时，各种社会矛盾凸显，社会治安事件频发，社会治安形势依然严峻，社会治安管理任务依然繁重。为应对严峻复杂的治安形势，社会管理部门应加快创新社会管理，完善社会治安防控体系，加强社会治安综合治理，为经济社会发展提供良好的治安环境。目前，我国社会治安管理存在着过多依靠政府力量，行政控制色彩浓厚，社会力量参与管理的积极性没有得到充分发挥，管理效率难以提高等一系列问题。从源头上预防治安问题，需要努力探索建立中国社会治安管理的长效机制，实现社会治安管理法制化、专业化、系统化和社会化。

一、当前社会治安存在的问题

第一，刑事案件居高不下，一些突出问题不容忽视。2010年1至11月，全国公安机关所立刑事案件534万起，同比上升7.55%。"两抢一盗"案件频频发生，总数占据全部刑事案件的较大比例，破案率、追赃率较低，群众对此颇有怨言。赌博盛行，对社会危害性较大，其形式更趋多样化，打击难度也加大。黑恶势力、"黄赌毒"违法犯罪依然突出。流动人口违法犯罪问题仍然比较突出，尤其是经济发达地区，流动人口违法犯罪率一直较高。涉及征地拆迁、企业改制、劳资纠纷、医患纠纷、环境污染等方面问题的群体性事件不断增多。一些"城中村"、城乡结合部等治安重点地区社会管理服务不到位，存在基层组织软弱涣散、治安防控体系不健全、治安安全隐患突出、环境脏乱差等问题。城市街道违法经营问题依然屡禁不止，一些地方违法违章建筑较多，公共安全隐患突出。全国人口较多城市交通拥堵现象普遍存在。校园及校园周边秩序维护和环境治理依然存在薄弱环节。引发社会各界普遍关注的青少年违法犯罪等等一系列问题不容忽视。

第二，流动人口管理服务的长效机制尚待完善。一是对流动人口的信息采集不够规范全面。对流动人口及变动没有全部及时登记，尤其是出租房登记率不高，人户不一致，漏管失控现象依然存在。二是对高危人口管控办法、手段不多，工作措施也不到位，存在"登记不违法，违法未登记，高危不高危"等现象。三是采集员职能单一化，就信息论信息，对信息综合加工能力不强，利用率偏低。与社区、卫生、计生、住建等部门未形成齐抓共管的局面，治安后续服务和管理工作开展得不够。四是基础建设滞后影响管理工作的进一步开展。城乡居民住宅无门牌或者门牌混乱状况依然存在，对信息采录和"人户一致"影响极大。另外城镇居民住房，尤其是出租房违章搭建、拆隔问题突出，火灾、安全隐患严重。

第三，防控体系的建立不够完善，互补互动性不强。一是专业巡防力量不够。巡逻密度、广度都还不够，尤其是夜间巡逻、重点区域巡逻还不到位。二是群防群治的组织建设较为松散。由于经费紧张，部分群防群治巡逻队伍未配备必要装备，无法组织高质量巡逻防范。同时对群防群治工作的指导不是很到位，群防群治整体作用没有得到充分的发挥。三是技防措施不到位。在城镇街道和城乡路口，安装了许多监控视频探头，但数量不多、覆盖面不广，在建设中设置不科学、不合理，有的由于亮化工程未配套，夜间并不能发挥实际作用等。许多地方尚未建立综合监控平台，导致监控综合应用效能不强。四是阵地控制尚未健全长效管理机制，个别行业未组建协会，无法开展行业自律；行业与工商、质监等部门主动沟通不够，未形成有机联动。

第四，城乡社区警务推进广度和深度不够，对资源整合不够有效。目前我国城乡公安派出所普遍存在着警力紧张，任务繁重的现象，既要处理常规警务工作，又要从事一些非警务工作、边缘性警务工作。如村级换届选举，各基层派出所要投入大量警力维护秩序。类似这样一些非常规工作，因关系民生问题，民警也予以高度重视，一定程度上分散和牵扯民警大量精力。其次,社区警务工作职责定位不够清晰。过于强调打击,服务意识不强,指导群众加强安全防范不到位。还有少数警务人员思想认识不到位,总认为破案是硬任务,基础工作是软任务,靠一时之力也难以解决问题,是一项吃力不讨好的工作。再者,许多城乡社区警务室硬件建设未能满足工作要求,有的警务室系临时租用,未能与主管社区连在一起,影响作用发挥;有的办公地点虽然与社区连在一起,但面积较小,严重制约工作的开展;有的警务室没有配备电脑、电话机,且大部分警务室没有与公安网相连,不能共享有关信息,对一些突发事件不能及时处理。

此外,作为专门社会治安工作队伍,存在着警力紧缺、警务人员工作能力和水平有待提高等一系列问题。警力不足的问题亟须解决,队伍专业化水平也还不能满足实际工作需要,少数民警执法能力和水平不符合要求,特别是极少数服务窗口还存在"门难进、脸难看、事难办"的现象。因此,警务人员工作作风和服务意识有待进一步加强,尤其是做群众工作水平有待进一步提高。数量众多的保安人员是维护社会治安的重要力量,但是,文化水平普遍较低。由于待遇差,流动频繁,有证无证照样上岗。

二、以法制的视角完善社会治安防控体系的重点领域

党的十八大报告指出,深化平安建设,完善立体化社会治安防控体系,强化司法基本保障,依法防范和惩治违法犯罪活动,保障人民生命财产安全。党的十八届三中全会决议明确指出,加强社会治安综合治理,创新立体化社会治安防控体系,依法严密防范和惩治各类违法犯罪活动。

社会治安防控体系强调打、防、管、控一体化。笔者认为,社会治安防控体系更在于防和控,而不是打击。社会治安防控不只是公安一家的责任,也不只是警务工作系统。社会治安防控体系是以公安机关为主的各种防控要素相互耦合而能够统一指挥、反应灵敏、信息共享、协调

有序地开展工作，构成集打击、防范、管理、控制、服务等多种功能一体化的社会治安管理系统。社会治安防控体系仅靠公安一家是无法建立起来的，社会治安是社会之治安，公安机关是维护社会治安秩序的主力军，但社会治安必须依靠全社会的力量，对全社会实施有效的治理，才能拥有好的治安秩序。要在党委、政府直接领导下，由社会治安综合治理组织统一协调，以公安部门为骨干，以群防群治力量为依托，以社会面、居民区和单位内部的防范工作为基础，以案件多发的人群、区域、行业、时段为重点，在直辖市、地级市城区或以县（市）为单位，建立完善人防、物防、技防结合、专群结合的社会治安防控体系，增强全社会预防和控制犯罪的能力。因此，必须完善社会治安防控体系，在依法治国方略指导下，创新社会管理，推动治安防控工作向规范化、制度化方向发展。

1. 城市管理法制化问题

在我国城乡体制逐渐被打破、人口自由流动、城市化加快的大背景下，我国城市管理水平落后于城市经济社会的发展，城市管理者承受着巨大的冲击和压力。在城市房屋拆迁问题、农民工权益保障问题、城市管理问题等等方面都显现出我国法制不健全的状况。

在城市房屋拆迁问题上，由于现行法律法规没有作出明确细致的规定，存在着公共利益标准不确定，补偿标准不合理，拆迁过程不文明等现象，不仅严重侵害城镇居民的合法权益，而且容易导致群众大量上访，影响社会稳定与发展。城市化进程中大批农民进入城市，他们为城市的建设和发展做出了巨大的贡献，但他们却没有被城市完全接纳。直到今天，农民工合法权益还缺少法律保障，劳资纠纷难以解决，农民工维权无据、诉讼无门的现象时有发生。农民工养老、失业、医疗卫生等一系列社会保障制度也还没有完全建立起来。农民工子女教育问题也是困扰他们的一大难题。在人口越来越拥挤的城市，盗窃、抢夺、抢劫等案件频发，治安防控工作与居民期望值有差距，城市管理的许多领域需要实施有效的管理。

当前我国城市管理仍然延续着计划经济下的运行模式，城市管理政策化、行政化色彩较浓，许多环节缺乏法律支持。一方面，城市管理的许多领域和环节还没有相应的立法；另一方面，又存在着城市管理立法不当的问题。许多地方法规没有体现居民生活的实际需要，立法意义不大，还有的没有把法规立、改、废工作有机地整合起来，实施中时常遭遇法规之间的效力问题，其可操作性不强。在执法体制方面，存在职能交叉、多头执法、执法不规范等现象。此外，城市管理监督体制不健全，部分监督环节的缺失使得城市管理人员滥用行政执法权以及执法腐败等现象时有发生。城市管理法治化建设的重要性显得越来越迫切。

2. 农村社会管理的法制化进程

当前，随着农村社会的发展和改革的深入，一方面居民对社会安定的期望值增高，另一方面因利益调整引发的各类矛盾纠纷也在增多。诸如移民政策的执行问题、土地补偿款的发放问题、经济林权归属问题、个别村级干部的以权谋私问题等等，由此类事件引发的群体性上访事件也频频增多。同时由矛盾纠纷引发的诸如伤害等案件也呈多发之势。而且，由于农村基础设施不健全、防护设施不到位，农民安全意识淡薄，农村公共安全隐患大量存在，交通、火灾事故不断增多。再者，在农村一些地区，黑恶势力有所抬头，直接危害居民的生命财产安全，在一些地方黑恶势力甚至插手农村选举，严重影响社会的治安稳定。此外，农村封建迷信活动频繁，给邪教提供了滋生的土壤，各种形式的赌博活动也屡禁不止。诸多因素的存在，使得农村治安管控工作成为完善社会治安防控体系的重点领域。

加强和创新社会管理，必须加强社会治安防控体系建设。坚持打防结合，预防为主，标本兼治、重在治本。通过"打"着力解决突出的治安和犯罪问题，又大力推进以保障和改善民生为重点的社会建设，达到对社会治安的有效控制，从源头上预防和减少社会治安问题。因此，一方面，全面开展农村突出治安问题的依法整治，加大对邪教、非法宗教的查禁力度，加大对农村黑恶势力的打击力度，加大对涉农案件的侦破力度,加大对农村黄赌毒违法犯罪的扫除力度,加大对安全隐患的整治力度;另一方面,切实提高农村工作法制化水平,全面推进依法治村进程,建设"法治社会",以此推动农村治安的良性循环。

3. 公安行政管理体制的法制化

公安行政是指公安机关在管理公共事务中,依照公安行政管理法规所赋予的职权维护国家安全和社会治安秩序,保护公民的人身安全、人身自由和合法财产,保护公共财产,预防、制止和惩治违法犯罪活动,具有公安行政管理和刑事侦查的双重职能。由于法律法规的不健全以及行政体制上的原因,我国公安机关在履行社会管理和公共服务职能中存在缺位、越位和错位现象。公安机关的非警务活动较多就是其表现之一。另外,从20世纪80年代传入我国的社区警务在全国范围内都有建立,但是警务规范程度不高,警务运行机制不够科学、高效,警务保障乏力,警务现代化、科技化有待加强。尤其是农村社区警务,因农村公安机关经费紧缺、警力配置不足,使得农村社区警务的发展更加滞后,社区民警的工作能力也与城市社区存有较大差距。关于警察的工作能力,我国历来是学历教育,缺乏职业培训的制度和实践,使得警察的专业素养无法得到保障,而欧美等发达国家的警察没有学历教育,这些国家的警察都是从受过高等教育的公民中公开招募,经考核录取之后,再到警察学校进行业务培训,各项成绩达标后就可以成为正式的警察。建立职业培训,废除警察的学历教育已是国际化潮流。我国近来开始对公安院校教育体制进行改革,由学历教育向职业培训转变,但是警察教育体制的改革仍然还处在起步阶段,既没有正式的方案和文件,也没有明确的时间表。

4. 社区矫正制度

社区矫正是在行刑社会化理念的指导下,吸收其他国家的相关成熟经验,改革传统的非监禁刑罚执行方式,充分发挥专门机关、社会组织和志愿者群体的作用,对犯罪人进行教育矫正、监督管理、扶持帮助,以使其顺利回归社会的刑罚执行活动。作为一种非监禁刑的执行方式,

第四章 结合应急机制，确保公共安全

社区矫正担负着教育、矫正犯罪人的重要职责，是我国在刑罚执行实践中为提高非监禁刑的执行效果、有效预防和控制犯罪而采取的重要举措。我国的社区矫正制度实行之前，刑罚完全是由国家专门机关执行的，对被判处管制、宣告缓刑、假释的犯罪人也是由公安机关监管。由于公安机关繁重的社会治安管理、犯罪防控等多项工作，因此，公安机关对非监禁刑的执行会因为警力不足而存在只监管不矫正和漏管、脱管等一系列问题，难以发挥非监禁刑的惩罚、预防和矫正的功能。社区矫正的出现能够解决上面所说的一系列问题，也使我国的刑罚执行实现了多元化，体现了刑罚执行社会化的发展趋势。犯罪的治理与防控是社会管理中重要的环节，社区矫正无疑是社会犯罪管理方面的一项重要创新，是我国社会管理体制改革的重要组成部分。这些年来，我国的社区矫正工作取得一定进展，各个地区在社区矫正的制度建设、程序设置、工作方式等方面形成了具有不同特色的矫正模式，如北京模式、上海模式、浙江模式等，但地区间的差别较大，还存在不少问题。例如罪犯所在地的派出所对执行非监禁刑的罪犯监督考察不到位的问题，对于适用非监禁刑的罪犯教育改造缺乏相应的配套措施的问题，对适用非监禁刑罪犯的改造所需的人力、物力投入问题等等。社区矫正是国家行使刑罚权的活动，通过立法对社区矫正机制予以确认和完善，把其纳入法制化轨道是当务之急。十八届三中全会《中共中央关于全面深化改革若干重大问题的决定》就指出，国家要废止劳动教养制度，完善对违法犯罪行为的惩治和矫正法律，健全社区矫正制度。

此外，我国的保安行业也需进一步规范。我国目前有国务院制订的于2010年1月1日起实行《保安服务管理条例》，对保安行业的行业标准和资质体系等等诸多方面给予了规定，其中不乏细化了的操作性强的条文，但在"有法必依"环节还需加强。社会上时有发生的保安监守自盗案件正是保安行业"有法不依"、疏于监管的表征，还需营造整个社会的守法环境。

三、社会治安综合治理的法律支持

法治中国的建设，必须依法治国、依法执政、依法行政工作齐头并进，法治国家、法治政府、法治社会一体建设。社会治安综合治理是国家通过多种社会控制手段，包括组织和依靠各种社会力量和运用政治的、经济的、行政的、法律的、文化的、教育的等各种手段，通过加强打击、防范、教育、管理、建设、改造等方面的工作，解决社会治安问题，从而实现预防和打击违法犯罪、维护治安秩序、保障社会稳定的目的，是一项对社会实施管理的系统工程。1991年，党中央、国务院根据当时的社会治安形势，及时作出《关于加强社会治安综合治理的决定》，全国人大常委会随后也作出《关于加强社会治安综合治理的决定》，奠定了社会治安综合治理的政策和法律基础。中央和地方各级综治委建立以来的20多年，其职能作用不断加强，在促进经济社会发展等方面作出了重要贡献。综治专职队伍和群防群治力量有效保障了人民安居乐业、社会安定有序和国家长治久安。社会治安防控体系作为促进社会治安综合治理科学、高效开展的实施机制和运作形式，也是在实施社会治安综合治理战略过程中产生并为之服务的。

关于社会治安综合治理，还需认真总结经验和深入进行研究，以全面把握其规律性更好的指导社会治安管理实践。但是有一点非常明确，就是把社会治安综合治理纳入法制的轨道。为此需从以下两个方面加强社会治安综合治理的法制建设。

1. 加强法律法规建设，提高社会治安管理的法制化水平

我国社会治安综合治理经过多年发展，我国已经形成了一套较系统的法律体系，在法制化方面取得了巨大成就，但需要对一系列关于社会综合治理的文件、政策、法律和法规等进行清理，解决好相关立法的衔接配套工作，需要进一步完善统一立法、提高立法质量，发挥法律对社会治安综合治理工作的保障作用。

当前应尽快制定一部统一的跨越各部门、各行业的《公共安全管理

第四章 结合应急机制,确保公共安全

法》,使得公共安全管理有统一的法律依据,避免不同领域的公共安全问题适用不同的法律。现阶段,公共安全问题的解决往往覆盖多个领域,需要多个政府部门相互配合,单一领域的法律法规已经不能对相关社会关系起到很好的调整作用,必须制定一部涵盖各领域的《公共安全管理法》。《公共安全管理法》要对公共安全管理主体的职能责任、事故处理的基本原则、公共安全体系的内容等作出详细的规定。

为避免包括公安机关在内的政府相关治安管理职能部门在社会综合治理中的政策化和行政化的倾向,法律对政府职能部门的社会治理主体地位的组成部门也应以确认。随着我国公民社会组织的日益发展和完善,公民社会组织在社会治理中的地位必须得到立法确立。同时,适应社会发展趋势,对保安服务公司、辅警组织等治安辅助力量在法律法规上作出明确规定,因此也要加快制定《社会治安法》、《社区矫正法》、《保安法》等法律法规。

2. 深化行政执法体制改革,提高社会治安管理的专业化水平

十八届三中全会《中共中央关于全面深化改革若干重大问题的决定》指出:深化行政执法体制改革,要整合执法主体,相对集中执法权,推进综合执法,着力解决权责交叉、多头执法问题,建立权责统一、权威高效的行政执法体制,理顺城管执法体制,提高执法和服务水平。完善行政执法程序,规范执法自由裁量权,加强对行政执法的监督,全面落实行政执法责任制和执法经费由财政保障制度,做到严格规范公正文明执法。完善行政执法与刑事司法衔接机制。

社会治安管理也是一项专业化的工作,这要求从事社会治安管理的人员,包括警务人员、保安人员和参与治安管理的志愿者自身不断提高依法管理社会事务、处置社会应急事件的能力。尤其是警务人员作为专职治安工作人员,其专业化要求更高。因此要加强公安队伍建设,对公安民警进行教育和培训,不断提高他们的业务素质和执法水平。一方面规范警权,建设法治公安。当前,公安机关的行政权力范围过大,公安的行政权力直接进入社会各领域。不少部门近年在依法行政的大趋势

下，不断地减权、放权甚至被撤销，而公安部门的执法权力比以往任何时候都大。警察权力因在行政中被赋予太多法定外的职责而被无限放大，造成了警察在许多社会领域的权力滥用。现行的《人民警察法》在一定程度上设定了警察职权范围，但还是比较抽象，给警察施行权力留下了很大的弹性空间。在现实社会，执法滋扰民众已经成为一个社会问题。另一方面，突出公安机关的管理和服务职能，处理好执法中的打击与防范、管理与服务的关系。公安机关打击违法犯罪是临时性的应急任务，且不是根本目的，只是社会治安管理的手段之一，社会治安防控才是消除作案、抑制违法犯罪发生的常态性工作，如果防控工作做好了，打击和处置违法行为的临时性任务就大大减少了。依法管理社会治安是公安机关的一项基本职责，服务人民群众也是其重要职能。人民群众的公共安全和人权保障需要公安机关通过治安行政管理维护，更需要公安机关通过高效的公共安全服务来满足。笔者赞同时下不少行政学者倡导的柔性执法，笔者认为柔性执法大有可行的空间，只要遵守法律、尊重人权，遵循正当的程序和适度的规则，对管理相对人抛却专横，不随便指责，措词行动温和又不失威严，执法者自然也能"一呼百应"。执法行为的最优效果，当属法治成为公众的普遍信仰和接受的自觉意愿。

第五章 加大监督力度,确保食品安全

明天我们吃什么?食品安全——不仅是千家万户、个人的事情,也是政府和国家不能回避的问题。民以食为天,食品安全与每个人息息相关。随着经济和社会的持续发展,人民群众生活水平逐渐提高,消费者对食品安全提出了越来越高的要求,食品安全问题日益凸显,成为政府、社会关注的热点。胡锦涛同志在党的十八大报告中提出:"必须以保障和改善民生为重点,解决好人民最关心、最直接、最现实的利益问题,努力让人民过上更好生活。"食品安全工作涉及面广,监管战线长、监管难度大。从田间地头、种养殖场、生产加工、经营流通到百姓餐桌,环环相扣,如何让老百姓吃得放心,吃得安心,成为摆在政府面前的一个严峻挑战,也是对监管者智慧的考量。党的十八大报告指出:必须清醒看到,我们工作中还存在许多不足,食品药品安全等关系群众切身利益的问题较多,"对这些困难和问题,我们必须高度重视,进一步认真加以解决"。在社会转型期,社会管理创新的背景下,食品安全监管的模式也需要与社会发展相适应,不断的进行探索和创新。

第一节 云南省食品安全监管模式的探索和创新

食品安全事关公众身体健康与生命安全。食品安全工作历来是政府工作的重中之重,云南省在保障食品安全的工作中,积极探索和创新食品安全监管模式,采取各种措施,不断改善我省的食品安全总体水平。

一、初步建立食品安全长效监管体系

以《食品安全法》为基准,结合云南实际,通过构建以《云南食品安全条例》为龙头,标准规范规程为主体,监管制度办法为保证的地方性法规体系;建立监管领域无盲区、监管对象无盲点、监管环节无断层、监管品种无遗漏的食品安全全过程监管体系;建立以专为主、专兼结合、横向到边、纵向到底的食品监督网络体系;建立质量追溯体系和责任追究体系;建立健全风险监测预警制度、食品安全应急管理和食品安全事故快速反应机制,初步形成了长效监管体系,有效提升了食品安全保障能力。

二、全省各地的食品安全监管模式探索

(一)建立食品安全立体防控网络,全方位进行食品安全监管[①]

保山市建立完善乡镇"八有一无"、村级"四有一无"食品安全监管责任体系,把食品安全监管的触角延伸到村组。玉溪市深入开展食品安全示范县、示范乡镇、信用体系试点县等示范项目创建工作,完善"现代流通网、群众监督网、监管责任网"建设。红河州努力做到县(市)有食品安全委员会、乡(镇)有食品药品监督管理所,村有食品安管员、信息员,有效提高了农村食品安全事故预防预警能力和应急处置能力。

(二)食品流通环节的探索

德宏州全面推行"工商+行业协会+批发商+零售商"的食品配送监管模式,建立工商监管、经营户自律、社会监督"三位一体"的农村

---

① 张子卓、田逢春:《我省创新机制加强食品安全监管——心系百姓 责任在肩》,载《云南日报》2011年10月20日。

第五章 加大监督力度，确保食品安全

和少数民族地区食品安全监管长效机制。采取统一备案、统一标识、统一制度、统一台账、统一承诺"五统一"工作措施，把具备合法市场主体资格的食品配送企业和配送车辆按照"一车一牌一号一档"纳入工商机关登记备案，切实保障农村和少数民族地区食品消费安全。

德宏州瑞丽市、普洱市孟连县等边境县市，积极探索边民互市食品安全监管新模式，进一步加强对边民互市食品的规范管理，严把边境食品经营主体准入关，切实做到边境食品经营证照齐全有效，进一步落实完善进货查验、购销台账、质量承诺、不合格食品退市、边境突发事件应急处置等 5 项制度。指导进出口食品行业协会组织成立外国食品进出口公司，规范外国食品进出口渠道，有效维护了边境地区食品安全和市场稳定。

（三）餐饮环节农村自办宴席食品安全的多方面监督指导

进一步做好预防自办宴席、各类聚餐活动引发群体性食物中毒工作，各地按照《农村自办宴席食品安全管理办法》，为指导群众科学烹调、合理膳食，防止群体性食物中毒事件的发生，结合本地实际，有针对性地制定了一些具体的措施。红河、大理、玉溪、保山等州（市）出台了加强农村宴席食品安全监管的具体办法，完善了农村宴席申报备案、责任承诺、厨师培训、现场督查、事故应急等工作制度，确保农村自办宴席从原材料采购、加工到集中用餐，都有乡、村协管员或相关工作人员入户进行全程监督指导。

（四）食品安全监管信息化尝试

云南省工商部门将启用食品安全监管电子追溯系统，对食品经营者、经营企业、销售企业进行进货记录、销货记录查验，从而实现食品来源可追溯、去向可查证，在最短时间内，迅速查证问题食品，从源头上扼制问题食品的流通。2012 年底至 2013 年 6 月，食品安全电子追溯系统在云南省昆明、玉溪、曲靖、普洱、文山、大理等 9 个州市及部分城市试点推行。2013 年 7 月以后，在全省全面推行。云南省食品安全电子追溯系统是建立在互联网上的开放系统平台，在省内食品批发经营者、商场、超市中推广应用,拥有庞大的信息数据库,可以方便、快捷地清查到问题食品的来源。

为进一步提升全市流通环节食品安全监管效能,云南省曲靖市食安办按照"宣传引导、分步实施、管住批发、规范零售"的原则,自2013年1月开始,在会泽县试点推广应用流通环节食品安全监管"电子追溯系统"。该追溯系统既为流通环节食品经营者打印凭证、建立台账、进货查验、销售记录等提供开放式系统平台,又能够建立流通环节食品来源可追溯、去向可查证的信息数据库,切实保障流通环节食品安全。

按照实施步骤,在城区和乡镇大中型超市、批发商和乳制品经营户中先行推广应用"电子追溯系统"。对食品经营户实行"一对一"上门指导,对证照公示、索证索票、网上查询、商品追溯等功能逐一进行详细讲解和操作演示。

同时,强化奖惩机制,将推广工作纳入年终考核,成立督查组,不定期对全县"电子追溯系统"推广应用工作进行督促检查。并将落实"电子追溯系统"作为每年申报认定省、市级"食品安全示范店"和评先评优的必要条件。

截至目前,会泽县已发展应用"电子追溯系统"192户,为引导和监督食品经营者以更方便、快捷、节约的方式履行好法定义务发挥了重要作用,进一步提升了全县流通环节食品安全监管效能。①

四、制定有关制度,鼓励公众参与食品安全监管

楚雄州颁布实施了《楚雄州食品安全举报奖励办法(试行)》,建立食品安全举报奖励制度。州县(市)食品安全委员会办公室和工商、卫生、质监、农业、商务、粮食、教育、食品药品监管等部门,向社会公布了投诉举报电话和电子邮箱。昆明市也出台了食品安全举

---

① 信息来自国家食品药品监督管理总局网站。

第五章 加大监督力度，确保食品安全

报奖励办法，并由市级财政安排100万元举报奖励经费，重奖食品安全举报人，鼓励公众参与食品安全监管，发挥和强化了社会监管的积极作用。

第二节 食品安全监管存在的问题

食品安全是一系统工程。食品安全监管体系的建立和完善绝非一朝一夕之功，这是一个长期的过程。虽然我省初步建立了食品安全监管的长效机制，各系统和各州市也根据各地实际，进行了一些有益的探索和尝试，但必须承认，食品安全监管还存在问题，还存在很多薄弱环节。

一、从米线谈起

以米线为例，就可以发现食品安全监管体系的存在的薄弱环节。

米线是深受百姓喜爱的云南传统食品，过桥米线更是闻名全国。但酸浆米线、干浆米线和水米线等鲜米线产品目前尚无国家标准、行业标准。为进一步规范鲜米线生产企业生产行为，确保鲜米线系列产品质量安全、促使云南省鲜粮制品产业做强做大、健康发展，根据《中华人民共和国标准化法》的规定，云南省质量技术监督局于2007年9月1日发布了鲜米线地方标准。[①] 该标准作为企业组织生产、质量检验以及交货验收的依据，同时也是质量技术监督部门对鲜米线系列产品质量进行监督检验的依据。

虽然鲜米线的地方标准自2007年10月1日就已实施，但鲜米线的监管仍然是一个难题。近年来，米线的卫生、质量问题屡屡被曝光，"黑心作坊"更成为社会关注的焦点。在当今需求愈加旺盛、监管力度

---

① 该标准具体内容参见《云南省地方标准——鲜米线》DB53/228－2007，质量监督检验检疫总局备案号：21221－2007。

加大的情况下，食品生产加工小作坊的地方性管理法规至今缺位是米线难以通过"安全桥"的一大原因。

米线传统上以手工作坊生产为主。随着社会发展，米线生产企业周边环境及卫生条件差、生产设备简陋、管理参差不齐等问题使问题米线频频在媒体上曝光。

昆明市目前有5家取得食品生产许可证的正规鲜米线加工企业，另外有90多家小作坊与质监部门签订了"食品生产加工小作坊质量安全承诺书"，从事鲜米线加工。据不完全统计，昆明市米线的日消费量在300吨左右，但5家取得食品生产许可证企业的一天的产量还不到100吨，小作坊生产了大部分所需米线。

为确保米线的食品安全，在加强小作坊的监管方面，除签订承诺书加强行业自律外，昆明质监、工商等部门不断加大巡查、抽检力度，对无照黑作坊进行严厉打击。3年来，昆明市有关部门先后取缔米线"黑心作坊"上百家。

随着监管和打击力度的不断加大，鲜米线的抽检合格率逐年上升，但细菌总数超标问题仍然突出。昆明市质监局2013年5月抽检发现，5家持证企业的米线产品基本合格，87个被抽检小作坊有相当一部分产品存在细菌总数超标问题。

表面上看这反映出一些作坊的加工环境、运输储存环境仍然脏、乱、差，从业人员缺乏卫生防护，深层次的原因则是监管食品生产加工小作坊的地方性法规缺位。

《食品安全法》第二十九条规定，食品生产加工小作坊和食品摊贩的具体管理办法由省、自治区、直辖市人民代表大会常务委员会依照本法制定。但云南目前尚未出台这方面的地方性法规，仅仅通过对米线产品的抽检难以确保每个批次的质量都合格，必须依法对米线作坊的生产工艺、过程进行常态化监管。现在，监管小作坊的法规迟迟未出台，执法依据有空白，处罚无法可依，一些小作坊利欲熏心违规生产，环境卫生、产品质量令人担忧,"黑心作坊"还让一些外地游客"谈米线色变"。①

从米线的事例我们可以看出,食品安全还存在不少监管漏洞,还有不少需要完善的地方。

二、存在的问题

(一)法律制度的缺失,使监管执法依据有空白

云南是一个多民族聚居的地方,动植物资源也很丰富,各地有很多本地方及民族特色的食品。而地方特色食品的监管目前还存在法律空白,有的尚未建立强制性的食品安全标准,政府部门必须依法行政,就缺少相应的执法依据。这将导致监管的漏洞和真空地带的出现。

(二)行业准入标准低

除了大宗食品以及大中型企业生产加工的食品有一定的门槛规定,大部分食品,尤其是地方特色食品以及偏远乡村的食品生产加工仍然是作坊式生产,这必然造成相关行业的准入标准低,甚至没有准入标准,对其生产加工出来的产品质量难以监管。小作坊、小摊贩、小餐饮等具有数量多、分布散、秩序乱、卫生差等特点,其治理一直是监管的难点。特别在基层执法资源有限的情况下,监管难度尤其大。

(三)违法成本不高

现有的法律法规,对违法生产经营食品的责任人的处罚力度不够,缺乏惩罚性的处罚条款;基层执法力量不足,黑名单制度建立不完善,缺乏对严重违法生产经营者的禁止准入机制,导致一些违法者在高额利润的驱使下,生产经营伪劣食品,甚至打一枪换一个地方,和执法人员玩起"躲猫猫"的游戏。

---

① 《云南:米线缘何难过"安全桥"?》,载 http://news.xinhuanet.com/food/2013-07/24/c_125057508.htm,最后访问时间 2014 年 6 月 7 日。

三、食品安全监管创新的建议

党的十八大报告提出：要提高人民健康水平，改革和完善食品药品安全监管体制机制。切实加强食品安全监管，提高食品安全的保障水平，地方政府负总责要求地方政府在食品安全保障方面必须要根据本地实际进一步创新工作机制、加大投入保障、提升监管能力，更重要的是要突破和转变监管的理念、主体、方式、环节和手段。

（一）健全食品安全监管法规制度体系

从根本上解决食品安全问题应从法律制度构建入手。社会是不断发展进步的，但法律具有滞后性的特征，只有准确把握《食品安全法》保障公众身体健康和生命安全的立法宗旨，深刻领会预防为主、科学管理、明确责任、综合治理的价值理念，在地方政府层面，在不违背法律立法宗旨和原则的前提下，制定适合本地方特点的地方性法规和办法，以填补法律的空白和漏洞，为食品安全提供制度性的保障。同时，本地的特色食品，在没有食品安全标准进行规范的前提下，由起草部门或单位组织具有相关领域的专业技术人员和标准化专业知识的人员，先行制定地方食品标准，以便更好地保证食品安全，规范生产行为，保证消费者健康。

（二）加强食品安全执法队伍建设

"徒法不足以自行"，必须加强执法队伍建设。借食品安全监管体制改革的契机，以转变职能为核心，以提高监管能力为重点，把机构组建好、职能履行好、队伍建设好。从整合监管职能、许可管理、执法职能、技术资源四方面入手，以转变政府职能为核心，以监管重心下移为重点，着力解决监管部门职能交叉、权责脱节、推诿扯皮等现实问题。

食品安全管理离不开食品安全专业技术人员的支持，根据食品监管执法工作需要，加强监管执法人员培训，提高执法人员素质，规范执法行为，提高监管水平。

尤其值得注意的一点是，监管职能的整合，要求地方政府必须重视基层监管队伍的建设。要充实基层监管力量,推进食品监管工作关口前移、重心下移,保证形成食品监管横向到边、纵向到底的工作体系的建立。

(三) 健全食品安全监管长效机制

在具体制度建设上,应建立完善食品质量安全市场准入制度、市场监测体系制度、食品召回制度、信息发布制度以及相应的行政责任制度。要加大投入,进一步提升检验检测能力,严格市场准入、加强食品安全日常监管,大力实施举报奖励制度。要推行食品行业"黑名单"制度,推进诚信体系建设。

(四) 积极引导行业企业自律,加强行业协会建设

强化食品生产经营者的社会责任,提高企业的产品质量和管理水平。安全的食品不是监管出来的,而是生产出来的,必须要引导和督促企业主动承担社会责任和履行法定义务,提高生产经营者自律意识和质量管理水平。

要积极引导食品行业协会建设,注重发挥行业协会自我规范、自我管理、自我提高的功能,促进食品生产行业他律与自律相结合,增强内部约束力。在现代食品安全体系中,行业协会具有重要的地位,将发挥无法替代的作用。行业协会作为政府与食品生产经营企业以外的"第三部门",既是沟通政府、企业和市场的桥梁与纽带,又是社会多元利益的协调机构,也是实现行业自律,规范行业行为,开展行业服务,保障公平竞争的社会组织。行业协会在发达国家协助政府参与企业管理的现象十分普遍,显示了巨大的社会潜能和效益。

(五) 广泛动员社会力量参与食品安全监管

要建立更多合理的政府及各个食品安全监管部门与广大人民群众、新闻媒体之间的沟通渠道和交流平台,及时掌握广大人民群众、新闻媒体所反映的食品安全问题,加强舆论宣传和监督,以保证问题在第一时间得到解决。要让消费者懂得运用健康权、知情权、选择权、赔偿权、监督权、控告权,参与政策、标准制定权等来维护自己的合法利益,培养良好的自我保护意识,让整个社会力量参与到食品安全监管体系之中。提升全民的消费安全意识,树立食品安全社会共治共享的科学理念。群众的食品安全,要动员群众、依靠人民群众,形成社会共治共享的氛围。如建立健全食品安全有奖举报制度;依托现有的食品监督网,建立街道、社区、乡镇食品安全协管员和信息员队伍,聘请社会公众人士参与食品安全监管。利用媒体宣传食品安全知识,营造人人关心、人人维护食品安全良好氛围,不让违法者有机可乘。

(六)加强信息化建设,实现资源共享,提高监管效率

利用媒体、网络等渠道,强化食品安全信息的收集和发布。食品是体验商品,但生产经营者、监管者、消费者之间还存在着信息不对称,因此,信息的收集和发布必须要以食品安全工作为重要抓手。如利用网络开设博客微博,食品安全监管部门与银行、税务、海关、公安等部门合作,共享企业食品安全质量信息,做到"来源可追溯、去向可查清、产品可召回、处罚有力度"。要积极探索,进一步创新监管机制,切实提升食品安全电子监管现代化水平。

食品是人们赖以生存的基础,食品安全是一系统工程,社会管理创新理论的提出,为食品安全建设提供了一种新的路径思考。健全食品安全监管机制是进一步加强和完善公共安全体系的重要内容之一。食品安全管理必须坚持正确方向,一切从实际出发,因地制宜,创造性地开展工作。这需要从以下几方面加以注意:

第一,坚持依法管理、综合施策。加强社会管理领域立法、执法工作,依法调整社会关系、规范社会行为。综合运用法律法规、经济调节、行政管理、道德约束、心理疏导、舆论引导等手段,尽可能通过平等沟通、协商、协调、引导等办法解决问题、化解矛盾。

第二,坚持科学管理、提高效能。科学配置社会管理资源,重视现代科学技术在社会管理中的应用,加强社会管理信息化建设,提高社会管理效能和服务质量。

第三,坚持广泛动员、共建共享。坚持社会协同、公众参与,充分

第五章 加大监督力度，确保食品安全

发挥人民群众的主体作用，鼓励和支持社会各界、全体社会成员积极参与社会管理，形成共建共享的良好局面。

第四，坚持立足实际、改革创新。从实际出发，总结经验，积极借鉴各地社会管理的成果，积极稳妥地推进社会管理理念、制度、体制、机制、方法创新，努力使社会管理体现时代性、把握规律性、富于创造性，使各项工作措施符合实际情况、解决实际问题、取得实际成效。坚持夯实基础、强化基层。健全完善承担社会管理工作的基层组织，提高社会管理工作中基层组织的水平，提升基层管理和服务能力。

法治是社会管理创新的制度基础。社会管理创新主要是要实现规则之治，将管理制度化、规范化，而法治是规则之治、制度化、规范化的最好注脚。最后，法治是社会管理创新的思想基础。实现社会管理良治善治必须要强化社会的法治意识、法治观念、培养全社会的法治精神和法治文化。食品安全管理离不开法治环境，食品安全管理也必须加强公民社会组织建设，公民社会组织为公民提供了参与公共事务的机会和手段，提高了他们的参与能力和水平。公民社会组织愈发达，公民的自治组织水平就愈高，就愈有利于社会的良性互动与繁荣发展。食品安全离不开全社会的共同参与，公民社会的发展水平也有利于提高食品安全水平，让百姓吃上放心食品。

第六章　加强法治建设，管理社会组织

　　云南省是集多民族、多文化、多自然条件于一体的中国西南边疆省份。丰富的生态、民族、文化多样性，毗邻东南亚、南亚的便利区位优势，为社会组织提供了广阔的活动空间，近年来，云南省社会组织发展迅速。截至 2012 年 12 月 31 日，全省社会组织总数达 15603 个，每万人拥有社会组织数为 3.39 个，接近全国平均水平，在西部地区仅次于四川省。①然而，由于立法滞后、内容冲突等原因，云南省社会组织管理也遇到了很多亟待解决的法律问题。如何整合社会组织的法律环境，对其进行合理的法律定位，提供适宜的法律保障，进而促使社会组织依法自治等已经成为云南省社会组织发展壮大不可回避的问题。有鉴于此，本文将以云南省为例，对当前社会组织管理中存在的法律问题进行探讨，提出有利于云南省社会组织发展的法律建议。

第一节　社会组织管理概述

　　社会组织的概念众说纷纭，由于各国在文化传统和语言习惯方面存

---

① 参见云南省民政厅网站，http：//yunnan.mca.gov.cn//，最后访问时间 2014 年 6 月 7 日。

第六章 加强法治建设，管理社会组织

在着的不同，社会组织在不同国家和地区有着多种不同的称谓，如非政府组织、非营利组织、公民社会、第三部门或独立部门、志愿者组织、慈善组织、免税组织等等，在我国也有民间组织、社会团体等不同称呼，不理清概念，就会无从下手，难以进行深入分析。

一、社会组织的概念变化

社会组织在我国的最早称谓是"社团"。在计划经济时代，社会组织主要分为政府机关、企业单位、事业单位和社会团体四类。改革开放后，事业单位分为国家资助事业单位和民办事业单位两种，为便于管理，后来把民办事业单位从事业单位大类中分出去由民政部社团管理司专管，后来称之为民办非企业单位。民间组织是我国的官方称谓，这一概念最早见于中办发［1999］134号《中共中央办公厅、国务院办公厅关于进一步加强民间组织管理工作的通知》，该通知明确将民间组织定义为："指由民间力量主办的，为社会提供服务，不以营利为目的的社会组织。……它包括两大类：一是社会团体，二是民办非企业单位。"①

从2007年开始，我国开始正式用"社会组织"的称谓来代替"民间组织"。"民间组织"的"民间"是与"政府"、"官方"相对应的，反映了传统社会政治秩序中"官"与"民"相对应的角色关系，容易让人误解民间组织是与政府相对应甚至是相对立的。因此，在新的形势下，党的十六届六中全会和党的十七大把民间组织纳入了社会建设与管理、构建和谐社会的工作大局，对传统的提法进行改造，提出了"社会组织"这一称谓。"社会组织"称谓的提出和使用，有利于纠正社会上对这类组织存在的片面认识，形成各方面重视和支持这类组织的共识。

二、社会组织的具体分类

所谓社会组织，从广义而言，是指除政府与企业之外的其他组织。

---

① 刘根华：《民间组织的发展及其法律研究》，上海大学硕士论文，2004年，第4页。

从狭义来讲，是指为了实现特定的目标而有意识地组合起来的社会群体。根据民政部门登记分类情况，我国的社会组织分为三大类：社会团体、民办非企业单位和基金会。

（一）社会团体

依据1998年10月25日中华人民共和国国务院令第250号发布的《社会团体登记管理条例》第2条规定，社会团体是指由公民或者单位自愿组成，为实现会员共同意愿，按照其章程开展活动的非营利性社会组织。根据1989年民政部在《关于〈社会团体登记管理〉有关问题的通知》，按照性质和任务，社会团体可以分为学术性、行业性、专业性和联合性四类。

第一，学术性社会团体，可分为自然科学、社会科学及自然科学与社会科学的交叉科学类，一般以学会、研究会命名，具体设立社会团体时可以参照国家制定的学科分类标准确定。

第二，行业性社会团体，主要是经济性团体，又可分为农业类、工业类和商业类等，一般以协会命名，在具体的社会团体设立时可依照国家《国民经济行业分类和代码》的分类标准确定。

第三，专业性社会团体，一般是非经济类的，主要由专业人员组成或以专业技术、专门资金，为从事某项事业而成立的团体，多以协会、研究会命名。

第四，联合性社会团体，主要是人群的联合体或学术性、行业性、专业性团体的联合体，一般以联合会、联谊会、促进会命名。

（二）民办非企业单位

依据1998年10月25日国务院令第251号发布的《民办非企业单位登记管理暂行条例》第2条规定，民办非企业单位是指企业事业单位、社会团体和其他社会力量以及公民个人利用非国有资产举办的，从事非营利性社会服务活动的社会组织。按照民政部1999年12月发布的《民办非企业单位登记暂行办法》的规定，民办非企业单位可以分为民办教育事业、民办卫生事业、民办文化事业、民办科技事业、民办体育事业、民办劳动事业、民办民政事业、民办社会中介服务业、民办法律服务业和其他十个大类。① 按照其依法承担民事责任的不同方式，还可分为民办非企业单位（法人）、民办非企业单位（合伙）、民办非企业单位（个体）三种。

（三）基金会

依据 2004 年 3 月 8 日国务院令第 400 号发布的《基金会管理条例》第 2 条，基金会是指利用自然人、法人或者其他组织捐赠的财产，以从事公益事业为目的，按照本条例的规定成立的非营利性法人。根据《基金会管理条例》第 3 条，基金会分为公募基金会和非公募基金会。公募基金会指面向公众募捐的基金会，非公募基金会指不得面向公众募捐的基金会。根据公募基金会按照募捐的地域范围，又可分为全国性公募基金会和地方性公募基金会。

（四）云南省社会组织的特征

云南省社会组织除了具有国内社会组织的一般特征外，还具有如下特点。一是组织规模小、经济实力弱。虽然云南省社会组织数量发展较快，但规模大、实力强的社会组织较少，少数几家运作规范、实力超群的社会组织也多为省外、境外社会组织在云南省设立的分支机构。二是认知程度低、社会参与少。受云南省经济社会发展程度的制约，对于社会组织的认知程度还比较低，尽管社会各界的参与意识近年来有了很大提高，但与沿海省区乃至发达国家和地区相比，政府和社会对社会组织的支持仍然非常有限，社会组织获取社会资源的难度大。三是社会组织内专职人员较少，多为兼职和临时人员，社会组织发展所依赖的大量志愿者也极其缺乏。

---

① 参见民政部民间组织管理局网站，http://mjj.mca.gov.cn/，最后访问时间 2014 年 6 月 7 日。

加强和创新社会管理的法律问题研究

第二节 云南省社会组织发展的法律环境评述

一、法律法规体系基本建立

云南省社会组织所涉及的法律法规主要包括：①宪法。《中华人民共和国宪法》第35条规定我国公民享有结社的权利。②法律。《民法通则》第50条确立了社会团体法人的民事法律地位。针对部分特殊社会组织制定的单行法，如《工会法》、《民办教育促进法》、《消费者权益保护法》等。③行政法规。主要是《社会团体登记管理条例》、《民办非企业单位登记管理暂行条例》、《基金会管理条例》三个管理条例。④部门规章。如国家民政部制定的《社会团体设立专项基金管理机构暂行规定》、《社会团体分支机构、代表机构登记办法》、《民办非企业单位名称管理暂行规定》、《事业单位、社会团体、民办非企业单位企业所得税征收管理办法》等等，以及各个业务主管部门制定的规章，如《交通部社会团体管理暂行办法》、《建设部社会团体管理暂行办法》等等。⑤地方性法规。近年来，云南省为加强社会组织管理也出台了一系列的地方性法规。如《云南省异地商会登记管理办法》、《云南省社会团体财务管理暂行办法》、《云南省民间组织档案管理办法》、《云南省社会组织评估管理办法》、《云南省社会组织年度检查暂行办法》、《云南省行业协会条例》、《云南省规范境外非政府组织活动暂行规定》等等。此外，《云南省公益慈善事业促进条例》、《政府购买社会组织服务暂行办法》、《云南省境外非政府组织管理规定》等一批法规也已起草完毕，将在经过征求意见和立法程序后，择机出台。

通过以上情况的梳理，可以认为，就云南省社会组织管理而言，已经初步形成了以宪法为统领，以民法通则为基础，以三类社会组织（社会团体、民办非企业、基金会）管理条例为框架，以地方性法规为配套

第六章 加强法治建设，管理社会组织

的法律法规体系，为云南省社会组织的法律环境建设打下了坚实的基础。

二、双重管理体制已然成形

我国对于社会组织采取的是双重管理体制，即由登记管理机关和业务主管单位分别行使对社会组织的监督管理职能。因此，对于云南省社会组织而言，登记管理机关统一为县级以上政府的民政部门，业务主管单位分散为县级以上政府的有关部门。登记管理机关主要负责社会组织的成立、变更、注销的登记或者备案；对社会组织实施年度检查；对社会违反本条例的问题进行监督检查，对社会组织违反本条例的行为给予行政处罚。业务主管单位主要负责社会组织筹备申请、成立登记、变更登记、注销登记前的审查；监督、指导社会团体遵守宪法、法律、法规和国家政策，依据其章程开展活动；负责社会团体年度检查的初审；协助登记管理机关和其他有关部门查处社会团体的违法行为；会同有关机关指导社会团体的清算事宜。① 这种双重管理体制是源于计划经济时期归口管理的一种制度安排，经过数十年的发展，已经渗透到社会组织管理的方方面面。双重管理体制在本质上表现为通过双重审批对社会组织实施准入限制，通过双重管理确保社会组织的行动合法合规，通过双重监督实现对社会组织的行为审查，以实现经济和社会的高度协调一致，按部就班发展，确保实现对社会组织的有效控制。

三、行政执法主体的机构演变

《社会团体登记管理条例》第6条、《民办非企业单位登记管理暂行条例》第5条、《基金会管理条例》第6条分别规定，国务院民政部门和县级以上地方政府民政部门是本级人民政府的社会组织登记管理机

---

① 参见《社会团体登记管理条例》第27条、《民办非企业单位登记管理暂行条例》第19条、《基金会管理条例》第34条。

关。这三个条例中对民政部门所使用的名称是"登记管理机关",因此,按照法律规定,各级民政部门的职能不仅限于对本级社会组织的登记,还有对本级社会组织的管理,因而具有了行政执法的主体资格。

1990年5月20日,云南省人民政府批复省民政厅增设社会团体登记管理处,标志着对云南省社会组织的依法管理走上了规范化的轨道。社会团体登记管理处成立后,主要工作就是对属于民政部门管理、1989年以前在云南省行政区域内组织的一切社会团体进行清理整顿。2000年10月,在社会团体登记管理处的基础上,云南省民政厅民间组织管理局①正式组建,其主要职责是:研究拟定全省社团和民办非企业单位管理的政策法规并组织实施;负责全省性社团及省级民办非企业单位的登记管理工作;依法查处非法民间组织及民间组织的违法行为;指导、监督地、州、市民间组织登记管理工作。2007年12月7日,为了适应社会组织形势发展的需要,经云南省编办批准,撤销云南省民政厅民间组织管理处,在省民政厅加挂云南省民间组织管理局牌子,设综合处、民间组织登记处和民间组织管理处,后改为民间组织管理一处、民间组织管理二处、民间组织管理三处,承担依法对社会团体、基金会、民办非企业单位进行登记管理和监察的责任,指导和监督州(市)社会团体、民办非企业单位的登记管理工作。

第三节　云南省社会组织参与社会管理的法律制约

云南省社会组织近年来积极参与社会管理,客观上促进了政府社会管理职能的转变,推动了社会事业的健康发展。但是由于法律法规的缺位、法律内容的限制、监管体系等因素的影响,云南省社会组织参与社

---

① 该机构是云南省民政厅下属的正处级单位,对外称民间组织管理局,对内仍为云南省民政厅的内部处室。

第六章 加强法治建设，管理社会组织

会管理仍然受到一定的法律限制，制约了社会组织作用的更大发挥。

一、法律框架尚不完善

《宪法》第 35 条规定："中华人民共和国公民有言论、出版、集会、结社、游行、示威的自由。"公民结社自由的权利，无论是在最早的《共同纲领》，还是在新中国成立以后的四部宪法中都无一例外地得到了承认。然而，尽管宪法明确体现出了公民结社自由的理念，但是，社会组织在实体法上至今仍然处于无法可依的状态，只是在程序法上分别出台了关于社会团体、民办非企业和基金会的相关条例。也就是说，社会组织管理并没有实体法的依据[①]，更多的是行政机关通过制定"暂行规定"、"登记办法"等方式进行管理。近年来，除了国务院针对社会组织出台的行政法规外，云南省也先后出台了涉及社会组织管理的多个办法、规定和暂行条例，但由于缺少实体法的依据，往往给人以一种只有政策没有法律的感觉，宪法规定的"结社自由"在现实社会生活中并没有得到完全的体现。

二、法律内容引起冲突

目前，涉及社会组织的法律体系中，《工会法》、《民办教育促进法》、《消费者权益保护法》等虽然不是社会组织的专门法律，但有部分法律条文涉及社会组织。而国务院制定的《社会团体登记管理条例》、《民办非企业单位登记管理暂行条例》、《基金会管理条例》三个管理条例虽然是专门性的社会组织行政法规，但却等级偏低。法律法规之间如果产生矛盾，就会带来社会组织管理上的冲突。

例如，我国《民办非企业单位登记管理暂行条例》第四条明确规定，民办非企业单位不得从事营利性经营活动。但是，在人大常委会制

---

① 关于社会组织立法，曾出台了针对工会组织的《工会法》、针对民办学校的《民办教育促进法》、针对消费者协会的《消费者权益保护法》等，但这些法律只是关于特殊社会组织的单行法，而并非是对普遍意义上的社会组织的立法。

定的《民办教育促进法》第五十一条中,又允许民办教育的出资人可以从办学结余中取得合理回报。不同位阶的法律法规之间出现的这种冲突现象,为对社会组织的依法管理增加了难度,还影响了社会组织参与社会管理的积极性。

此外,民法中采用四分法理论,将法人分为机关法人、企业法人、事业单位法人和社团法人四种类别。《民法通则》第 50 条规定:"具备法人条件的事业单位、社会团体,依法不需要办理法人登记的,从成立之日起,具有法人资格;依法需要办理法人登记的,经核准登记,取得法人资格。"该规定确立了社会团体法人的民事法律地位,但是也使得作为社会组织之一的民办非企业的法人地位一直颇受争议。从编制性质来看,民办非企业不具有国家人事编制,不属于事业单位,在实践中将其定位为企业单位。而单位性质来看,民办非企业的性质又属于非营利性,除了经费来源外,与事业单位性质、设立程序都是相同的。因此,民办非企业的法人地位在法律上仍然是模糊不清的,到底是属于社团法人、事业单位法人还是企业法人一直在理论界存在较大争议。法律内容的不合理为民办学校、民办医院等社会组织的正常运营活动带来了冲突和摩擦,也混淆了社会组织与营利企业的根本区别。

三、法律条文限制严格

《社会团体登记条例》、《民办非企业单位登记管理暂行条例》、《基金会管理条例》对于社会组织的审核、批准、登记等各个环节进行了严格限制。

一是限制社会组织的正常登记。目前的三个条例对社会组织成立的会员人数、资产经费数额、发起人、拟任负责人、法定代表人等问题均作出了严格规定。特别是 1998 年新修订的《社会团体登记条例》与 1989 年的旧条例相比,一个显著变化就是要求社团必须采取法人形式,并且为此对社团成立的条件作了严格规定,社会组织达不到规定条件的,一律不得成立,迫使一些无法正常办理登记手续的社会组织转入地下活动。

二是限制社会组织之间的竞争。《社会团体登记管理条例》第13条第2款和《民办非企业单位登记管理暂行条例》第11条第3款都规定，在同一行政区域内已有业务范围相同或者相似的社会组织，没有必要成立的，登记管理机关不予批准筹备。这实际上是在登记审核环节，就消除了社会组织竞争的可能性，造成同一行政区域内的社会组织垄断。而2013年7月31日的国务院常务会议已经明确，适合市场化方式提供的公共服务事项，交由具备条件、信誉良好的社会组织、机构和企业等承担。政府要按照公开、公平、公正原则，采取严格程序、竞争择优的方式，对购买服务项目进行动态调整，对承接主体实行优胜劣汰。① 没有竞争对手，社会组织在提供公共服务的过程中必定导致效率低下。

三是限制社会组织的正常运营。现存的双重管理制度原意是希望通过民政部门和业务主管单位的合作，达到规范社会组织管理的目的。但由于法律仅要求业务主管单位必须履行业务指导及管理职责，并未对如何履行职责作出具体规定，因而导致业务主管单位在对社会组织进行管理时，要么逃避管理职责，对于社会组织的管理漏洞和违规行为不闻不问；要么借加强管理之名，对社会组织的人事管理、活动运营、财务开支等严加控制，成为其进行人员安置、谋取部门私利的工具。以协会为例，目前云南省共有行业协会526家，许多协会不是作为会员服务机构，而是作为准政府组织存在的。一些主管部门不方便、不能做的事情和不便收取、不便报销的费用就全部交给社会组织处理，把社会组织变成了业务主管单位的附庸或寻租工具。②

---

① 《李克强主持召开国务院常务会议，研究推进政府向社会力量购买公共服务，部署加强城市基础设施建设》，资料来源：人民网 http://politics.people.com.cn/n/2013/0731/c1024-22399826.html，最后访问时间2013年7月31日。

② 董文琪、王远松：《浅析社会组织管理的制度缺陷与改进对策》，载《经济与社会发展》2009年第3期，第18页。

四、境外社会组织立法滞后，监管松散

云南的特殊区位优势和多样性特征吸引着境外社会组织在云南开展活动，云南省也因此被称为中国境外社会组织最活跃的地方。改革开放以来，先后有 20 多个国家和地区的 370 多个境外社会组织在这里开展活动，目前有超过 140 多家国际组织在这里设立机构和开展活动，这对于云南省社会组织管理提出了严峻的挑战。① 目前云南省境外社会组织的管理除了民政部门外，还涉及外事、扶贫、教育、卫生、环保等多个对口部门。2009 年 12 月 29 日，云南省政府出台了《规范境外非政府组织活动暂行规定》，加强了对云南省境外社会组织的管理。但是，由于该法规层次较低，仅仅只是一个暂行规定，导致法律的威慑力不足，因此，对于"境外非政府组织进入本省或开展项目合作未按照本规定备案的"，只能由备案机关将违规行为记录在案，责令纠正违规行为，却没有规定违规行为需受到什么样的处罚；对于"违反规定擅自与境外非政府组织合作"以及"有关部门应当履行业务指导单位职责而拒不履行的"只能按照有关规定予以问责。由于问责只是行政机关的一种内部惩处手段，具有较大的不确定性，大大降低了《暂行规定》的威慑力。

此外，《暂行规定》第三条规定"省民政厅是境外非政府组织进入本省的备案机关。省外事办是境外非政府组织与本省有关组织开展合作事项的备案机关。省直有关部门是与其业务范围有联系的境外非政府组织的业务指导单位"，这无疑是国内所采取的双重管理体制的升级版。境外社会组织进入云南省要向省民政厅备案，在省内开展合作要向省外事办备案，同时，还需要找到一个与其业务范围有关，愿意为其进行业务指导的省直部门。由于备案手续规定严格，导致许多境外社会组织因为难以满足规定条件而放弃备案。如截至 2012 年 3 月，境外社会组织

---

① 侯江红：《云南省社会组织现状与培育监管现状研究》，载《社团管理研究》2012 年第 7 期，第 29 页。

第六章 加强法治建设，管理社会组织

在云南省进行备案的只有36家。许多境外社会组织在没有备案的情况下仍然在开展活动，形成了事实上的违规行为。

第四节 促进云南省社会组织发展的法律建议

一、完善社会组织的法律体系

在完善社会组织的法律体系的过程中，首先应该保护宪法中确立的公民自由结社权。结社自由表明结社与自由是互相联系的，人们有组织化的自主活动在一定范围内可以不受外在的强制。国家赋予并保障公民的结社权，但如果公民滥用这种权利的话仍然会导致权利的丧失。由于目前我国的社会组织管理在实体法上面临着无法可依的窘境，有的只是低位阶的行政法规和地方性法规。因此，应该考虑制定一部统一规范的社会组织法，将各种类型的社会组织在总体上置于一个统一的、基本的法律框架内。社会组织法的主要内容应当包括：重申《宪法》规定的公民自由结社权；明确社会组织的法律地位；确定社会组织应享有的权利和承担的义务；明确政府与社会组织的关系等等，以便从总体上规范和协调社会组织的发展，并对社会组织的设立、登记、监管、监督、税收等各个方面做出原则性的法律规定。在统一的专门法律之下，应制定与之配套的行政法规、实施细则等制度安排，通过法律体系将对社会组织的财政支持、税收减免等优惠措施落到实处。由于目前全国层面上的社会组织立法权主要集中在全中人大，对于云南省来说，应做好对社会组织立法相关行政法律和实施细则的信息收集、情况调研、草案起草等各项工作，为日后的上下阶法律衔接和顺利对接做好准备。

二、依法支持社会组织的发展

受云南省经济发展基础、产业规模结构、市场发育水平等因素影响，云南省社会组织发展还处于初期阶段，"小、散、弱"特点突出，必须有相应的资源以保障其正常运作，但是由于其本身所具有的非营利性、独立性、志愿性、公益性等固有特征，社会组织往往缺乏资金来源，需要得到政府的支持才能进一步发展壮大。这种支持除了为数不多的政府财政直接支持外，更主要的是依靠政府的间接支持来完成的。一是实施政府采购公共服务制度。政府可通过委托、承包、采购等方式向社会组织购买公共服务。政府通过制定购买服务指导性目录，明确政府购买服务的种类、性质和内容，同时，建立严格的监督评价机制，对社会组织实行竞争择优。二是明确社会组织的免税政策。民政部门与税务部门应密切合作，通过综合考察确定社会组织是否具有免税资格。社会组织取得免税资格后，需由税务部门负责具体区分营利性收入和非营利性收入，还必须接受民政部门的年度检查，一旦发现违规行为，将由民政部门通知税务部门取消其免税资格。三是加大社会捐助的优惠比例，充分发挥税收减免对于社会捐助的激励作用。在政府财力尚不富余的情况下，鼓励企业、个人对社会组织的捐助。对于个人来说，就是要将个人捐赠与应缴税收联系起来，使其比较便利地享受税收优惠。对于企业来说，就是应注重税前扣除、税务摊销等操作程序的简洁性，对具体措施进行细化，同时可以考虑适当提高捐赠款额减免税收的比例，进一步提高捐赠者的热情。

三、改革社会组织的管理模式

社会组织只有获得一定的合法地位，其行为才能得到政府认可。目前国际上对于社会组织法律地位的获得主要有登记设立制和自由成立制。所谓自由成立制，是指社会组织只需要一定数量的自然人之间达成共同意愿就可以成立，而无需经过任何登记手续。因为在这种模式下，如果社会组织违反了相关的法律法规，政府再进行追查惩罚，因此，自由成立制也被称作追惩制。所谓登记成立制，就是说，社会组织必须依照一定的法律程序向特定的登记机关申请注册，获得批准后方告成立。

登记成立制又被称为预防制。①

目前我国对社会组织设立采取的是更为严厉的登记成立制。为了解决社会组织登记要求严格，导致许多社会组织无法登记等问题，可以借鉴国际上的登记设立制，实行社会组织自愿登记制度。任何想要成立的社会组织都直接向民政部门登记，不再需要事先经过业务主管部门的审批。当然在这种新的登记成立模式下，势必要加强监管环节。因此，社会组织的日常活动仍需由所在行业和部门的业务主管单位监管，社会组织的变更、撤销和年度检查则交由民政部门负责。这样直接登记、双重监管的模式是为了解决目前社会组织进入门槛过高的问题，使其能够在开展活动时获得法律的认可，同时兼顾放松社会组织监管可能带来的负面效应，通过业务主管部门的日常监管来有效进行制约。

四、加大对境外社会组织的服务监管力度

按照现行法规，对境外非政府组织在国内设立代表机构，只有基金会条例作了规定，社团条例等尚无这方面规定。尽管云南省出台了《规范境外非政府组织活动暂行规定》，但对境外非政府组织依法开展活动的监督管理，尚存在着不足之处。因此，一是云南省应积极呼吁，在社会组织立法或修订三个管理条例的过程中，有针对性地解决好境外社会组织的问题。二是在中央层面上的立法工作尚未完成之际，根据云南省的实际，先行出台地方性法规，明确境外社会组织在省内设立代表机构和开展活动的登记管理事项。三是坚持服务与监管并重的方针，不断加大监督管理力度。在中央和地方立法之外，制定有针对性的实施细则，为境外社会组织解决其在组织备案、人员居留、资金开户、场所租用等方面的困难。同时，建议由民政主管部门牵头，联合外事、扶贫、教育、卫生、环保等协管部门，完善信息定期通报制度，建立重大事件协

---

① 褚松燕：《中外非政府组织管理体制比较》，国家行政学院出版社 2008 年版，第 52 页。

商制度，健全查处联动机制，建立省、州、县三级登记管理机关互动的监督管理机制。在实行境外社会组织在滇活动管理工作联席会议制度的基础上，加强各部门协调互动，共享信息，统一步调，形成强有力的统一监管体制。

第七章 借力人民调解，化解医患难题

第一节 《人民调解法》背景下的医疗纠纷人民调解制度构建

我国的人民调解制度，是一项很有中华民族文化传统和特色的民主法律制度。民间调解在我国已有几千年的历史。由于人民调解具有扎根基层、分布广泛、灵活便捷、不伤和气等特点，在解决纠纷中具有独特的、其他纠纷解决方式不可替代的基础性作用，为预防和减少民间纠纷、化解社会矛盾、促进社会和谐发挥了重要作用，被称为维护社会稳定的"第一道防线"，被国际社会誉为"东方经验"、"东方一枝花"。

以前计划经济体制下，社会矛盾纠纷比较少，即使有也一般是邻里纠纷等小矛盾。现在随着市场经济的发展和利益分配的多元化，各种社会矛盾凸显，纠纷越来越多，人民调解工作面临新的发展和挑战，人民调解逐渐从传统的婚姻家庭、邻里纠纷、小额债务、轻微侵权等常见的矛盾纠纷，向土地承包、拆迁安置、环境保护、医患纠纷等社会热点、难点纠纷扩展，人民调解与行政调解、司法调解、仲裁、诉讼等纠纷解决方式结合越来越紧密。人民调解制度在组织规范、程序规范和协议效力等方面，都需要通过立法进一步完善，以适应新形势、新情况、新要求。原有的《人民调解工作若干规定》仅是司法部的部门规章,已远远不能适应当前社会矛盾调处的需要。《中华人民共和国人民调解法》于2011年1月1日起实施,该法全面地确立了国家的调解制度,对规范人民调解工作,化解社会矛盾,维护社会稳定,产生重大和深远的影响。

《人民调解法》的颁布实施为处于探索中的医疗纠纷人民调解制度提供了法律的保障,在该法的规定下,医疗纠纷人民调解制度更加体现出与医患自行协商、行政调解、诉讼等方式相比较的优势:

第一,中立性。《人民调解法》第七条规定:"人民调解委员会是依法设立的调解民间纠纷的群众性组织。"医疗纠纷人民调解委员会是由司法行政部门批准成立的专业性人民调解组织,并不隶属于任何行政部门。

第二,公益性。《人民调解法》第四条规定:"人民调解委员会调解民间纠纷,不收取任何费用。"医疗纠纷人民调解委员会调解医疗纠纷不收费,无论是人民调解委员会的办案费用,还是人民调解员的补贴费用,都从市、县、区财政人民调解经费中统筹开支,对患方坚持实行免费咨询、免费受理、免费调解的"三免"政策,可以减轻当事人的经济负担,特别是让低收入群体直接受益,从而保证调解工作的顺利开展。

第三,主动性和及时性。《人民调解法》第十七条规定:"当事人可以向人民调解委员会申请调解;人民调解委员会也可以主动调解。当事人一方明确拒绝调解的,不得调解。"实践中,人民调解委员会在接到重大医患纠纷报告后,无须当事人提出申请,在医疗纠纷发生初期这一最佳时机就积极介入、赶赴现场主导处置,稳定患方情绪,引导医患双方转入人民调解,依照法定程序受理并积极组织双方沟通和协商,既方便了患方,无须患方寻求其他的救济途径,又维护了正常的诊疗秩序,有效地阻止了"医闹"现象的发生,防止矛盾激化和事件升级。

第四,专业性和情理性并重。《人民调解法》第十四条规定:"人民调解员应当由公道正派、热心人民调解工作,并具有一定文化水平、政策水平和法律知识的成年公民担任。县级人民政府司法行政部门应当定期对人民调解员进行业务培训。"第二十条规定:"人民调解员根据调解纠纷的需要,在征得当事人的同意后,可以邀请当事人的亲属、邻里、同事等参与调解,也可以邀请具有专门知识、特定经验的人员或者有关社会组织的人员参与调解。"实践中,医疗纠纷人民调解作为专业性调解,更注重调解员的专业素质和调解技巧,对医疗纠纷进行调查、评估并运用多方力量进行疏导、化解矛盾的能力,因为扎实的专业素养才能使医患双方接受和认可调解结果。

第五,长效性和预防性结合。《人民调解法》使医疗纠纷人民调解制度有法可依,能够形成长效性法律机制,而不再是各地各级政府的政策性尝试。《人民调解法》第二十五条规定:"人民调解员在调解纠纷过程中,发现纠纷有可能激化的,应当采取有针对性的预防措施;对有可能引起治安案件、刑事案件的纠纷,应当及时向当地公安机关或者其他有关部门报告。"医疗纠纷人民调解通过对医疗纠纷的引导、向政府有关部门和医疗机构报告调解情况和提出医疗纠纷防范意见和建议等多种措施,定期排查纠纷,把纠纷消灭在萌芽状态,防止事态扩大为恶性的社会负面事件。

依据《人民调解法》的规定,医疗纠纷专业性人民调解在组织、人员、工作程序和法律效力等方面的制度构建较之探索形成阶段在法定性和操作性方面有了较大的发展。2013年在党的十八届三中全会上通过的《中共中央关于全面深化改革若干重大问题的决定》中提出:"创新有效预防和化解社会矛盾体制,建立畅通有序的诉求表达、心理干预、矛盾调处、权益保障机制。完善人民调解、行政调解、司法调解联动工作体系,建立调处化解矛盾纠纷综合机制。"医疗纠纷人民调解组织的建立正是适应了医疗纠纷多元化解决机制的创新之举。

一、医疗纠纷人民调解委员会

(一)医疗纠纷人民调解委员会的性质

根据《人民调解法》第七条规定:"人民调解委员会是依法设立的

调解民间纠纷的群众性组织。"2010年司法部、卫生部和保监会联合发布的《关于加强医疗纠纷人民调解工作的意见》中明确规定："医疗纠纷人民调解委员会是专业性人民调解组织。"医疗纠纷人民调解委员会具有如下性质。

1. 群众性

医疗纠纷人民调解委员会是群众自治人民调解组织,是由群众自发建立的管理自己事务,并实行自我管理、自我教育、自我服务、自我约束的民间团体,是基于一定范围内人民群众对于医疗卫生事务的共同需要而建立。

2. 自治性

医疗纠纷人民调解委员会不是国家机关,对人民群众不直接行使国家权力,不能采用任何强制性的手段和措施。《人民调解法》第五条规定:"国务院司法行政部门负责指导全国的人民调解工作,县级以上地方人民政府司法行政部门负责指导本行政区域的人民调解工作。"可见,医疗纠纷人民调解委员会具有自身组织上的独立性,既不隶属于卫生行政部门,也不从属于其管辖范围内的医疗机构,具有独立、中立的性质,其业务和工作虽然受到司法行政部门的指导,但司法行政部门不得干涉属于其自治范围内的事务,即不得干预其日常具体工作的开展。

3. 专业性

传统的人民调解组织调解的范围是一般性民间纠纷,具备一定的民商事法律和社会经验即可,但是医疗纠纷专业性、技术性极强,医调委承担着医疗纠纷调查、评估、调解、宣传和预防的综合职能,必须配备具有法学、医学、心理学等专业知识和从业经验的调解员队伍,向医患双方提供客观、科学、具有说服力的调解援助。

4. 组织规范性

表现在:①医疗纠纷人民调解委员会单独设置,一般设置在各地县(市、区)司法行政部门,属于人民调解委员会的下设机构,具备条件的医疗机构应设立医疗纠纷人民调解室。②各地要按照规范化人民调解委员会建设的标准，建设医疗纠纷人民调解委员会。医疗纠纷人民调解委员会的办公场所，应设置办公室、接待室、调解室、档案室等，悬挂人民调解工作标识和"医疗纠纷人民调解委员会"标牌，配备必要的办公设施。③医疗纠纷人民调解委员会要建立健全各项规章制度，规范工作流程，并将工作制度、工作流程和人民调解委员会组成人员加以公示。

（二）医疗纠纷人民调解委员会的工作职责

目前，全国各地都出台了《医疗纠纷人民调解工作实施意见》，其中对医疗纠纷人民调解委员会的工作职责都作了明确规定，综合来看，主要包括以下几个方面。

1. 化解医疗纠纷，防止医疗纠纷激化

医疗纠纷人民调解委员会应按照《人民调解法》的规定，采取说服、教育、疏导等方法，促使医患双方当事人消除隔阂，在平等协商、互谅互让的基础上达成调解协议。要善于根据矛盾纠纷的性质、难易程度和当事人的具体情况，充分利用便民利民的方式，因地制宜地开展调解工作，切实提高人民调解工作质量。需要进行相关鉴定以明确责任的，经双方同意，医疗纠纷人民调解委员会可以委托有法定资质的专业鉴定机构进行鉴定。在调解过程中，发现纠纷有可能激化的，应当采取有针对性的预防措施，对有可能引起或已经发生治安、刑事案件的医疗纠纷，应当及时向当地公安机关或其他有关部门报告。

2. 宣传法律、法规、规章和医学知识

医疗纠纷涉及复杂的医疗科学、诊疗技术和法律规范，医疗纠纷人民调解员不仅要说服、规劝双方当事人，还要为当事人讲解有关法律、法规、规章和医学知识，并运用自己所掌握的专业知识，向医患双方提供有针对性和倾向性的参考意见，在此基础上引导双方当事人依据事实和法律解决纠纷，而这些专业知识和参考意见会直接影响医患双方对医方是否存在过错、因果关系能否成立及承担责任的比例等争议焦点的判断，进而影响医疗纠纷能否成功化解。

3. 反馈医疗纠纷调解工作的情况

医疗纠纷人民调解委员会应进行数据统计、调解回访，定期总结向司法行政、卫生等部门报告医疗纠纷调解情况，分析存在的困难与问题，并提出相应的建议与意见，成为行政部门开展工作和制定政策的依据。

4. 分析医疗纠纷发生的原因，提出医学建议

医疗纠纷人民调解委员会不仅要着眼于处理、解决纠纷，更应该透过现象看本质，深入分析医疗纠纷发生的特点，从源头上挖掘医患矛盾产生的根源，挖掘医院管理、医疗服务技术、质量和安全等方面存在的问题，及时反馈给医疗机构，并提出防范医疗纠纷的建议，促使医院进行整改，加强内部管理和医德医风建设，这样才能"治标又治本"，尽可能预防和减少医疗纠纷的发生，既保障了患者的生命健康权利，又维护了医院法人的财产权益。

5. 提供有关医疗纠纷的咨询服务

医疗纠纷具有较强的专业性，多数患方对纠纷中涉及的医疗技术和卫生法律不了解，迫切需要专业人士解答。医疗纠纷人民调解委员会的设置，通过来电、来人、来函咨询，热情接待并认真倾听当事人的疑问、请求，实事求是地为当事人解疑释惑。通过咨询后，部分患方会主动放弃追究医方的责任，部分患方会主动与医方和解，部分患方会自愿进入人民调解程序或选择通过其他合法方式来维护自身权益，这样就能尽量避免患方采取极端手段，暴力维权。

（三）医疗纠纷人民调解委员会的工作原则

《人民调解法》第三条规定："人民调解委员会调解民间纠纷，应当遵循下列原则：（一）在当事人自愿、平等的基础上进行调解；（二）不违背法律、法规和国家政策；（三）尊重当事人的权利，不得因调解而阻止当事人依法通过仲裁、行政、司法等途径维护自己的权利。"根据上述规定，结合医疗纠纷人民调解的自身特点，医疗纠纷人民调解委员会的工作原则应当包括如下原则。

第七章 借力人民调解，化解医患难题

1. 自愿、平等原则

医患双方在医疗纠纷人民调解中的法律地位是平等的，并能自由地表达意愿。自愿原则包括程序上的自愿和实体上的自愿两方面。

程序上的自愿是指医疗纠纷人民调解委员会在受理纠纷时，医患双方当事人必须自愿，不得使任何一方受强迫而进入调解程序；在调解的任何阶段，双方当事人都可以表示终止调解和放弃调解的意愿；在调解过程中为明确责任进行医疗事故技术鉴定或司法鉴定，必须经双方自愿同意。

实体上的自愿是指调解协议书的签订必须是双方当事人真实意思表示一致的结果；对责任承担、赔偿数额的认定是基于双方当事人的自愿表达。

医患关系属于民事法律关系，但是，由于医疗活动的高度专业性，医患关系又与一般的民事法律关系有所区别。这主要表现在两个方面：一是患者缺少足够的专业知识和判断能力来决定何种治疗手段；二是患者对自己病情的了解程度往往不能和医生相比，因此具有不完全的知情权。① 加上医院是势力强大的组织，患者是势单力薄的个人，患者相对于医院而言是弱者。也就是说，在医患双方的知识、能力、实力失衡的情况下，法律上的形式平等并不能带来现实中的实质平等。要实现平等原则，医疗纠纷人民调解委员会必须通过弥补患方知识经验的欠缺、满足患方知情权、要求医方主动与患方对话等特别手段来纠正医患双方关系，从而引导双方当事人在平等基础上进行协商并自愿达成协议。

2. 合法原则

法律、法规和规章是调解医疗纠纷的标准和尺度，整个调解活动从程序到实体都必须符合法律、法规和规章的规定。合法原则也包括程序

---

① 徐昕、卢荣荣：《暴力＋不信任＝转型中国的医疗暴力研究：2000－2006》，载张卫平主编：《民事程序法研究》，厦门大学出版社 2008 年版，第 228 页。

上的合法和实体上的合法两方面。

程序上的合法是指医疗纠纷人民调解委员会要坚持依照法定程序进行调解，在《人民调解法》第四章"调解程序"中，从调解程序的启动、调解员的确定、调解的要求和方式，到当事人的权利和义务、应急措施、调解终止、调解记录，该法都作了最基本的明确规定，医疗纠纷人民调解委员会的调解程序必须符合上述规定。各级地方政府出台的《医疗纠纷人民调解工作实施办法》或《医疗纠纷人民调解规程/程序》等作为地方政府规章，对调解程序作了更为细致和具体的规定，所辖地的医疗纠纷人民调解委员会也应当严格遵守其规定。

实体上的合法是指调解协议的内容不得违反法律、法规和规章。例如，在《医疗事故处理条例》第五章"赔偿"中，规定了确定具体赔偿数额应当考虑的因素、医疗事故赔偿的计算项目和标准、赔偿费用结算方式，构成医疗事故的赔偿调解则可参照上述规定拟定医疗纠纷人民调解协议。此外，《侵权责任法》和《最高人民法院关于审理人身损害赔偿案件适用法律若干问题的解释》中对于受害人死亡的，除了《医疗事故处理条例》规定的十一个赔偿项目以外，还规定了"死亡赔偿金"，按照法律效力层级高于行政法规的原则，在患者死亡的案件中，不论是否构成医疗事故都应当考虑死亡赔偿金。[①] 在医疗纠纷调解过程中，医患双方一般会做出或多或少的让步，但是医疗纠纷人民调解委员会要把握好相应的界限，不能单纯为了平息纠纷而引导双方达成不合法的调解协议，特别是随意给予高额赔偿，以求息事宁人。

3. 尊重当事人诉讼权利的原则

医疗纠纷人民调解不是诉讼的必经程序，不得因未经调解或调解不成而阻止当事人向人民法院提起诉讼，人民法院也不得因未经调解而拒绝受理。处理医疗纠纷具有紧迫性，一方面患方的身心伤害需要

---

① 路民：《关于市中心城区公立医疗机构医疗纠纷基本情况和医疗纠纷的调解原则和实践》，云南省玉溪市医疗纠纷调处中心内部资料。

尽快得到弥补和救治，另一方面部分证据容易灭失或被篡改，因此不能反复调解、拖延时间，最后导致当事人利益受损。医疗纠纷人民调解委员会在一定期限内未能调解成功的，应当及时终止调解，并依据有关法律、法规的规定，告知当事人可以依法通过行政调解、诉讼等程序维权。

4. 公开、公平、公正原则

医疗纠纷人民调解是一种群众自治活动，应当自觉接受社会公众的监督，公开进行调解，允许他人旁听，使调解过程更加透明，但当事人申请不公开调解的除外。医疗纠纷人民调解委员会应始终保持中立者的地位，一律平等对待医患双方当事人，只能对医疗纠纷争议焦点作出客观公正的评判，不得歧视、偏袒任何一方，这样才能赢得当事人的信任，合理、有效地解决医疗纠纷，这也是医疗纠纷人民调解得以存在和发展的基础和前提。

（四）医疗纠纷人民调解员的选聘

2010年司法部、卫生部、保监会联合发布的《关于加强医疗纠纷人民调解工作的意见》规定："医疗纠纷人民调解委员会人员组成，要注重吸纳具有较强专业知识和较高调解技能、热心调解事业的离退休医学专家、法官、检察官、警官，以及律师、公证员、法律工作者和人民调解员。原则上每个医疗纠纷人民调解委员会至少配备3名以上专职人民调解员；涉及保险工作的，应有相关专业经验和能力的保险人员。要积极发挥人大代表、政协委员、社会工作者等各方面的作用，逐步建立起专兼职相结合的医疗纠纷人民调解员队伍。"由此可见，医疗纠纷人民调解员队伍由专职调解员和兼职调解员相结合而构成。

1. 专职的医疗纠纷人民调解员

向社会选聘具有医学和法学背景知识的人员担任，每个医疗纠纷人民调解委员会至少配备3名以上专职人民调解员，经卫生行政部门、司法行政部门及保险监管部门组织相关知识培训并考试合格后颁发人民调解员证书并持证上岗。

2. 兼职的医疗纠纷人民调解员

由医疗专家、法律专家等组成，卫生行政部门负责组建由退休医务人员、法医、医学教师和研究者组成的医疗专家库；司法行政部门负责组建由退休法官、检察官、警官、律师、公证员和其他法律工作者组成的法律专家库，为调解工作提供专业技术服务。医疗纠纷人民调解员除了具备专业知识之外，还应该具备品行良好、为人正直、有社会责任感等道德素质，以及良好的沟通协调和应急处理能力。医疗纠纷人民调解委员会建立调解员信息库，并将调解员名册公示，供医患纠纷当事人随机抽选。

（五）医疗纠纷人民调解员的任期、待遇和培训

医疗纠纷人民调解员由医疗纠纷人民调解委员会聘任，《人民调解法》第九条的规定："人民调解委员会委员每届任期三年，可以连选连任。"即人民调解员任期三年，任期届满如考评合格，可以连续聘用。

专职的医疗纠纷人民调解员为编制外聘用人员，其工资由设立单位即司法行政部门解决，并按规定享受各项社会保险和办案补贴。兼职的医疗纠纷人民调解员从事调解工作，应该给予适当的办案补贴。其中，办案补贴多是按照调解纠纷的数量、纠纷的难易程度、社会影响大小以及规范化程度制定相应的标准来发放，通过补贴实现了对调解员的激励机制，以充分调动调解员的工作积极性和主动性。目前，各地政府已经基本上将医疗纠纷人民调解员的工资、社会保险费用、办案补贴作为基层人民调解专项经费纳入市县级财政预算，在一定程度上保障了医疗纠纷人民调解员的基本待遇和队伍的稳定。

《关于加强医疗纠纷人民调解工作的意见》规定："要重视和加强对医疗纠纷人民调解员的培训，把医疗纠纷人民调解员培训纳入司法行政队伍培训计划，坚持统一规划、分级负责、分期分批实施，不断提高医疗纠纷人民调解员的法律知识、医学专业知识、业务技能和调解工作水平。"为提高医疗纠纷人民调解员的工作能力，定期的学习、培训和考核必不可少，要注重医疗技术操作常规、医疗规章制度、法律知识、心

理学知识的传授,组织调解员通过对典型案例中的事实认定、法律适用、当事人心理特点等问题进行分析评判,模拟制定相应的调解方案,不断强化人民调解员的业务素质和调解技能。

(六) 医疗纠纷人民调解员的工作纪律

《人民调解法》第十五条规定:"人民调解员在调解工作中有下列行为之一的,由其所在的人民调解委员会给予批评教育、责令改正,情节严重的,由推选或者聘任单位予以罢免或者解聘:(一)偏袒一方当事人的;(二)侮辱当事人的;(三)索取、收受财物或者牟取其他不正当利益的;(四)泄露当事人的个人隐私、商业秘密的。"所以,医疗纠纷人民调解员在医疗纠纷调解中要遵守:①保持中立,不偏袒。②尊重当事人,态度好。③严格自律,不吃拿卡要。④保守秘密,不泄露。医疗纠纷人民调解员违反上述行为规范的,由其所在的人民调解委员会给予批评教育、责令改正,情节严重的,由推选或者聘任单位予以罢免或者解聘。

二、医疗纠纷人民调解程序

依据《人民调解法》的规定,医疗纠纷调解程序如下。

(一) 受理

《人民调解法》第十七条规定:"当事人可以向人民调解委员会申请调解;人民调解委员会也可以主动调解。当事人一方明确拒绝调解的,不得调解。"结合各地制定的实施意见和实践做法,医疗纠纷人民调解的受理有以下几个步骤。

1. 当事人申请或主动调解

医疗纠纷人民调解委员会可以根据医患纠纷当事人(患方或医方)的申请受理调解,当事人没有申请的,也可以主动调解,但当事人明确表示拒绝的除外。当事人申请调解的,可以书面申请,也可以口头申请,医疗纠纷人民调解委员会受理申请的,应当登记。

医疗纠纷人民调解进入程序的主动性和灵活性是由其群众性和自治

性决定的，医疗纠纷人民调解委员会要本着为群众服务、解决群众问题的态度，做到"哪里有医疗纠纷，哪里就有人民调解"，积极主动介入医患矛盾，及时前往当事人中间进行调查、斡旋，做好调解的前期工作，为纠纷解决奠定坚实的基础。当然，医疗纠纷人民调解是遵循"自愿原则"的，因此，医患纠纷当事人是否申请人民调解，是否愿意以人民调解方式解决纠纷，还是依照自己的意愿做出决定。当事人一方明确拒绝调解的，不得调解，这里的"明确拒绝"需要当事人用明示的方法表达出来。

2. 接待登记

无论是当事人申请调解还是主动调解，由于是建立在双方当事人自愿的基础上，双方当事人都应填写《医疗纠纷人民调解申请书》，其内容包括申请人和被申请人的基本情况、纠纷简要情况、当事人申请事项，由申请人签名、盖章或按指印，还应提交相关证明材料，如医方须提交医疗机构执业许可证复印件（加盖公章）、医方组织机构代码证复印件（加盖公章）、医方法人代表职务证明以及医方法人代表授权委托书（加盖公章及法人代表印章）；患方须提交医患双方医疗服务合同关系的证明、患方当事人或代理人的身份证复印件、患方（亡者）的死亡证明复印件、患方当事人授权委托书等。医疗纠纷人民调解委员会应填写《医疗纠纷受理接待登记表》，并告知当事人等待是否受理的通知。

3. 受理的条件

一般而言，当事人申请调解，符合下列条件的，医疗纠纷人民调解委员会应予受理：①医患双方自愿申请；②在诉讼时效内；③当事人与医疗纠纷有直接利害关系；④有具体的调解请求、事实依据和理由。

医疗纠纷人民调解委员会一般在3个工作日内审查调解申请书的具体内容，认定符合上述条件后，决定受理的应当填写并向医患双方当事人送达《医疗纠纷人民调解受理通知书》，通知书应当写明：受理调解的决定、确定调解员的期限和方式，并在"医疗纠纷受理调解登记簿"

上进行登记,登记内容包括:案号、受案时间、申请人基本情况、申请调解要求等。

4. 不予受理的情形

一般而言,医疗纠纷人民调解委员会不予受理下列纠纷:①非医疗纠纷;②患者与本辖区范围之外的医疗机构发生的医疗纠纷;③一方当事人明确拒绝调解;④法律、法规规定由专门机关管辖处理的,或者不适宜通过人民调解方式解决的,如非法行医引起的医疗纠纷;⑤卫生行政部门、人民法院、公安机关已经受理或正在处理的。

针对上述情形,医疗纠纷人民调解委员会应决定并书面通知当事人不予受理,但须说明理由并劝说当事人冷静、理智对待,并告知其前往有管辖权的有关部门寻求解决,纠纷有可能激化的,应主动报告有关部门前往现场处理。

(二) 调解员确定

《人民调解法》第十九条规定:"人民调解委员会根据调解纠纷的需要,可以指定一名或者数名人民调解员进行调解,也可以由当事人选择一名或者数名人民调解员进行调解。"第二十条规定:"人民调解员根据调解纠纷的需要,在征得当事人的同意后,可以邀请当事人的亲属、邻里、同事等参与调解,也可以邀请具有专门知识、特定经验的人员或者有关社会组织的人员参与调解。人民调解委员会支持当地公道正派、热心调解、群众认可的社会人士参与调解。"结合各地制定的实施意见和实践做法,确定医疗纠纷人民调解员有以下步骤。

1. 指定调解主持人

医疗纠纷人民调解委员会受理调解申请后,应当指定一名专职医疗纠纷人民调解员作为调解主持人,还可再指定一名专职医疗纠纷人民调解员作为助理调解员。调解主持人负责调解程序的具体实施,包括就医疗纠纷进行调查取证、帮助当事人委托鉴定、组织双方进行斡旋协商、通知兼职调解员参与调解、促进当事人达成协议、监督当事人履行协议等。

2. 选择调解参与人

在调解主持人确定以后，应由患者及其家属从专家库中选择若干名兼职医疗纠纷人民调解员参与调解，例如双方可以各指定一名医疗专家、一名法律专家，即当事人可以选择自己信任的人担任调解员，这样能够消除当事人顾虑，为顺利开展调解创造条件，也能在一定程度上保证调解的公平、公正。

3. 指定或邀请调解员

遇到重大复杂纠纷，医疗纠纷人民调解委员会根据调解纠纷的需要，也可指定若干专兼职人民调解员参与调解，必要时可请当地乡镇（街道）和患者常住地的人民调解员参与。因为重大复杂医疗纠纷的调解难度较大，应该充分发挥人民调解自治性、群众性的优势，灵活增加人民调解员，或邀请当地调解员参与，往往能够更好地明辨是非、主持公道、化解矛盾，达到事倍功半的效果。

4. 回避

医疗纠纷人民调解员是中立、独立的第三方代表，因此，人民调解员有下列情形之一的，必须回避：①是本医疗纠纷当事人或者当事人、代理人的近亲属；②与本医疗纠纷有利害关系；③与本医疗纠纷当事人有其他关系，可能影响公正调解的；④有其他正当理由的。

医患双方当事人有权以口头或者书面方式申请人民调解员回避；人民调解员认为存在上述回避理由时，应当自行回避。回避申请应在正式实施调解前提出，并说明理由。被申请回避的人员在医疗纠纷人民调解委员会做出是否回避的决定前，应当暂停参与本纠纷调解工作，但需要采取紧急措施的除外。

（三）调解准备

为了正确和有效地开展调解，在调解准备阶段，医疗纠纷人民调解主持人应完成以下几项工作。

1. 了解纠纷事实

调解主持人可以通过以下方式了解纠纷事实：①审查当事人申请材

料；②听取当事人陈述和要求；③审查有关证据材料；④到有关单位调查取证、核实情况；⑤询问当事人和相关人；⑥向专家咨询，了解纠纷涉及的相关专业知识；⑦其他可用的调查方式。

2. 专家合议

调解主持人应组织召开由参与调解的兼职调解员组成的审议会，审查相关资料，对医疗纠纷进行分析研究，集体评议并得出结论，出具公正客观的专家意见书，记述诊疗概要并提出责任评定意见及理由，参与审议的专家应签字或盖章。

3. 确定调解重点

调解主持人在了解纠纷事实和查阅专家意见书的基础上，对其中模糊的事实或矛盾的证据，要力争澄清事实、排除矛盾，在此基础上还要分析纠纷的争议焦点、确定调解重点、初步拟定调解方案，以便有的放矢地开展调解工作。

4. 发出会议通知书

调解主持人应在调解会议召开 3 天以前将《医疗纠纷人民调解会议通知书》送达双方当事人，其中应写明：调解会议召开的时间和地点、提交证据和委托书的要求等。至于调解地点，一般在调解机构内进行，根据需要也可以在便利当事人的场所进行。

(四) 调解会议程序

1. 告知程序

调解前应告知当事人如下事项：①医疗纠纷人民调解的性质是群众性自治组织的民间调解；②人民调解的原则包括自愿平等原则、合法原则、尊重当事人诉讼权利原则、公平公正原则；③人民调解协议的效力具有法律约束力，当事人必须履行；④当事人在调解活动中的权利和义务，即《人民调解法》第二十三条的规定："当事人在人民调解活动中享有下列权利：选择或者接受人民调解员；接受调解、拒绝调解或者要求终止调解；要求调解公开进行或者不公开进行；自主表达意愿、自愿达成调解协议。"以及第二十四条的规定："当事人在人民调解活动中履行下列义务：如实陈述纠纷事实；遵守调解现场秩序，尊重人民调解员；尊重对方当事人行使权利。"当事人表示对上述事项已经清楚且没有疑问的，应当签署《医疗纠纷人民调解知情同意书》。

2. 询问程序

首先，调解主持人应分别询问当事人基本情况，包括姓名、性别、出生年月、职业、家庭住址、医保类型，非患者本人还应询问与患者的关系；其次，调解主持人应分别征询双方当事人是否愿意接受医疗纠纷人民调解委员会调解；再次，调解主持人应宣布调解员（包括调解主持人、调解参与人）名单，询问各方当事人是否申请回避。当事人如申请回避，经查回避理由属实的，由医疗纠纷人民调解委员会主任做出决定后及时更换。

3. 宣读调解会议纪律

在开始调解之前，调解主持人应宣读调解会议纪律，包括：①为保证调解工作顺利进行，医患双方各委派3—5人参加调解会议；②在调解的过程中不得喧哗、哄闹，保持会场安静；③一方在发言过程中，另一方不得随意插话、打断对方发言；④在调解过程中不能使用攻击性、侮辱性词语刺激对方；⑤其他未参加调解会议的人员不得随意发言、提问；⑥发言顺序由调解员安排；⑦如实陈述纠纷事实，不得提供虚假证明材料。

4. 当事人陈述

首先，由医患双方当事人分别陈述事实真相，并提出证据加以证实，在此前提下提出自己的主张和要求；若反驳对方主张，也应提出相应证据加以证实。患方应提供门诊病历、检查报告、就诊收据、误工证明、费用单据等各种诊治资料，医方提供住院病历、医疗档案、尸检报告、鉴定结论等相关资料。其次，人民调解员要认真、耐心地听取当事人陈述，不得压制、阻碍当事人发表意见，并可做进一步询问，但对当事人在陈述纠纷过程中故意歪曲事实、无理纠缠的，人民调解员应当及时制止和纠正，在了解清楚后由调解主持人对该医疗纠纷事实做出确认。最后，由患方陈述调解要求，医方针对患方的调解要求做出答辩。

5. 开展调解

医疗纠纷人民调解员应当在查明事实、分清是非的基础上，依照法律、法规、部门规章和诊疗护理规范、常规，结合专家意见，根据当事人的特点和纠纷性质、难易程度、发展变化的情况，采取灵活多变的方式方法，开展耐心、细致的说服疏导工作，抓住纠纷的重点和要害，帮助当事人统一思想、提高觉悟，促使纠纷当事人互谅互让，引导、帮助当事人达成调解协议。在此过程中，兼职调解员应积极协助调解主持人进行调解，特别是应该发挥自身优势，运用其专业知识为医患双方当事人解读专家意见、分析争议焦点、讲解医疗技术、阐明法律依据并提出可供参考的公平公正的解决方案，以增加调解的权威性和公信力。

医疗纠纷人民调解员开展调解可有以下几种方式：

第一，背靠背调解，分别约谈当事人，摸底了解当事人的诉求，给予当事人倾吐事实、观点的机会。

第二，面对面调解，引导当事人向对方当面致歉、达成谅解，为协商创造气氛，给予双方私下接触的机会。

第三，清晰调解法，对案件事实清楚、法律后果容易预判的案件适用。

第四，模糊调解法，对待证事实查不清、争议双方风险均等的案件适用。

医疗纠纷人民调解员开展调解可从以下内容着手：

第一，医疗纠纷定性为医疗事故、医疗过失、医疗风险或医疗意外。

第二，应予赔偿的损失范围。

第三，损害发生的原因及责任比例。

第四，当事人双方的心理预期。

第五，预判诉讼结果。

第六，诉讼风险告知。

6. 制作笔录

在开展调解过程中，调解员应制作调解笔录，调解笔录应记载时间、地点、调解主持人、调解员、记录人、医方、患方、会议内容等，以便对调解过程进行客观、真实地反映。调解笔录只是记载调解过程的书面材料，不是法律文书，没有法律效力。但是，调解笔录是调解协议的基础和反映，调解书是根据调解笔录制作的，两者内容应该一致。调解笔录经当事人校阅或向当事人宣读后，由调解主持人、调解员、当事人、记录人签名。当事人拒绝签名的，由记录人记明情况附卷。调解完成之后，调解笔录要作为卷宗归档。

7. 调解期限

由于医疗纠纷大多较为疑难复杂，需要一定时间来开展周到细致的调解工作，但又不能久拖不决、影响患方获得及时的救济，因此，医疗纠纷人民调解委员会调解医疗纠纷一般应在受理之日起30个工作日内结案，不能按期结案的，经双方当事人同意填写《调解延期申请表》，经医疗纠纷人民调解委员会主任审批同意后，可以延长30个工作日。经延长仍不能调结的，可以告知当事人向人民法院起诉或由其他有关部门处理。

8. 中止调解

一般而言，医疗纠纷人民调解委员会在调解医疗纠纷过程中，有下列情形之一的，应中止调解：①无法联系当事人超过30日的；②因客观原因致调解工作停滞超过30日的；③患方当事人死亡，尚未确定权利义务承受人的；④患方当事人丧失行为能力，尚未确定法定代理人的；⑤医方当事人的法人或者其他组织终止，尚未确定权利义务承受人的；⑥其他应当中止调解的情形。中止调解的原因消除后，应当恢复调解，中止调解耽误的时间不计算在调解期限内。

9. 终结调解

医疗纠纷人民调解委员会在调解医疗纠纷过程中,有下列情形之一的,应终结调解:①一方当事人明确表示放弃调解的;②患方当事人死亡,没有继承人,或者继承人放弃调解的;③一方当事人在调解过程中,已向人民法院、公安机关或者其他行政部门提请处理的;④其他应当终结调解的情形。

一般认为,终结调解的须由医疗纠纷人民调解委员会制作《医疗纠纷终结调解书》,其内容包括:医患双方当事人基本情况、医患纠纷主要事实和争议事项、宣告调解无法达成协议、告知当事人其他救济途径,并由双方当事人签名或盖章、人民调解员签名并加盖人民调解委员会印章,一式三份,双方当事人各执一份,调解委员会留存一份。

10. 保险对接

医疗纠纷人民调解委员会和保险公司要形成对接制度,对承保责任范围内的医患纠纷,保险公司要早期介入调解工作。医疗纠纷发生后,需要保险理赔的,医疗纠纷人民调解委员会和医疗机构应及时将纠纷信息通报保险公司;保险公司要建立完善的医疗责任险处理机制,配备熟悉医学知识的专业理赔人员负责医责险工作,积极配合人民调解员按照相关责任范围对理赔标准进行审核,属于保险责任的,保险公司应当及时、依法理赔。保险机构应当将医疗纠纷人民调解协议作为医疗责任保险理赔的依据,及时予以赔偿。

三、医疗纠纷人民调解协议

(一)医疗纠纷人民调解协议的性质

医疗纠纷人民调解协议属于民事合同,因为该协议是平等主体所实施的民事行为;以设立、变更或终止民事权利义务关系为目的;是双方当事人协商一致的结果。但是医疗纠纷人民调解协议又具有特殊性,因为该调解协议是在医疗纠纷人民调解委员会主持下达成的,调解协议书必须采用书面形式，而且必须由人民调解员签名并加盖医疗纠纷人民调解委员会印章才能生效。由此可见，医疗纠纷人民调解协议一经双方自愿达成，即具有民事合同的权利和义务约束力，当事人应当自觉履行，不得随意变更或解除。但由于民事合同本身并不具有国家权威性和强制执行力，所以一方当事人不履行协议时，另一方当事人不能向法院申请强制执行，而只能向法院提起诉讼，请求法院依法裁断双方的权利义务。

（二）调解协议的形式

根据《人民调解法》第二十八条规定："经人民调解委员会调解达成调解协议的，可以制作调解协议书。当事人认为无需制作调解协议书的，可以采取口头协议方式，人民调解员应当记录协议内容。"第二十九条规定："调解协议书自各方当事人签名、盖章或者按指印，人民调解员签名并加盖人民调解委员会印章之日起生效。调解协议书由当事人各执一份，人民调解委员会留存一份。"由此可见，首先，医疗纠纷调解协议书可以采取口头形式，也可以制作协议书，但由于医疗纠纷直接涉及人民群众的生命健康权这一至高无上的权利，矛盾尖锐、情况复杂、调解难度大，因此经调解成功的，一般应制作调解协议书，协议书使用司法部统一的文书格式。其次，调解协议书应由医患双方当事人签名、盖章或按指印，调解主持人签名并加盖医患纠纷人民调解委员会印章。最后，医疗纠纷人民调解协议书一式三份，双方当事人各执一份，调解委员会留存一份。设立在医院中的医疗纠纷人民调解室所出示的调解协议书一式四份，需报医疗纠纷人民调解委员会加盖印章，双方当事人各执一份，调解室和医患纠纷调解委员会各留存一份。

（三）医疗纠纷调解协议的内容

根据《人民调解法》第二十九条规定，医疗纠纷人民调解协议书一般应载明下列事项：①医患双方当事人的基本情况；②调解书的制作情况；③医疗纠纷的主要事实、争议事项以及各方当事人的责任；④医患双方当事人达成调解协议的内容,履行的方式、期限;⑤医患双方签字,调解协议签署的时间。

(四) 调解协议的履行

1. 调解协议的法律效力

在医疗纠纷人民调解委员会的主持下达成调解协议,并不意味着纠纷的彻底解决,只有当事人按照调解协议的约定完全履行了义务,才能最终实现化解纠纷、消除矛盾的目的。《人民调解法》第三十一条第一款规定:"经人民调解委员会调解达成的调解协议,具有法律约束力,当事人应当按照约定履行。"这意味着,经医疗纠纷人民调解委员会调解达成的调解协议具有法律约束力,医患双方当事人应当严格按照约定履行,无正当理由不得反悔。因为该协议是医患双方在自愿的基础上,平等协商、互谅互让达成的纠纷解决方案,也是在医疗纠纷人民调解委员会主持下形成的解决纠纷的法律文书,因此履行调解协议不仅是当事人的道德义务,而且是其法定义务。当然,医疗纠纷人民调解协议的"法律约束力"应当被理解为相当于民事合同的法律效力,不具备与法院的判决书或调解书以及仲裁裁决等同样的强制执行力。

2. 调解协议的督促履行

《人民调解法》第三十一条第二款规定:"人民调解委员会应当对调解协议的履行情况进行监督,督促当事人履行约定的义务。"也就是说,法律还要求医疗纠纷人民调解委员会应当对调解协议的履行情况进行监督,督促当事人履行约定的义务。由于医疗纠纷人民调解协议的赔偿义务方是具有一定财力并希望尽快摆脱纠纷的医疗机构,因此大多数医方都能自觉履行调解协议。例如,记者从上海市司法局了解到,2011年全市各类人民调解组织对医患纠纷的调解成功率达到65%,涉及赔付金额4433万元,人民调解协议即时履行率近90%。① 但也存在少数医

---

① 谢磊:《医疗纠纷目前调解协议即时履行率近九成》,载《新闻晨报》2012年5月17日(第A06/07版)。

方不自觉履行调解协议的情况，需要医疗纠纷人民调解委员会按照法律规定督促当事人履行调解协议。实践中，医疗纠纷人民调解委员多采用以下督促方式：

第一，告知。人民调解委员会应告知医方负责人，按照法律规定，调解协议达成后，当事人应当按照约定履行调解协议，否则就要承担相应的法律后果。

第二，教育。对于医方有履行能力但不自觉履行的，人民调解委员会要对其负责人进行教育，劝导其履行调解协议。

第三，制定履行方式。对不能一次履行完毕的调解协议，人民调解委员会应帮助医方制定分期履行的方式。

第四，社会舆论。调解协议的履行涉及对患者的救济或对其亲属的抚慰，因此可以采取媒体曝光等公开方式，用社会舆论的力量督促其履行。

3. 调解后的诉讼

《人民调解法》第三十二条规定："经人民调解委员会调解达成调解协议后，当事人之间就调解协议的履行或者调解协议的内容发生争议的，一方当事人可以向人民法院提起诉讼。"如前所述，医疗纠纷人民调解协议具有法律约束力，当事人应当按照约定履行。但在实践中，有些情况下，医疗纠纷当事人在达成调解协议后又反悔，对调解协议的履行和调解协议的内容发生争议。对调解协议的履行发生争议的原因，有的是因为调解协议中对履行的内容、期限、方式约定不明确，有的是因为当事人不愿意履行或履行不符合约定；对调解协议的内容发生争议的原因，有的是因为当事人认为调解协议存在欺诈、胁迫、显失公平等情况，有的是因为当事人认为调解程序或协议内容不合法。针对这种情况，医疗纠纷人民调解委员会应该告知医患双方当事人，任何一方均可以向人民法院起诉。

4. 调解协议的司法确认

《人民调解法》总结近年来的司法实践经验，确立了调解协议的司法确认制度。《人民调解法》第三十三条规定:"经人民调解委员会调解达成调解协议后,双方当事人认为有必要的,可以自调解协议生效之日起三十日内共同向人民法院申请司法确认,人民法院应当及时对调解协议进行审查,依法确认调解协议的效力。人民法院依法确认调解协议有效,一方当事人拒绝履行或者未全部履行的,对方当事人可以向人民法院申请强制执行。人民法院依法确认调解协议无效的,当事人可以通过人民调解方式变更原调解协议或者达成新的调解协议,也可以向人民法院提起诉讼。"这里应注意三点:

第一,双方共同申请确认。调解协议生效后,如果医患双方当事人认为有必要通过人民法院确认调解协议的效力,应当共同通过书面形式或者口头形式向主持调解的医疗纠纷人民调解委员会所在地基层人民法院提出申请。如果医患双方当事人认为没有进行司法确认的必要,如对调解协议的内容即时履行完毕,或者在调解协议的内容不涉及民事给付内容等情况下,双方当事人可以不用申请司法确认。一方当事人提出申请,另一方当事人表示同意的,可以视为共同提出申请。

第二,申请的期限。申请司法确认的期限是调解协议生效之日起三十日内。

第三,司法确认的效力。人民法院依法确认调解协议有效,该医疗纠纷人民调解协议即具有强制执行效力,一方当事人拒绝履行或者未全部履行调解协议所约定的义务,对方当事人可以向人民法院申请强制执行。人民法院依法确认调解协议无效的,当事人可以通过人民调解方式达成新的调解协议,也可以向人民法院提起诉讼。

四、医疗纠纷人民调解与诉讼的衔接

(一)人民调解和诉讼的有机结合

1. 法院的巡回指导

县(市)区法院定期或不定期选派审判人员到医疗纠纷人民调解委员或三级医院人民调解室指导人民调解工作。对行政调处或人民调解不成的，当事人要求起诉并符合立案条件的，及时立案。

2. "调解优先、调判结合"原则指导下的人民法院委托调解制度

2004年9月最高人民法院颁布的《关于人民法院民事调解工作若干问题的规定》第三条规定："根据《民事诉讼法》第八十七条的规定，人民法院可以邀请与当事人有特定关系或者与案件有一定联系的企业事业单位、社会团体或者其他组织，和具有专门知识、特定社会经验、与当事人有特定关系并有利于促成调解的个人协助调解工作。经各方当事人同意，人民法院可以委托前款规定的单位或者个人对案件进行调解，达成调解协议后，人民法院应当依法予以确认。"这就确认了人民法院对于起诉到法院的民事案件，在征得各方当事人同意之后，可委托人民调解委员会等组织或个人进行调解。具体到医疗纠纷案件中，人民法院在征得医患双方同意之后，也可将案件委托给医疗纠纷人民调解委员会进行调解。医疗纠纷人民调解委员会接受委托后应根据自己的原则和程序独立进行调解，但须向人民法院报告调解结果，并由人民法院出具民事调解书来确认调解协议的效力，因此，委托调解的性质仍是法院调解。

为落实中央社会改为治安综合治理委员会等16家中央单位联合印发的《关于深入推进矛盾纠纷大调解工作的指导意见》，进一步深化多元纠纷解决机制改革，2012年4月最高人民法院出台了《关于扩大诉讼与非诉讼相衔接的矛盾纠纷解决机制改革试点总体方案》的通知，其中要求"进一步深化诉讼与非诉讼相衔接的矛盾纠纷解决机制改革"，并提出了试点法院要通过"建立诉调对接中心、建立特邀调解组织名册制度、与具有调解职能的组织建立相对固定的诉调对接关系"等方式，构建诉调对接工作平台，其中第二条规定："试点法院设立诉调对接中心，作为诉讼外调解机制依托在法院的工作平台，配备专门的工作人员，建立完备的工作制度，明确相应的工作职责。相关调解组织可以在法院诉调对接中心设立调解室，办理法院委派或委托调解的案件。"第三条规定："试点法院建立特邀调解组织名册，明确行政机关、人民调

解组织、商事调解组织、行业调解组织以及其他具有调解职能的组织进入特邀调解组织名册的条件,健全名册管理制度,完善工作程序。特邀调解组织依托诉调对接中心开展调解工作。"第七条规定:"试点法院支持商事调解组织、行业调解组织或者其他具有调解职能的组织开展调解工作,协助其完善组织建设,制定相关管理制度,建立定期沟通联络机制,发挥其在诉调对接平台中的作用。人民法院根据需要可以派出法官巡回审理有关案件,依照有关规定确认调解协议的法律效力。"

加强医疗纠纷诉讼与人民调解的衔接,能够使人民法院在依法履行审判职责的基础之上,充分整合人民调解委员会的资源,缓解法院案多人少的压力,为双方当事人提供更为便捷的纠纷解决渠道,科学有效地化解医患矛盾。

(二) 医疗纠纷人民调解与诉讼衔接的内容

1. 调解与诉讼的对接

经过医疗纠纷调解委员会调解,双方达不成协议,当事人可向人民法院起诉而进入诉讼程序;诉讼过程中,人民法院委托调解达成的协议,由人民法院出具民事调解书,具有强制执行效力。

2. 调解协议的司法确认

当事人起诉前或人民法院立案前,经医疗纠纷人民调解委员会主持调解达成的调解协议,具有民事合同的性质,经调解员和调解组织签字盖章后属于人民调解协议,当事人可向有管辖权的人民法院申请确认其效力。

3. 调解协议的司法审查

若医患双方当事人提出医疗纠纷调解协议司法确认申请,人民法院对调解协议效力的审查应包括两个方面:

第一,合法性审查,即协议不得损害国家集体利益、社会公共利益及他人利益,协议的约定不得处分他人权利。

第二,自愿性审查,即协议内容是当事人自由意志的真实意思表示,未受欺诈、胁迫,未被乘人之危。

(三)医疗纠纷人民调解与诉讼衔接的意义

第一,充分尊重当事人对纠纷解决程序和方式的选择,也充分尊重当事人对实体权利的处分,调解不成进入诉讼程序的当事人,对医疗纠纷的处理更多了一份认知和理性思考。

第二,人民调解与事实紧密衔接,能够及时规范违反诚信原则的一方当事人,同时达成高效便民的目的,使遭受破坏的医患关系在尽可能短的时间内得到修复和改善。

第三,诉调对接,不仅能够低成本解决纠纷,促进义务的及时履行,更为构建温良、诚信、和谐的医患关系提供了一份保障。

第二节 云南省医疗纠纷人民调解实践模式

一、云南省开展医疗纠纷人民调解的法律政策保障

2010年起云南省建成了多个劳动争议、医疗纠纷、道路交通事故的专业性、行业性人民调解组织。同年,云南省司法厅与省社会治安综合治理工作办公室、省财政厅、省卫生厅、中国保险监督管理委员会云南省监管局联合下发《关于推动医疗纠纷人民调解和医疗责任保险的意见》(云司发【2010】117号),提出在2011年1月1日前,云南省各县(市)区要设立医疗纠纷人民调解委员会。新设立的"医调委"将作为相对独立的第三方介入处理医疗纠纷。除设立"医调委"外,2010年12月底,全省二级以上公立医疗机构将全部参加医疗责任保险。2011年6月以前,全省所有公立医疗机构全部参保。全省将逐步设立由医学专家、法律专家、保险专家共同参与的医疗责任保险事故鉴定会和终审会制度,以负责参保医院的医患纠纷调解和保险赔偿处理。各县(市、区)设立的"医调委",由司法行政部门牵头,负责调解辖区内医疗机构发生的医疗纠纷,并向有关部门反馈医疗纠纷情况,提出防范医

第七章 借力人民调解，化解医患难题

疗纠纷的意见、建议。根据规定，三级医院要设立医疗纠纷人民调解室，受理本医疗机构的医疗纠纷，调解本医疗机构发生的、要求赔付1万元及以下的医疗纠纷，协助属地医调委调解本医疗机构发生的、要求赔付1万元以上的医疗纠纷。每个"医调委"将配备至少3名专职人民调解员，而且调解医疗纠纷不收费。同时，吸纳具有较强专业知识和较高调解技能、热心调解事业的离退休医学专家、法官、检察官、警官以及律师、公证员等社会人员组建调解专家库。医疗纠纷发生后，医患双方可向医疗机构所在地的"医调委"申请调解，符合受理条件的，"医调委"将在3个工作日内受理，自受理之日起30个工作日内调解。该规定的出台标志着云南省的医疗纠纷人民调解组织建设正式启动。

2011年，为进一步加强行业性、专业性人民调解委员会建设，云南省司法厅与省高院、省检察院、省公安厅、省人力资源和社会保障厅、省卫生厅联合下发了《关于加强行业性专业性人民调解委员会建设的意见》，规范了行业性、专业性人民调解委员会名称和标识，对行业性、专业性人民调解委员会的业务建设、队伍建设、保障机制等方面作了进一步的要求。

2010年8月25日，昆明市出台了两个重要文件，一个是《昆明市医疗纠纷人民调解工作实施意见》全面启动了昆明市四城区的医疗纠纷人民调解委员会筹备工作。2012年9月1日，五华区、盘龙区、官渡区、西山区4区医疗纠纷人民调解委员会挂牌成立。另一个是《昆明市医疗责任保险工作实施方案》提出，建立人民调解委员会和医患纠纷理赔中心相结合的医疗责任保险模式，以"统一投保"方式向全市医疗机构推行医疗责任保险。昆明地区省、市、县（市）区二级及二级以上公立综合和专科医院，都将纳入"地区医疗责任险共保体"。经过一段时间，昆明地区各级各类公立医疗机构将全部参加医疗责任保险，承担医疗责任保险的保险公司被遴选组建"共保体"，由"共保体"设立医疗纠纷理赔处理中心，全权负责医疗纠纷理赔事宜。以后一旦发生医疗纠纷，将由医疗纠纷人民调解委员会负责调解，保险公司全权理赔。

2013年11月29日,云南省第十二届人民代表大会常务委员会第六次会议通过了《云南省医疗机构管理条例》,自2014年1月1日起施行。该法第四章"医疗纠纷预防和处置"部分,明确规定了医疗纠纷发生后有4个方面的解决途径,即:1. 医患双方可以自行协商解决;2. 可以申请医疗纠纷人民调解委员会调解;3. 可以向县级卫生行政部门申请处理;4. 也可以直接向人民法院提起诉讼。其中,第三十六条规定,县级司法行政部门负责指导本行政区域内的医疗纠纷人民调解工作。依法设立的医疗纠纷人民调解委员会,负责医疗纠纷的人民调解工作。第三十九条规定,医疗纠纷调解过程中,调解人应当分别向医患双方、有关专家了解相关事实和情况,医患双方、有关专家应当予以配合。根据案件需要,调解人可以建议医患双方进行医疗事故或者医疗损害鉴定。对患者及其家属提出的赔偿数额在10万元以上的医疗纠纷,可以鉴定的,应当依据具有资质的鉴定机构或者医学会出具的鉴定意见进行处理。该条例的亮点在于重视医疗纠纷人民调解中责任划分的科学性,强调运用医疗损害鉴定这一同行评议制度,以防止人民调解中的"和稀泥"、"各打五十大板"的做法。

二、云南省开展医疗纠纷人民调解的先期试点和代表性地区

(一)昆明市东川区"医调委"——云南省先期试点

昆明市东川区于2010年8月25日成立了"医调委",设在区卫生局,并分别从区司法局、公安分局、人民法院、卫生局、信访局、律师事务所等各抽取1人临时组成调委会。但在实际调解纠纷过程中,大部分患者家属不认同作为医疗机构上级的卫生局介入调解,随后"医调委"调整到区司法局,由司法局牵头调处。

2011年底,东川区"医调委"积极协调东川区第一、第二人民医院及中医院与中国人民财产保险股份有限公司昆明市西山区支公司达成协议,首次在医疗机构中引入医疗事故责任保险,中国人民财产保险股份有限公司昆明分公司成立了昆明市医疗责任保险理赔中心,以东川区

司法局为主的"医调委"为第三方。医疗责任险的推广,不仅转嫁了医院的执业风险,减轻财务负担,也使调解工作能顺利开展,促进调解的成功,同时也形成了医患纠纷人民调解与保险理赔中心互为补充。至今东川区各级公立医院共 11 家都购买了医疗责任保险(其中有 57 个村卫生室购买了医疗责任险),两家民营医院也提出购买意向,预计医疗责任保险的覆盖率将达到 100%。①

东川区"医调委"刚开始搞试点的时候,无专项工作经费,无固定的调解室,也没有建立专家库,对医调工作的推进难度较大。随着全省医疗纠纷人民调解工作的推进,"三无"状况得到改善。

(二)昆明市五华区大观司法所——在辖区重点医院内设立"医患纠纷人民调解联合调解室",专门调解重点医院的医疗纠纷

2010 年 12 月 22 日,昆明医科大学第一附属医院、昆明市五华区司法局、五华区大观街道人民调解委员会设立了"昆医附一院医患纠纷第三方联合调处室",正式启动了大观地区昆医附一院医患纠纷第三方人民调解工作,开创了人民调解委员会与辖区内重点医院一对一专门调处纠纷的新机制。

昆医附一院作为全省医疗条件最好的医院,门诊病人每年 200 万人次,住院病人每年 7 万余人。近年来,各类医患纠纷呈逐年上升趋势,2009 年发生医患纠纷 30 余起,2010 年发生医患纠纷 48 起,加之日益增多的涉医违法等"医闹"行为,已严重影响了社会治安稳定和城市形象。从 2010 年 12 月至 2013 年 12 月,昆医附一院医患纠纷第三方人民调解联合调处室共接待来电、来访咨询和申请调解 800 多人次,登记受理调解纠纷 453 起,经调解成功 453 起(包括达成调解协议和引导双方到法院起诉两种结果),患者共获得院方各类经济赔偿补偿人民币累计达 352 万元。通过调解,把影响社会和谐的隐患解决,引导医患双方走

---

① 朱虹、唐启荣,《东川区试点医患纠纷调解调处 47 件成功 47 件》,载云南网 http://yn.yunnan.cn/html/2013-06/02/content_2753533.htm,发布时间 2013-06-02 08:34:58。

上合法的解决渠道。

大观司法所和院方共同参与的化解医疗纠纷"三二一零"工作机制，成为了五华区社会管理创新工作的一大亮点。①

第一，着力推行"三"方协作制度，构筑医患纠纷排查化解网络。医患纠纷涉及多层次利益关系和多领域利益冲突，不是一个部门所能解决的，必须依托多部门分工协作的医患纠纷排查化解网络。大观派出所积极联合街道办事处司法所、昆医附一院，分别抽调人员组成了"医患纠纷联合调解工作组"，通过三方信息链接、优势互补，确保第一时间掌握纠纷隐患动态变化情况，做到未动预知、异动先知，为调解处理奠定了坚实基础。首先，各负其责进行纠纷隐患排查化解。院方负责组织医院相关职能部门加强对医护活动的监督检查和规范管理，督促医护人员从职业道德、医疗技术等方面提高水平，促进医疗行为规范，从源头上减少和避免隐患纠纷的发生；派出所负责维护好医院治安秩序的同时，采取张贴宣传标语、印发提示卡片等方式宣传《中华人民共和国刑法》、《中华人民共和国治安管理处罚法》以及《医疗事故处理条例》等相关法律法规，并大力加强与院方的信息互通，做好情报收集工作，确保在第一时间发现纠纷隐患；司法所在积极与派出所和院方共同开展法制宣传的基础上，主动为院方及患者提供法律咨询服务，引导双方通过法律途径解决医患纠纷。其次，密切协作开展医患纠纷研判。工作组建立了定期联席会议制度和工作；总结研判制度，共同研究分析解决医患纠纷排查化解工作中存在的疑难问题。自"三二一零"机制运行以来，三方共召开联席会议19次。定期总结工作经验，不断完善医患纠纷排查化解机制，并及时对各方意见和建议进行研究，避免了各自为政，为主动应对提供强力支撑。

第二，积极建立"两"个咨询团队，拓展纠纷隐患预警干预途径。针对医患纠纷涉及的领域和主体具有较强的专业性，联合调解工作组牵

---

① 此部分资料由五华区大观街道人民调解委员会调查时由调解员魏云同志提供。

第七章 借力人民调解,化解医患难题

头聘请了一批业务精通、责任心强的离退休医学、法学专家组成医疗、法律两个咨询团。一是咨询团以第三方身份为医患双方提供专业知识咨询服务。当医患纠纷发生时可由院方和患方在两个专家团的成员中指定相应人员进行先期调查或调解工作,由于咨询团不涉及医患纠纷双方中任何一方的利益,在纠纷调查和调解过程中能有效确保客观公正、不偏不倚,更容易赢得双方的信任,有利于防止矛盾的升级激化。二是咨询团建立针对院方的风险预警制度。积极收集容易发生医患纠纷的医疗环节进行分类并适时加以关注,由专家从专业角度提出意见和建议,督促院方加强管理。三是咨询团通过对患方进行前期心理干预。通过专业知识的讲解和宣传让病人及其家属保持正确的心态,特别是建立起对可能发生的不良后果的承受力,并努力消除其对某些政策、决策的误解,促使患方与院方建立起互谅互信的局面。咨询团建立以来,共为院方及患者提供帮助300余次。

第三,精心打造"一"个纠纷联调室,搭建快速反应的调解平台。在大观派出所昆医附一院警务室加挂医患纠纷联调室的牌子,一室两用,成为维护医院治安和调处医患纠纷距离最近、反应最快、最了解具体情况、最具处置优势、最方便群众的前沿阵地。一方面作为民警先期处理各类涉医刑事、治安案件的办公地点,便于公安机关快速有效地打击各类影响医院治安的违法犯罪活动。另一方面作为联合调解工作组的常驻场所,便于联调人员对医院的日常医护工作靠前监督检查,对苗头隐患及时跟进掌控,并最大限度缩小医患纠纷的影响范围。联调室运行以来,共调解各类医患纠纷31起。比较典型的纠纷有:2011年1月19日,陈某的早产双胞胎女婴转院至昆医附一院后因各脏器发育不成熟,经抢救无效死亡,家属情绪激动,主动找到联调室反映情况,联调室迅速对医患双方开展调解。经工作,院方表示尊重患方意见,与派出所和司法所一道见证了病历的封存过程,司法所还就相关医患纠纷的处理程序向患者家属作出解释,家属情绪逐渐稳定,同意等待鉴定结果依法解决,有效制止了一起即将扩大的医患纠纷。2010年7月22日,患者郝

加强和创新社会管理的法律问题研究

某在该院呼气内科做支气管镜检查时发生大出血并发症,经抢救无效死亡,患方家属召集近30人到医院讨要说法。院方第一时间向联调室通报情况,联调工作人员及时介入,大观派出所增派警力驱散参与闹事的非亲非故人员,将患者家属请到联调室内,有效避免了事态扩大化和复杂化,确保了后期调解过程的顺利进行。

　　第四,坚决采取"零容忍"打击医闹态度,打造平安有序的医疗环境。针对严重影响正常医疗秩序的医闹违法行为,一律采取"零容忍"原则,严格依照相关法律规定坚决予以打击处理。一是将移动警务车设置到了昆医附一院内,在车上配置了专门值守的民警和录音、录像设备,对医院内的突发事件快速反应、及时处置,并有效收集、固定证据,震慑了别有用心的不法分子,有效遏制了"医闹"事件的发生。二是注重搜集掌握每起医患纠纷处置的相关资料,梳理每次在纠纷中言行表现突出的人员,将其作为"医闹"重点人员进行掌控,争取对"医闹"分子的动态超前预警防范,为依法打击处理掌握主动权。三是建立了周边派出所就近支援、分局相关警种协同处置的打击"医闹"联勤联动机制。一旦发生医闹事件,确保能有效控制现场、及时收集固定证据,并对蓄意闹事、涉嫌违法犯罪的医闹分子果断处置,违反治安管理的行为,按照《治安管理处罚法》处理,触犯《刑法》的犯罪行为,坚决依法予以打击。

　　除了"三二一零"工作机制以外,大观司法所还将近几年的工作经验总结为"三个步骤"、"四个结合"和"五个举措"。

　　第一,调解程序遵守"三个步骤"

　　一是热情接待、耐心疏导。医患纠纷调解员秉持对医患双方负责的态度,热情接待每一位医患当事人。对前来咨询、投诉的患者及家属以礼相待,在调解过程中认真听取当事人的陈述,作好谈话记录,以证据服人,耐心疏导。

　　二是认真分析、多方沟通。医患纠纷调解员对每位来申请调解的患者及家属陈述的内容及材料做到认真阅读,对医患纠纷的产生过程、细

第七章　借力人民调解，化解医患难题

节及矛盾焦点产生的前因后果认真分析。以材料证据为依据，对照法律、法规，不听任何一方片面之词，站在公平、公正的立场，采取不同形式从多个方面与患者、院方进行沟通，为医患双方的调解做好各项进入程序的准备工作。

三是依法调解，签订协议。严格做到对医患纠纷公平公正、依法调解。一是要求人民调解员在取得医患双方自愿申请调解的基础上，才能进入调解程序；二是调解员在受理患者或医院要求调解的申请后，首先必须弄清每个案例医患纠纷矛盾的焦点，充分依靠证据，公平公正的依照相关法律法规组织调解；三是医患双方经过充分协商沟通达成共识后，在人民调解委员会的主持下，双方签订调解协议，由调委会盖章后制作调解卷宗，督促医患双方按协议条款履行，做到善始善终处理好每件纠纷。

第二，调解方法注意"四个结合"

一是医患纠纷调解与普法宣传相结合。医患纠纷调解员适时针对医患双方矛盾纠纷发展的进程、对立情绪的变化，特别是患者一方的情绪变化，站在客观、公正的角度，耐心做好双方情绪稳定工作，积极宣传法律、法规及医患纠纷调处的相关规定，使医患双方了解有关法律、法规和医患纠纷处理工作流程，能坐下来心平气和地进行调解。例如，在受理某患者投诉泌尿科医生一案时，就先后四次查阅患者治疗过程，分析前因后果。因患者情绪较大，曾多次找院长和到省、市相关部门投诉，为了对患者和医院负责，调解员亲自去医院查阅资料，主动和院方交换意见，并及时向患者传达院方的态度。院方认为在治疗过程中没有过错，不应承担患者提出的赔偿要求，但院方针对患者家庭确实存在经济困难的实际情况，表示在今后的治疗中，会给予适当地照顾。调解员把院方态度传达给患者，劝说患者不要再到处奔波，影响身体，接受院方的进一步治疗，接受院方的真诚帮助。

二是医患纠纷调解与医学知识宣传相结合。针对部分患者及其家属对医学知识相对缺乏或带有偏见认识，容易钻牛角尖，患者对医院的解

释根本听不进去。人民调解员针对这些状况进行相关疾病医疗知识的宣传,对患者的治疗方案、手术方式、手术过程、手术效果进行客观分析,充分的医疗证据,加之细致分析和宣传,让患者心悦诚服。

三是"渠道分流"与"心理疏导"相结合。针对每一个不同案情,灵活采用"先分后合"或"背靠背"、"面对面"等方法进行调解,注重开展对患者"心理疏导",让患者及家属放下沉重的心理负担;做好与院方的沟通协调工作,让双方都真诚地参加调解。让患者切实从调解过程中感觉到人民调解员是他们邻居、朋友、知心人,使患者及家属心理得到宽慰,这样使调解不走弯路或少走弯路,避免因方法不当,引发矛盾激化,起到事半功倍的效果。

四是坚持公平、公正原则与人性化调处相结合。医患纠纷调解员接受患者或院方调解的申请后,对双方提供的证据材料进行仔细阅读、认真考证,分析双方矛盾的焦点,依据有关医学知识和相关法律、法规,对案情做出分析评估,坚持公平、公正的原则,在确认医院一方在诊断、治疗、手术上无过错、无责任的前提下,本着人文关怀的精神,做好医院方面的协调工作,采用"人性化"的处理方法,给患者适当经济补助或减免一些治疗费用,使患者感受到医院人性化的关怀,有利于矛盾纠纷的缓解。

第三,调解工作支撑推行"五个举措"

一是以基层党委政府主导,把医患纠纷调处纳入基层党委政府群众工作大局。大观街道党工委、办事处高度重视医患纠纷调处工作,实行在区委政法委、综治办和区维稳办的领导下,司法行政、卫生、公安联合治理,积极探索建立医疗纠纷协调处理新机制,纳入"平安大观"建设重点项目并提出要求。

二是以司法行政为主管,为医患纠纷调解工作提供组织和政策支持。五华区司法局作为主管五华区人民调解的职能部门,积极把医患纠纷纳入专业化人民调解范畴,负责协调、指导医患纠纷的调解工作,并根据医患纠纷调处的难易程度协调联系公安、卫生和民政等相关职能部门配合,并安排专业律师全程参与,为医患纠纷调解工作提供政策、司法保障。

三是以专业化人民调解为主体,确保调处医患纠纷的公正性、合法性。在五华区司法局的指导下,建设适合需要的专业调解场所,规范调解徽标和上墙制度。严格规范调解程序,对调解方案拟定、调解过程沟通、调解协议签署、履行协议回访等,都建立了一整套严密规范、衔接有序、科学合理的程序规则。昆医附一院党政领导高度重视发生的每一起医患纠纷。每发生一起医患纠纷,都组织医学、法学和涉及科室主任等专家集体会商,实事求是剖析院方在诊疗护理过程中存在的问题,对医疗过错进行技术和法律定位。截止目前,经调解后实际赔付 352 多万元,其中有 9 起实际赔付超出患者请求标的,体现了平等保护的原则。

四是以部门参与为保障,全面优化医患纠纷化解外部环境。在区委政法委的领导下,初步建立起了街道综治、司法、卫生、公安、民政等部门协调机制和工作流程。目前,五华区司法局和大观街道办事处已将此项工作纳入社会治安综合治理目标考评内容。昆医附一院也将其纳入创建"平安医院"、对医疗质量和领导干部政绩考核的重要内容。

五是以法制宣传为依托,努力为医患纠纷的调处营造良好的舆论氛围。通过向群众发放医患纠纷第三方人民调解宣传资料、利用医院法制宣传栏、黑板报开展相关法律、法规知识宣传、在医院举办法制讲座、案例讲解等多种形式进行法律宣传,教育和引导广大患者和医务人员树立调解意识,增强法制观念,营造文明和谐的就医诊疗氛围。

(三)云南玉溪市"医调委"——医疗责任保险和医疗纠纷调处互助资金相结合①

1. 设置医疗纠纷人民调解机构

2011 年 2 月 28 日玉溪市医疗纠纷人民调解委员会和玉溪市医疗纠纷调处中心(以下简称医调委和医疗调处中心)成立,实行一套班子两

---

① 此部分资料系课题组在玉溪市医疗纠纷人民调解委员会调查时由路民主任提供。

块牌子。医疗调处中心为人民调解专业性社会组织,向同级司法行政机关备案,在司法行政部门指导管理下,开展医疗纠纷调解工作。医疗调处中心配备主任一名,副主任一名,并配备3—4名专职人民调解工作人员。医疗调处中心调解员的推荐、招聘、培训、业务管理、考核、指导等由司法行政部门会同有关部门实施。医疗调处中心办公地点按照方便群众、便利工作的原则设置。医疗调处中心办公场所,应设置办公室、接待室、调解室、档案室等,悬挂人民调解工作标识和标牌。配备必要的办公设施。医疗调处中心建立健全各项规章制度,规范工作流程,并将工作制度、工作流程和医疗调处中心组成人员加以公示。医疗调处中心所需场租费、工作经费和专、兼职人民调解员工资报酬纳入财政预算给予保障,每年不低于30万元,年初由市财政划拨入玉溪市医疗纠纷调处领导工作小组办公室专户,医疗调处中心实行报账制。

医疗调处中心负责调解市属公立医疗机构,以及中心城区民营医疗机构内发生的各种医疗纠纷,防止医患矛盾激化;通过调解工作宣传法律、法规、规章和医学知识,引导医患双方当事人依据事实和法律公平解决纠纷;向医疗机构提出防范医疗纠纷的意见、建议;经调解解决的医疗纠纷,按照医患双方当事人要求制作书面调解协议;向患者及其家属或者医疗机构提供医疗纠纷调解咨询和服务;向领导小组办公室及司法行政机关报告医疗纠纷和调解工作的情况。

医疗调处中心受理市属公立医疗机构与患者双方当事人之间的医疗纠纷。受理范围:患者与医疗机构及其医务人员就检查、诊疗、护理等过程中发生的行为、造成的后果及原因、责任、赔偿等问题,在认识上产生分歧而引起的纠纷。不受理范围:当事人已经向法院提起诉讼的;双方当事人协商或经医调中心达成协议一方反悔的;因非法行医而引起的纠纷;非辖区内医疗机构发生的医疗纠纷;医疗机构中发生的非医疗行为引起的其它民事纠纷。

纠纷调解医疗纠纷发生后,医患双方或一方向医疗调处中心申请调解,符合受理条件的,医疗调处中心按照《中华人民共和国调解法》、

《人民调解委员会组织条例》和《人民调解工作若干规定》的要求，采取说服、教育、疏导等方法，促使医患双方当事人消除隔阂，在依法依规、平等协商、互谅互让的基础上达成调解协议。医疗调处中心自受理调解开始之日起1个月内调结。因特殊情况需要延长调解期限的，需向医患双方当事人说明原因，明确延期时间。调解到期仍未达成调解协议的，视为调解不成功。必要时，医调委可组织召开由医学专家、法律专家和保险专家等组成的医疗责任保险事故鉴定会对医疗纠纷进行定性、定责、定损、定赔，调解成功的制作人民调解协议书。调解协议书一经双方签字生效后，具有法律效力。医疗调处中心应当根据生效的调解协议书督促当事人履行协议。调解达不成协议的，告知医患双方可依法向人民法院提起诉讼。

2. 建立医疗责任保险机制

推行医疗责任保险。玉溪市属公立医疗机构按照"统一参保、统一保险方案、统一工作步骤、统一保险费率、统一服务"的原则参加医疗责任保险。医疗责任保险的承保、投保的具体工作，由市卫生局牵头，召集市属公立医疗机构和保险公司进行协商，并制定具体方案指导组织实施。

参加医疗责任保险的医疗机构，应当与承保公司签订协议。医疗纠纷索赔金额在1万元以上的，必须通过医疗调处中心调解后，方可根据调解及医疗责任保险事故鉴定会结果理赔。医疗纠纷赔偿金额在1万元以下的，医疗机构与患者或者其家属可以自行协商解决，由医疗机构根据医疗责任保险协议与患者签署和解赔偿协议，先行赔付后提交医疗调处中心登记、核实，医疗调处中心负责通知保险公司支付保险赔款。医疗调处中心和保险公司形成对接制度，对承保责任范围内的医疗纠纷，保险公司要早期介入调解工作。保险公司应当配备熟悉医学知识的专业理赔人员负责理赔审核。

3. 建立医疗互助资金机制

为规范医疗纠纷赔付，降低医疗机构和医务人员责任风险，本着

"互助共济、风险共担、保障有力"的原则,建立医疗互助资金。医疗互助资金是由自愿接受医疗纠纷调处中心介入调处机制的市属公立医疗机构,按照一定的比例缴纳资金,实行统一管理、统筹使用,为分散医疗机构的医疗责任风险,保障因遭受医疗损害的患方获得及时赔偿而建立的一项互助共济资金。

(1) 医疗互助资金的适用。医疗互助资金适用于市属经卫生主管部门批准设置,持有有效《医疗机构执业许可证》并自愿缴纳风险金的市属公立医疗机构。民营医疗机构可根据自愿原则,参照本制度另行建立专户管理。

(2) 医疗互助资金的管理。由市卫生局发起成立玉溪市医疗纠纷促进会(以下称促进会)。医疗互助资金由促进会负责管理。医疗互助资金按照以支定收、收支平衡、保障适度、责任追加的原则,在促进会设立专门医疗互助资金帐户,实行专户储存,专款专用。日常帐务由市民政局管理。

(3) 医疗互助资金的筹集。医疗纠纷互助资金,在医疗机构缴纳的基础上,接受辖区内外关心社会稳定,热心公益事业的党政机关、企事业单位、社会团体、海外侨胞和公民个人募捐。所筹的全部资金,属于社会公益固定资金实行专款专用,严格存转手续,严禁借用、挪用。

医疗机构按照"以支定收、收支平衡"的原则,根据医疗机构的开放病床数、业务收入、卫生技术人员数等情况年度一次性定额缴纳。2011年市属公立医疗机构的缴纳标准为:玉溪市人民医院90万元、玉溪市中医医院45万元、玉溪市第二人民医院10万元、玉溪市妇幼保健院5万元。

互助资金的缴纳周期以自然年计算,一年为一个周期。根据上一周期赔付盈亏情况,可适度调整互助资金缴纳标准。一个周期内,赔付额累计超过自身缴纳标准的200%时,下一周期按缴纳标准的150%收取,连续3个周期赔付额低于自身缴纳标准时,下一周期按缴纳标准的50%收取。

第七章 借力人民调解,化解医患难题

(4) 医疗互助资金的使用。医疗互助资金主要用于:支付患者在诊疗活动中因医疗机构及其医务人员过错而受到的医疗损害,经医疗调处中心调解达成赔偿协议,超过医疗责任保险赔付定额的赔偿金额;支付医疗调处中心邀请本市或上级专家对医疗争议事件性质进行咨询评议的专家劳务补贴等。

下列原因导致的医疗纠纷赔偿,医疗互助资金不予支持:医疗机构或医疗人员非法执业导致的医疗纠纷赔偿;医务人员故意或酒后行为;使用伪劣药品、不合格医疗器械等情形;其它明显违反法律法规行为。

(5) 医疗互助资金的支付。凡经医疗调处中心调解达成协议,超过保险赔付定额范围,需要动用医疗互助资金的,由医疗调处中心报医疗纠纷调处领导工作小组批准,凭协议书和患方当事人身份证明材料,由促进会直接支付医疗互助资金。

(6) 医疗互助资金赔偿期限。以一个自然年为期限。每起医疗纠纷赔偿限额10万元。全年赔偿累计金额超过当年筹集金额的,由医疗机构暂时垫付,在次年筹集款中再予拨付。

(四)云南省楚雄市"医调委"——调解覆盖面广泛,得益于医疗责任保险"统保"模式

云南省楚雄市医疗纠纷人民调解委员会于2010年11月30日成立,由司法、卫生部门、中标保险公司的相关工作人员为委员组成,属于云南省较早由政府出资、聘请法律、医疗界专家组成的群众性自治组织,聘有专职调解员3人,同时有楚雄州内的主任医师、副主任医师60名、资深律师18名作为专家库为调解提供咨询等帮助。医调会日常工作由聘请的8名曾在调解战线工作,懂调解、知法律的专职人民调解员中的3人主持开展工作。市医患纠纷人民调解委员会在司法局和人民法院的指导管理下开展工作,在受理与调解医患纠纷中,保持公正和中立态度,不收任何取费用。

医患纠纷人民调解委员会的医患纠纷工作范围较广,包括:调处辖区内45家州、市、乡(镇)公立和民营医疗机构与患者在就医过程中

发生的患者与医生、患者与医疗机构之间的民事纠纷，包括医疗事故损害赔偿、医疗事件损害赔偿、医疗服务合同纠纷等。

为减少或控制医患纠纷达成协议后因履行问题使纠纷进一步升级，楚雄市还建立了覆盖面较广，具有强制性的医疗责任保险机制。楚雄州辖区内各级各类公立医疗卫生机构、民营医疗机构都必须参加医疗责任保险。该保险分为主险（医疗责任险）和附加险（医疗机构场所责任险、医务人员人身伤害责任险、设产科的医疗卫生机构购买母婴平安险）。根据《楚雄州卫生局关于全州各级各类医疗卫生机构医疗责任保险投保事宜的通知》（楚卫发【2013】164号）规定，案件金额在2万元以内的，医患双方可以自行协商，保险公司按照协议书赔偿金额的80%理赔，医方承担20%；案件金额在2万元以上10万元以下的，由医疗纠纷人民调解委员会调解，保险公司按照调解协议书赔偿金额的80%理赔，医方承担20%；如果是法院判决的案件，保险公司按法院最终判决赔偿金额的全额理赔。

从2010年云南省推行医疗纠纷人民调解工作以来，全省的医疗纠纷人民调解工作从试点到全面推开，截至到2013年底，云南省16个州市、129个县（市、区）共建医疗纠纷人民调解委员会133个，专兼职医疗纠纷人民调解员1018名，医疗纠纷人民调解组织覆盖91.7%的县级以上行政区域。2013年全省医疗纠纷人民调解委员会调解医疗纠纷1395件，比2012年减少559件，调解成功达85.95%。① 通过对云南省开展医疗纠纷人民调解的试点地区和具有代表性地区的调查，云南省在开展医疗纠纷人民调解工作中基本实现了"三个到位"，即出台政策法规到位，人员配备到位和经费保障到位；规范了"三项流程"，即组织队伍规范化，调解程序规范化，保险理赔规范化。

---

① 数据来源：云南司法行政网 http://www.sft.yn.gov.cn/newsview.aspx?id=1335054&Departmentid=1。

第三节 医疗纠纷人民调解的实践经验和完善建议

一、我国各地医疗纠纷人民调解实践经验

目前,我国各地医疗纠纷人民调解实践经验主要有以下几个方面:

(一)各地各级人大和政府重视医疗纠纷人民调解的立法保障

表一 医疗纠纷人民调解的立法保障层次表

层次	立法渊源	典型代表	意义和亮点
第一层次	法律	《中华人民共和国人民调解法》(2011年1月1日)	确立了我国人民调解制度的法律地位和基本框架,对人民调解的基本原则、人民调解组织、人民调解员、调解程序、经费保障、调解协议效力等做出了明确规定,实现了人民调解法制化、制度化、规范化。
第二层次	部门规定	司法部关于《关于贯彻实施〈中华人民共和国人民调解法〉的意见》(2010年12月24日)	对《人民调解法》内容的细化。
		司法部《关于加强行业性专业性人民调解委员会建设的意见》(2011年5月12日)	在一般民事案件调解的基础上,根据社会矛盾的复杂性、多样性、专业性特点,提出了建设行业性、专业性人民调解委员会,例如,劳动争议、医疗纠纷、道路交通事故等专业性人民调解组织。
第三层次	司法解释	最高人民法院《关于建立健全诉讼与非诉讼相衔接的矛盾纠纷解决机制的若干意见》(法发〔2009〕45号)	一是将人民法院的职能定位从传统的主要调解纠纷渠道,转变为指导、支持、监督调解、仲裁、行政处理等非诉讼活动,解决纠纷的功能更多地由各类调解组织承担。二是开创性地规定了司法确认程序,搭建了多元化纠纷解决机制之间良性互动的桥梁。
		最高人民法院《关于人民调解协议司法确认程序的若干规定》(2011年3月21日最高人民法院审判委员会第1515次会议通过)	依据《人民调解法》进一步明确和细化了司法确认案件的程序问题。通过规范对调解协议的审查与确认方式,有利于鼓励当事人选择人民调解途径化解矛盾纠纷。

续表

层次	立法渊源	典型代表	意义和亮点
第四层次	地方性法规	《宁波市医疗纠纷预防与处置条例》（2011年8月31日宁波市第十三届人民代表大会常务委员会第34次会议通过）	在《侵权责任法》、《人民调解法》、《浙江省医疗纠纷预防与处理办法》出台的新背景下，第一个以地方性法规的形式，确立了医疗纠纷人民调解委员会的组织和工作程序、医疗纠纷预防和处理程序。
		《云南省医疗机构管理条例》（2013年11月29日云南省第十二届人民代表大会常务委员会第六次会议通过，2014年1月1日起施行）	是新一轮医药卫生体制改革后全国首个出台的地方性医疗机构管理条例，具有综合性。内容涉及较广，如县级公立医院改革、医疗广告监管、医师多点执业等，其中专章规定医疗纠纷的预防和处置工作，明确了医疗纠纷人民调解作为医疗纠纷处理的基本途径之一。
		《江西省医疗纠纷预防与处理条例》（2014年3月27日江西省第十二届人民代表大会常务委员会第九次会议通过，2014年5月1日起施行）	截止目前是最新的地方性法规，其中亮点是在医疗纠纷调解处理方面，根据赔偿额不同划分了三个档次的调解要求：第一档次为赔付额在2万元以下的，医患双方可以自行协商解决；第二档次为赔付额2万元以上的，医疗机构应当告知患者向调解委员会申请调解。对索赔金额2万到10万元且医患双方对医疗责任存在争议的医疗纠纷，医调会应当进行专家咨询。第三档次为10万元以上且医患双方对医疗责任存在争议的医疗纠纷，应当先行委托医学会等具有资质的鉴定机构进行医疗事故技术鉴定或者医疗损害鉴定，明确责任，再行调解。
第五层次	地方政府规章	《宁波市医疗纠纷预防与处置暂行办法》（2007年11月20日宁波市人民政府第16次常务会议讨论通过。现予发布，自2008年3月1日起施行，现已废止）	首先，是国内第一个规定设立医疗纠纷人民调解委员会调处纠纷的政府规章。第二，引入医疗责任保险，建立医疗纠纷理赔处理机制。明确医疗机构参加医疗责任保险，承担医疗责任保险的保险机构应设立医疗纠纷理赔部门；索赔额1万元以上的，医疗纠纷理赔中心参加处理。该做法被称为医疗纠纷的"宁波解法"，被全国各地广泛学习和参照。
		《天津市医疗纠纷处置办法》（2008年12月22日天津市人民政府第20次常务会议通过，2009年2月1日起施行）	根据该《办法》设立了全国第一家省级"医疗纠纷人民调解委员会"，在医疗纠纷中引入人民调解机制，由市司法局负责，配备专职人员进行调解，调解服务不收费。在二级以上各类公立医疗机构推行医疗责任保险。索赔金额低于1万元的，医患双方可以自行协商解决，索赔超过1万元的，医患双方无权自行解决，必须向医疗纠纷人民调解委员会申请调解。

续表

层次	立法渊源	典型代表	意义和亮点
		《浙江省医疗纠纷预防与处理办法》(浙江省人民政府第46次常务会议审议通过,2010年3月1日起施行)	国内首个在政府规章中确立了"医疗责任风险金制度",作为对医疗责任保险的补充。
		《湖南省医疗纠纷预防与处理办法》(2012年10月30日湖南省人民政府第117次常务会议通过,2013年2月1日起施行)	明确规定医疗责任保险费用计入医疗机构运行成本。医疗机构不得因投保医疗责任险提高医疗收费标准或者变相增加患者负担。
		《广东省医疗纠纷预防与处理办法》(2013年1月14日广东省人民政府第十一届110次常务会议通过,自2013年6月1日起施行)	首次规定有条件的市、县、区人民政府可以对医调委的设立及开展医疗纠纷人民调解工作采取政府购买服务的方式。在鼓励和支持医疗机构参加医疗责任保险同时,鼓励患者参加医疗意外保险。
		《湖北省医疗纠纷预防与处理办法》(2013年11月18日湖北省人民政府常务会议通过,自2014年2月1日起施行)	截止2013年底,最新的地方政府规章。首次明确了县级以上人民政府司法行政部门应当定期对医疗纠纷人民调解员进行业务培训,积极指导重大疑难医疗纠纷案件的调解工作。
第六层次	政府规范性文件	《济宁市医疗纠纷防范处置办法》(2009年9月济宁市市政府)	国内较早出台的开展医疗纠纷人民调解的政府规范性文件。
		《关于加强医疗纠纷人民调解工作的意见》(2010年12月北京市司法局、北京市卫生局等六部门联合发文)	1. 建立医疗纠纷人民调解工作联动机制,由市司法局、市卫生局、市财政局、市公安局、市高级人民法院、北京保监局组成的"北京市医疗纠纷处理协调指导委员会",协调各部门履行职责并制定全市统一的医疗损害责任赔付标准。 2. 规定重大疑难医疗纠纷将实行专家合议制,必要时可以采用听证会方式开展调解工作。

续表

层次	立法渊源	典型代表	意义和亮点
		《昆明市医疗纠纷人民调解工作实施意见》（2011年9月27日昆明市社会治安综合治理工作办公室、昆明市卫生局、昆明市司法局、昆明市中级人民法院等联合发文）	1. 昆明市三级医院设立医疗纠纷人民调解室（有条件的二级医院也可设立），主要职责为：（1）受理本医疗机构的医疗纠纷，即患者与医疗机构及其医务人员对医疗机构的医疗、护理行为和结果由于在认识上产生分歧而引发的争议；（2）调解在本医疗机构发生的、要求赔付1万元及以下的医疗纠纷；（3）协助属地医调委调解本医疗机构发生的、要求赔付1万元以上的医疗纠纷。 2. 人民调解员需经卫生行政部门、司法行政部门及保险监管部门组织相关知识培训并考试合格，颁发人民调解员证后，才可以从事医疗人民调解工作。 3. 经费包括司法行政机关指导人民调解工作经费、人民调解委员会工作补助经费、人民调解员补贴经费或工资。

从上表分析可以看出，伴随着医疗纠纷人民调解的建立和完善，各地各级人大和政府在医疗纠纷的预防和处置上的立法，基本进行了全新一轮的修改，尤其是各省市政府掀起了一轮医疗纠纷预防和处理上的行政立法热潮，内容较以前的《暂行办法》或《暂行规定》有了较大的完善，各政府部门的职责分工更为明确，处理程序更为规范和具有可操作性，法律责任也更为严厉和健全。

（二）调解机构具有一定的中立性

从各地人民调解机构的设置上看，都注重体现其独立于医疗机构、卫生行政部门的中立性。具体表现为：第一，医疗纠纷人民调解委员会法律地位的中立性。各地立法都将其界定为依法设立的专业从事医疗纠纷调解的群众性组织。医疗纠纷人民调解委员会与卫生行政部门没有行政隶属关系。主要由区（县）级人民政府司法行政部门指导当地根据实际需要设立医调委。第二，医疗纠纷人民调解委员经费来源的中立性。医调委调解医疗纠纷不得收取任何费用。其所需工作经费、人民调解员工作补贴、调解工作场所和设施由所在地区（县）级财政统筹专项安排。第三，医疗纠纷人民调解委员调解人员的中立性。医调委配备专职人民调解员,吸纳一定兼职调解员。调解时,首先由当事人协商后选择人民调解员进行调解;协商不成,再由医调委指定。当事人对人民调解员提出合理回避要求的,经医调委审查后,进行更换。

(三)经费来源由政府财政保障

医疗纠纷人民调解委员会调解医疗纠纷是不收取费用的,其工作经费及人民调解员的报酬补贴由本级人民政府解决。例如,昆明市规定所需经费按照每个调委会每年1万元、专职人民调解员每人每月薪金不低于1500元(不含各种保险)的标准列入同级财政预算。为了提高调解员的工作积极性,昆明市还施行了按月定补、以案定补、以奖代补的人民调解员补贴新机制。以昆明市西山区为例,医疗纠纷标的在20万以下的普通案件,调解成功的每件奖励100元;医疗纠纷标的在20万元以下、50万元以上或参与人数在10人以上、30人以下的疑难案件,调解成功的每件奖励300元;医疗纠纷标的在50万元以上或参与人数在30人以上的群体性事件的重大矛盾纠纷,调解成功的每件奖励500元。①

(四)调解人员专业化

医疗纠纷的专业性较强,需要专业化的调解人员,各地都认识到了专业化队伍的重要性。例如,宁波市理赔机构有工作人员27名,其中医学人员24名,保险专业人员3人,人民调解委员会有专职调解员25名。天津市医疗纠纷人民调解委员会共有20人,调解人员19人,其中11人是卫生政法系统退休人员,8名为毕业于医科大学医事法学专业或法律专业的本科生。北京市医疗纠纷人民调解委员会共有45人,由退休医师、医院管理人员、卫生行政机关公务员、高级法官、律师和医学、法学本科毕业生组成。山东省济宁市医患维权协会有专职工作人员18人,其中专职调解员7名,由医学专家、律师、管理人员等组成。

(五)调解成功率较高

医疗纠纷人民调解开展以来,调解成功率都较高,在一定程度上缓

---

① 昆明市西山区司法局制定的《西山区人民调解"以奖代补"纠纷案件考核办法(试行)》。

解了医患矛盾和医疗诉讼。例如，2008年至2012年，宁波市医疗纠纷人民调解委员会共受理案件667件，其中调解成功642起，调解成功率为96.25%。2009年2月1日至2010年4月，天津市医疗纠纷人民调解委员会调解完结医疗纠纷249件，调解成功215件，调解成功率为86.5%。2011年5月30日至2011年12月底，北京市医疗纠纷人民调解委员会调解完结医疗纠纷571件，调解成功513件，调解成功率为89.84%。2006年4月至2010年6月，山东省济宁医患维权协会受理医疗纠纷839起，成功调解终结659起，调解成功率达78.5%。2009年3月至2010年7月，湖南省邵东县医疗纠纷人民调解委员会共立案147件，结案147件，调解成功率100%。2010年11月30日成立至2014年12月31日，云南省楚雄市医调委受理案件197件，调解成功179件，调解成功率为91%。

（六）力推医疗责任保险

以往处理医疗纠纷的各种风险集中在医院内，个别公立医院为了掩盖自身的医疗过错，以巨额赔偿为条件与患方"私了"，造成了大量国有资产流失。人民调解和医疗责任保险的配合开展，将医疗纠纷的处理引出医院外，也使得医院的赔付受到监督，医疗风险得到分散。天津、宁波通过政府规章建立了医疗责任强制保险制度。云南省玉溪市和楚雄州建立了"以市（州）为单位统筹医疗责任保险"即统保模式，辖区内各级各类公立医疗卫生机构都必须参加医疗责任保险。推广医疗责任保险增强了保险行业和医疗行业的抗风险能力，巩固和完善了医疗纠纷赔偿长效机制。

二、我国各地医疗纠纷人民调解运行中的几个关键问题

（一）医疗责任保险推广和有效支付的实施效果与预期差距大

医疗纠纷人民调解需要与医疗责任保险相配合，由保险公司承担大部分医疗纠纷的赔偿，减轻医院赔付成本。但目前存在以下一些问题：

1. 风险数据缺乏

目前，云南省医疗责任保险以州市为单位，独立运作，实行区域统

保,各州(市)采取招标、议标等方式,确定具有资质的保险公司作为医疗责任保险承保公司。区域统保模式下,各地医疗责任险工作推进力度不一,单个保险公司承保风险单位数量不足,在风险评估和风险管理经验缺乏,再保险支持不完善的情况下,制约了保险公司按照大数法则分散经营风险,给公司业务经营带来一定的压力。以楚雄州为例,平安财险楚雄中心支公司2013年医疗责任险亏损率为40%,2014年亏损率为35%,赔付支出的快速增长,经营风险的短期集聚,给公司医疗责任保险经营带来一定的压力。

2. 投保覆盖面局限

保险原理要求以众人之力分摊部门单位或个人的损失,没有一定的投保面,保险"大数法则"定律难以发挥作用。目前,医疗责任保险工作的进展与预期目标差距较大,医疗责任保险承保覆盖面窄。例如,在云南现有各类医疗机构约22240余家,2010年保险业承保各类医疗机构约1310余家,2011年承保各类医疗机构约2060余家,医疗责任保险承保覆盖率不足10%。截至2013年底,全省16个州(市)的101个县(市、区)开展了医疗责任保险工作,与"全省公立医疗机构全部参加医疗责任保险统保"的预期目标尚有较大差距。

3. 纠纷化解与保险赔付衔接不畅

首先,医疗纠纷人民调解中,存在同一类型的医疗纠纷因时、因地、因人不同而调解结果迥异的情况,造成医疗责任保险经营数据的波动。其次,医疗责任保险具有较强的专业性,要求从业人员具备一定的法律、医疗、风险管理等知识。目前,保险公司缺乏足够的医学专业人才,在医疗责任险的核保方面存在一定困难。第三,部分保险公司对医疗纠纷调解工作的参与度不够,医调委移交的调解结案的案件,保险公司赔付审查周期过长,要求提交的材料过于复杂,如婚姻证明、火化证明等,给事先垫付赔付款的医疗机构在理赔中带来困难。第四,赔付金额不足额。由于医患协商或医调委的调解存在一定程度的模糊责任和放宽标准的情况,会造成理赔金额的增加和保险公司的亏损。因此,有的保险公司会做出限制,例如,医患协商和医调委调解的,保险公司只按照协议上赔偿金额的 80%—90% 赔付;经过医疗事故鉴定或医疗损害鉴定的,以及人民法院判决的,则按照赔偿金额全额赔付。

4. 医方保险需求多元化被忽略

对规模较大的综合性医院来说,希望通过购买医责险将纠纷处理从"院内"转到"院外",希望"花钱买平安"。如果不能满足上述要求,院方则偏重算"经济账",如果保费支出大于赔款支出,其参加医责险的欲望则大打折扣。对规模较小、经济实力不强的专科医院来说,除了想要通过投保医责险转嫁风险外,一方面希望通过投保加强自我宣传力度、提高医院知名度,另一方面则是希望通过投保使前来就诊的患者心理上产生安全感、增强对医院的信心。对于基本上不具有抵御医疗风险能力的广大乡村卫生院等农村医疗卫生网点来说,其投保的动机则主要是转嫁医疗风险。以云南省为例,据不完全数据统计,2009 年医疗责任险保费收入 1519.43 万元,其中州市级医疗机构保费收入 1288.27 万元,占全部保费收入的 84.79%;县级医疗机构保费收入 81.07 万元,占全部保费收入的 5.33%;乡镇级及以下医疗机构保费收入 150.09 万元,占全部保费收入的 9.88%。2010 年上半年保费收入 1036.68 万元,其中州市级医疗机构保费收入 800.13 万元,占全部保费收入的 77.18%;县级医疗机构保费收入 63.1 万元,占全部保费收入的 6.09%;乡镇级及以下医疗机构保费收入 173.45 万元,占全部保费收入的 16.73%。[①] 上述数据显示,云南省投保医疗责任保险的医疗机构主要集中在州市级较大的医疗机构,而县级及以下中小医疗机构投保数量少,保费贡献度低。这一层次的医院每年缴纳高额的保费,会影响到医院的生存和发展。

5. 责任保险赔付范围过窄

目前,造成医疗纠纷的原因主要有三种:医疗事故、医疗过失和医

---

① 数据来源:中国保险监督管理委员会云南监督管理局法制处。

疗意外。医疗事故按照《医疗事故处理条例》认定，其性质、原因、责任归属和赔偿标准较为明确清楚，但在所有医疗纠纷中所占比例较低，不足20%。医疗过失狭义上属于非医疗事故，是指不构成医疗事故但医疗机构存在一定过失的行为，通常适用民法侵权原则，其责任认定和赔偿标准较为混乱模糊。医疗过失纠纷数量庞大，是困扰医院的主要问题，也是构成医院医疗纠纷赔偿的主要部分。医疗意外是指医院恪尽合理注意义务但无法控制的行为，医院对其不应承担赔偿责任。例如，医院使用从合法渠道采购的血液进行输血导致病人感染其他疾病（无过错输血）。尽管医疗意外不属于医院的责任，但也是造成医疗纠纷的一个重要因素。医疗机构希望医疗责任保险能够提供医疗事故、医疗过失和医疗意外的保障，但大部分医疗责任保险仅仅保障医疗事故。虽然已有一些保险公司开始增加承保医疗过失，但由于缺少经验和医院数据，采取了较为谨慎的经营策略。

（二）人民调解委员会工作经费保障和激励有待加强

虽然各地由政府财政来解决经费问题，但是经费普遍不足，调解人员工资待遇偏低，激励机制力度较小，都在一定程度上难以吸引和留住专职人员，提高调解专家参与的积极性。虽然各地出台了人民调解委员"以奖代补"的办法，但随着社会经济水平的发展，标准普遍偏低，与医疗纠纷调解难度、工作量等不太匹配。

（三）政府各部门、医院等涉医纠纷处理机构的联动机制不通畅

有的医院由于担心到医疗纠纷人民调解委员会调解的案件数量较多会影响到医院的声誉甚至是考核评价，更愿意在医院内部赔钱了事。有的医院虽然把纠纷引导到人民调解委员会来，但对医调委的调解建议没有引起足够的重视，以至于纠纷潜在的风险和隐患上升为恶性的"伤医"事件。[①]

---

① 例如，发生在昆明某医院的一起恶性伤医事件，在发生之前，已在该调解室进行过人民调解，并且医调委发出过鉴于该纠纷医患矛盾较为激烈，有必要加强医务人员人身安全保障的建议，但医院并未在相关科室配设保安和对该医生进行保护。

三、完善我国医疗纠纷人民调解的建议

（一）发挥政府在医疗纠纷人民调解中的指导和保障作用

从各地情况来看，区（县）政府和州市一级政府在医疗纠纷人民调解机构设置、人员聘任和培训、经费保障和各政府部门协调等方面发挥了重要的指导和保障作用。

进一步发挥政府的作用应该从以下几个方面完善：①政府应按照《侵权责任法》、《人民调解法》等法律，出台保障医疗纠纷人民调解具体实施的部门规章、地方法规和地方政府规章或其它规范性文件，使医疗纠纷人民调解的各项实施机制有法可依。②建立由政府社会治安治理工作办公室牵头的医疗纠纷处理联动会议制度，加强医调委与医疗机构、卫生行政部门、司法部门、公安部门、信访部门、财政部门、劳动保障部门、法院等各部门的信息交流、日常协作和重大突发事件的联动机制。③政府应当在医疗纠纷人民调解机构的资金保障、人员配备、设备购置方面加大支持力度。

（二）做好各部门的信息交流、日常协作和重大突发事件的联动机制，形成医疗纠纷化解工作合力

医疗纠纷涉及人身健康和巨额经济赔偿，当事人情绪容易激动，矛盾容易激化，处理不好容易引发"民转刑"案件和群体性事件。在医疗纠纷人民调解中要建立多部门协作联动制度，保障调解工作开展和取得成效。具体措施包括：①在建立医疗纠纷调委会的同时，在医疗场所建立警务室，一旦发生"医闹"事件，确保能有效控制现场，及时收集证据，并依照《治安管理处罚法》对制造事端的"医闹"分子给予坚决打击处理。两者之间工作互相配合，做到"矛盾激化有人管，情绪激动有人调"，不仅保障了医疗场所安全稳定，也保障了调解工作顺利进行。②将医疗纠纷调解工作纳入到"平安医院"创建工作之中，调动医疗机构处理纠纷的积极性，做到有了纠纷不上交、不外推，使医疗纠纷调解工作与医疗机构内部管理有机结合，实现调解纠纷与预防纠纷良性互

动。③为增强人民调解协议书的法律效力、减少当事人反悔，加强医调委与法院的衔接，对一些纠纷复杂、赔偿数额较大的医患纠纷，在双方达成调解协议以后，积极建议当事人到法院对医疗纠纷人民调解协议书进行司法确认，巩固调解成果。

(三) 建立医疗纠纷人民调解的配套制度

医疗纠纷人民调解是医疗纠纷解决方式之一，然而仅靠人民调解并不能解决所有的医疗纠纷。首先，医院投诉制度要先行。实践中，医院的投诉管理办公室在医疗纠纷发生后应及时组织相关科室和院内专家对医疗行为进行内部评估，形成医院对纠纷处理的基本态度，与患者进行沟通解释。如果赔偿数额较大，不能自行协商的，应引导患者进入人民调解程序，而不是走"医闹"之路。其次，确立医疗纠纷"调解优先、调判结合原则"。在医疗纠纷发生后，医疗纠纷人民调解机构主动参与调解。如果当事人明确拒绝调解，不得调解，引导患方进行诉讼，而不是暴力维权。进入诉讼程序的案件，征得双方同意后还可再行委托医疗纠纷人民调解委员会进行调解，达成协议的，由人民法院出具民事调解书，具有强制执行力。总之，人民调解与诉讼是双向畅通的，直至纠纷的最终解决。第三，在医疗纠纷人民调解中最困难的是医疗责任的划分，即"定责"的问题。如果能引导患方做医疗事故鉴定或医疗过错鉴定，定责就要容易；如果患方拒不做鉴定，那么医调委就要有内部的专家评估意见来客观划分医疗损害责任。医调委要建立区域内的医学专家库，实现同行评议。医调委专家评鉴意见将作为保险公司理赔的定责依据。

(四) 加大医疗纠纷人民调解的经费投入和激励机制

尽管人民调解组织的经费由法律形式予以规定，但是由于各地区的经济发展情况差别较大，经济发达的东部地区资金较为充足，而经济欠发达地区的经费难以得到保障。为实现医疗纠纷人民调解组织的持续发展，必须建立稳定的资金来源和激励机制，具体包括：①医疗纠纷人民调解委员会的日常工作经费纳入当地财政预算，并确保每年足额拨付。②人民调解员的"以奖代补"奖励标准应适当提高标准，以适应当前社会经济发展水平。③将人民调解与专业性医疗纠纷调解组织相结合,采用由"政府购买服务"的方式,由政府设立专项资金,通过定期考核,对调解组织的工作成效进行评估,根据考评结果支付经常性经费。① ④设立专项经费用于兼职专家工作费用。⑤随着医疗责任保险的推广,提取一定比例的医疗责任保险费作为医疗纠纷人民调解机构的运行经费。

(五)扩大医疗责任保险覆盖面,科学组合险种和根据医疗风险适用不同费率

我国医疗责任保险制度刚刚兴起,医疗卫生机构和保险公司都有开展此项业务的需求,但因保险覆盖面、保费计算和保险赔付存在问题,导致双方的利益不能平衡,一方面有的医疗机构因保险未能解决医闹而不愿买保险,有的则因为保费高于赔付额不愿买保险,另一方面保险公司由于亏损,业务发展较慢。鉴于此,医疗责任保险的发展首先是要贯彻大数法则,推动公立医院强制购买医责险,民营医院鼓励购买医责险。其次,保险责任不仅仅是医疗事故,还应该包括医疗过错和医疗意外。另外,再以附加险的形式,扩展保险责任,如附加麻醉意外险、母婴平安险等,形成保险产品组合。第三,确定不同类型的医疗机构的医疗风险系数,适用不同费率,如对所治疗疾病风险较高的三甲医院的保险费率就要高于其他医疗机构,弥补保险公司的亏损。第四,中小医疗机构投保医疗责任险有待于获得政府财政支持或税收优惠政策。鉴于医疗责任保险具有社会公益性、高风险性特征以及目前中小医疗机构经济

---

① 从国内外政府改革的趋势来看,通过"政府购买"服务来解决医疗纠纷人民调解委员会的经费和工作实效应是未来发展方向。政府购买就是指政府将原来由政府直接举办的为社会发展和人民生活提供服务的事项,以购买、租赁、委托或雇佣等形式交给有资质的社会组织来完成,并根据社会组织提供服务的数量和质量,按照一定的标准进行评估后支付服务费用,是一种以"政府出资、定向购买、契约管理、评估兑现"为行为模式的政府提供公共服务的方式。目前来看医疗纠纷人民调解要提高质量和绩效,避免沾染靠财政吃饭的官僚习气,有必要进行改革。这就需要政府应引导培育更多的"第三方"来调解医疗纠纷,当有足够多的"第三方"开展医疗纠纷的调解服务,就可采用竞争性购买,这既公开公平公正,又可获得最优质的服务提供方。即便是对医疗纠纷人民调解的定向购买,也要注重政府购买服务的合理定价、对调解组织的服务评估考核等。相关资料可参阅张泽洪:《政府购买医疗纠纷第三方调解服务的行为模式》,载《中国卫生经济》第29卷第4期(总第326期)。

实力弱，支付能力不强的实际，当地政府应出台对医疗责任保险的财政支持或税收优惠政策，加大对中小医疗机构承保力度，扩大中小医疗机构承保覆盖面。

（六）建立专职、专业、稳定的调解人才队伍

专职是指除了人民调解机构成员构成中相关部门的领导外，还需要配备专门从事医疗纠纷调解实务工作的相关人员。部门领导作为成员可以有效协调部门之间的关系，提高工作效率，但是部门领导在人民调解机构中一般都是兼职的，平常还要处理很多本部门的事务性工作，有时候无暇顾及人民调解机构的调处工作，因此需要增加人民调解机构中的专职人员。专业是指医疗纠纷人民调解员要熟悉医疗行为中不同的损害行为，致伤因素，在对医疗行为的损害程度进行分析和判断之后，能提出赔偿依据、标准、范围和程序，还要对纠纷一旦涉诉后的处理有预先的判断。因此，对医疗纠纷人民调解员的自身素质和能力要求较高。调解员公开招聘后，应通过严格的业务培训和考核，也可以聘请已经退休的医务人员、公检法工作人员。稳定是指对人民调解机构人员提供职业保障，避免人员流动性过强。具体措施包括提高调解人员的工资收入、为调解人员缴纳各项保险、为调解人员提供进修培训学习的机会、为调解人员提供良好的职业安全保障等措施。

（七）加强宣传医疗纠纷人民调解，扩大社会影响力

目前，虽然我国医疗纠纷人民调解方兴未艾，但从政府部门、医疗机构和医务人员、患者还存在着对医疗纠纷人民调解的认识和理解不到位的地方。因此，医疗纠纷人民调解机构应该通过以下措施扩大社会影响力：①踏实开展人民调解工作，为医患双方提供良好的调解服务，通过优质的调解服务赢得社会的信任。②定期组织医疗机构、患者、政府相关部门、社会组织观摩医疗纠纷调解，并参加相关的培训。③注重新闻媒体宣传。可以通过电视、广播、报纸、互联网等媒体手段宣传人民调解机构的政策措施、调解程序、成功调解案例，增加社会对人民调解的认识，积极引导患者在医疗纠纷发生后，自觉利用医疗纠纷人民调解解决医疗纠纷。

第八章　强化调解仲裁，化解劳资纠纷

《中共中央关于全面深化改革若干重大问题的决定》明确提出："创新劳动关系协调机制，畅通职工表达合理诉求渠道。"党的十八大报告指出："健全劳动标准体系和劳动关系协调机制，加强劳动保障监察和争议调解仲裁，构建和谐劳动关系。"《中共中央关于全面推进依法治国若干重大问题的决定》明确要求"畅通群众利益协调、权益保障法律渠道"。作为社会关系中非常重要、非常基础的一部分，劳动人事关系能否实现和谐，是社会管理中的重要内容。劳动人事争议调解仲裁作为处理劳动人事争议的重要手段，是社会管理中促进社会公平正义，实现多方利益诉求得以协调处理的重要途径，也是加强和创新社会管理的重要领域和组成部分。劳动人事争议调解仲裁工作，不但直接调处劳动人事争议，化解劳动人事争议双方当事人的矛盾和纠纷，促进双方当事人劳动人事关系的和谐，确保劳动人事关系的稳定；还能为劳动人事关系的调处提供风向标和准绳，具有积极的引领作用。

在调处劳动人事争议中，由于我国劳动人事管理体制的设计，劳动关系和人事关系分别形成了不同的调整制度，基于此也就分别形成了劳动争议和人事争议。劳动争议和人事争议的区分基点在于劳动关系和人事关系的区分，即用人单位和劳动者之间因履行劳动关系引发的争议为劳动争议，用人单位和职工之间因履行人事关系引发的争议为人事争议。劳动争议和人事争议尽管都是因履行劳动（人事）关系而发生的争议，都是用人单位和职工之间发生的争议，但两者区别较大：其一，受案范围不同。劳动争议的受案范围较广，不但包括了确认劳动关系，还包括了劳动报酬、社会保险等，基本涵盖了劳动关系的方方面面；人事争议的受案范围较窄，仅包括解除人事关系、履行聘用合同发生的争议，对于公务员和军队文职人员则仅限于履行聘任（聘用）合同发生的争议。其二，适用法律依据不同。劳动争议适用的法律依据较为充分、全面；人事争议适用的法律依据较少，甚至没有法律依据。《最高人民法院关于事业单位人事争议案件适用法律等问题的答复》（法函〔2004〕30号）第一条规定："《最高人民法院关于人民法院审理事业单位人事争议案件若干问题的规定》（法释〔2003〕13号）第一条规定，'事业单位与其工作人员之间因辞职、辞退及履行聘用合同所发生的争议，适用《中华人民共和国劳动法》的规定处理。'这里'适用《中华人民共和国劳动法》的规定处理'是指人民法院审理事业单位人事争议案件的程序运用《中华人民共和国劳动法》的相关规定。人民法院对事业单位人事争议案件的实体处理应当适用人事方面的法律规定，但涉及事业单位工作人员劳动权利的内容在人事法律中没有规定的，适用《中华人民共和国劳动法》的有关规定。"

劳动人事争议调处主要包括劳动人事争议调解和劳动人事争议仲裁制度。劳动人事争议调解，是指职工和用人单位发生劳动争议或人事争议后，在双方自愿的前提下，由第三方介入对双方进行说服教育、居中调解，促使双方相互理解和妥协，自愿达成一致意见，从而解决争议的一种活动。劳动人事争议仲裁，是指职工和用人单位发生劳动争议或人事争议后，依据法律规定向劳动人事争议仲裁委员会提出申请，由仲裁委员会作为独立第三方，依照法定程序和法律依据，对双方之间的争议进行调解或依法进行裁决。

我国劳动人事争议调解仲裁制度始建于新中国成立初期，经历了停止恢复的曲折历程。新中国成立伊始，中华全国总工会于1949年11月颁布《劳动争议解决程序的暂行规定》，1950年11月26日政务院批准了《劳动部关于劳动争议解决程序的规定》，这两部规定的颁布实施，标志着新中国劳动争议调处制度初步建立。但随着我国生产资料的社会主义改造的基本完成，受到公有制体制下劳动争议越来越少思想的影响，两部规定没有得到执行，劳动行政部门内部的劳动争议处理机构被撤销，人民法院也不再审理劳动争议案件。改革开放后，1986年7月31日国务院发布《国营企业劳动争议处理暂行规定》，标志着我国劳动争议处理制度得以恢复。1993年《企业劳动争议处理条例》和1995年《劳动法》设专章规定劳动争议调处制度，直至2008年《劳动争议调解仲裁法》的实施，我国劳动争议调处制度已经基本得到确立。

我国经过长期实践总结所确立的一调一裁两审体制，为劳动人事争议的妥善处理奠定了坚实的基础。但这一体制也显示出了较大的弊端。"我们认为其中最为突出的特点是争议处理各阶段都'用其所短'，以至于偏离了原来立法的初衷——将调解、仲裁、诉讼三者结合，并形成以仲裁为中心的互补关系。"① 按照此观点分析，劳动人事争议调解因调解组织仅限于用人单位内设机构而导致调解程序虚化；劳动人事争议仲裁则因三方原则难以落实和仲裁机构依附于劳动行政部门而导致仲裁行政化，因"先裁后审"争议处理机制带来的仅以诉讼结果评价仲裁而导致仲裁诉讼化。本应作为处理劳动争议有效过滤器的调解、仲裁程序，并没有发挥出制度设计所欲达到的理想效果，实践中大量劳动争议进入法院诉讼阶段，不但导致仲裁、诉讼等公共资源的浪费，还带来当事人尤其是劳动者维权成本、维权时间的增加，甚至因仲裁和诉讼的不衔接而让争议案件演变为信访件，让维权者异化为上访者。基于克服以上弊端的考量，劳动人事争议调解仲裁机制进行了大量的创新性设计，尤其是《劳动争议调解仲裁法》的颁布，从法律层面上为制度管理创新提供了坚实的基础，并具体设计了很多创新制度。

---

① 董保华主编：《劳动争议处理法律制度研究》，中国劳动社会保障出版社2008版，第43页。

第八章 强化调解仲裁，化解劳资纠纷

第一节 劳动人事争议仲裁委员会的整合

一、劳动争议仲裁委员会的由来

（一）劳动争议仲裁委员会的起源

1987年7月31日，国务院颁布《国营企业劳动争议处理暂行规定》，该规定自1987年8月15日起施行，标志着我国劳动争议仲裁工作制度正式恢复。此后，劳动争议仲裁委员会在省、地（州、市）、县（市、区）三级设立，专门负责处理企业行政与职工之间因履行劳动合同、开除、除名、辞退违纪职工发生的争议。1993年8月1日起施行的国务院《企业劳动争议处理条例》进一步明确了仲裁制度。1995年1月1日起施行的《劳动法》设专章规定了劳动争议处理制度。

省市县三级仲裁委员会之间没有上下级隶属关系，其制度类似于民商事仲裁，不同于行政机关居中进行的行政裁决。但由于仲裁机构按照行政区划设立，省市县三级均设立了仲裁委员会（国家一级没有设立），劳动争议仲裁委员会办公室设在同级劳动行政部门，与劳动争议处理机构合署办公，办公室主任一般由劳动争议处理机构负责人兼任，其专职仲裁员均为劳动行政部门工作人员，这都给仲裁委员会带来了较浓的行政性色彩。

在劳动争议仲裁委员会的组成方面，一直按照国际通行的"三方原则"组成，即由政府代表（劳动行政部门）、职工代表（工会）、用人单位代表（企业联合会/企业家协会）三方组成，劳动行政部门代表了居中的政府，工会代表了职工的利益，企协/企联代表了用人单位的利益。在宏观制度架构方面，三方参与仲裁委员会，从劳动关系的面上体现了劳资双方的利益诉求和平衡关系；从微观的个案处理来看，仲裁庭的组成尤其是在集体劳动争议的案件处理时，一般由三方共同派仲裁员组成仲裁庭处理案件,这就从仲裁程序上体现了公平、公正,形式上确保了双方的平等,避免了当事人对仲裁居中裁决这一公正性的质疑。

(二)"三方原则"的真正回归

仲裁委员会"三方原则"强调的是由三方代表组成,劳动行政部门始终是作为政府方面的代表,工会始终是作为职工方面的代表,但作为第三方的代表却经历了一个实至名归的过程。《国营企业劳动争议处理暂行规定》第十条将第三方明确为"与争议事项有关的企业主管部门的代表或者企业主管部门委托的有关部门的代表",《企业劳动争议处理条例》第十三条则明确为"政府指定的经济综合管理部门的代表",实践中由经贸局(经贸委员会)派代表参加。作为政府主管部门的经贸局(经贸委员会)能否真正代表用人单位的利益呢?"实际上,我国的'三方原则'是有名无实,它不是真正意义上的第三方,更确切地说它是两方,劳动行政部门的代表(包括用人单位方面的代表)构成仲裁机构的一方,工会方面的代表构成劳动仲裁机构的另一方。"这是因为"政府综合部门的代表尽管形式上代表企业一方,但行政机关的性质决定了这一方代表不是由选举产生,它是由行政部门指派,实质上它也是行政部门方面的代表。""一旦用人单位的代表由政府综合经济管理部门的代表充任,它马上带来了一个很严重的问题,即在劳动争议仲裁委员会中,又多出了一个政府的代表。""这样,政府的代表在理论上讲占据了三分之二的多数。"① 这样不但危及三方原则的根基,还导致仲裁委员会中没有用人单位的代表。

1995年《劳动法》第八十一条明确规定:"劳动争议仲裁委员会由劳动行政部门代表、同级工会代表、用人单位方面的代表组成。"这一规定从法律层面上解决了三方机制尴尬的根基问题。但1993年原劳动部颁布的《劳动争议仲裁委员会组织规则》第七条仍然规定,仲裁委

---

① 杨德敏著:《我国劳动争议处理机制的反思与重构》,江西人民出版社2006年版,第131—132页。

会的组成一方为"政府指定的经济综合管理部门的代表",这一规定并没有随着《劳动法》的颁布而修改,而是一直到2009年1月1日人力资源和社会保障部颁布《劳动人事争议仲裁办案规则》才明确将其废止。尽管实践中很多地方早就将经济委员会变更为了企业家协会/企业联合会,但立法层面上迟滞的变更,实践中影响了用人单位代表的及时更换,延缓了用人单位代表从经贸委员会到企业家协会/企业联合会过渡的进程。

二、人事争议仲裁委员会的由来

(一) 人事争议仲裁委员会的起源

1997年8月8日,国家人事部颁布《人事争议处理暂行规定》,第五条明确规定:"人事部设立人事仲裁公正厅,处理管辖范围内的人事争议。省(自治区、直辖市)、副省级市、地(市)、县(市、区)设立人事争议仲裁委员会,分别负责处理管辖范围内的人事争议。"随后,从中央到省、市、县四级均成立了仲裁机构,只不过国家一级称为人事仲裁公正厅,省、市、县三级都称为人事争议仲裁委员会。1998年,人事争议仲裁工作正式开展。但该暂行规定并未明确规定仲裁委员会的组成,其第六条仅规定了仲裁委员会由主任一人,副主任二至四人和委员若干人组成,副主任、委员可以聘请有关方面的人员担任。2007年8月9日,中共中央组织部、人事部、总政治部印发《人事争议处理规定》(2007年10月1日起施行),第六条明确规定,中央机关及所属事业单位人事争议仲裁委员会设在人事部,并明确了和省、市、县人事争议仲裁委员会之间独立办案,相互之间无隶属关系。第七条明确了人事争议仲裁委员会由公务员主管部门代表、聘任(用)单位代表、工会组织代表、受聘人员代表以及人事、法律专家组成。

(二) 人事争议仲裁委员会和劳动争议仲裁委员会的区别

人事争议仲裁委员会在机构性质、工作职责方面与劳动争议仲裁委员会有很多类似之处,但存在以下几点区别:其一,人事争议仲裁委会的组成单位较多,由人事部门、劳动部门、财政部门、教科文卫行政部门、政府法制办、法院、工会组成;劳动争议仲裁委员会则遵循"三方原则",由劳动行政部门代表、工会代表、用人单位代表组成。其二,人事争议仲裁委员会从中央到县(市、区)共有四个层级,如2005年经中央机构编制委员会办公室批准,在国家人事部成立中央国家机关所属事业单位人事争议仲裁中心,作为中央机关及所属事业单位人事争议仲裁委员会的办事机构,专门负责处理中央机关、事业单位的人事争议。而劳动争议仲裁委员会则没有在国家级设立。其三,人事争议仲裁委员会的主任一般由政府分管领导担任,如云南省人事争议仲裁委员会主任由分管人事工作的副省长担任。劳动争议仲裁委员会的主任一般由劳动行政部门负责人担任。

(三)劳动争议仲裁委员会和人事争议仲裁委员会分设的弊端

劳动争议仲裁委员会和人事争议仲裁委员会的分设,其弊端非常明显。正如云南省人力资源和社会保障厅与云南省劳动人事争议仲裁委员会联合下发的《关于切实加强劳动人事争议仲裁工作的通知》(云人社发〔2011〕153号)所述:"由于劳动和人事争议处理制度处于体制性分割状态,形成两套仲裁委员会及办事机构分设、独立办案等,在一定程度上造成了仲裁资源不必要的浪费,并容易导致办事机构相互推诿、扯皮,从而降低了各级仲裁委员会处理劳动、人事争议的效能,制约了我省仲裁工作的发展。"

三、劳动人事争议仲裁委员会的整合

(一)人力资源社会保障行政部门的整合奠定了坚实基础

2008年7月12日,国务院办公厅下发《关于印发人力资源和社会保障部主要职责内设机构和人员编制规定的通知》(国办发〔2008〕68号),明确将原人事部、原劳动和社会保障部的职责整合,划入人力资源和社会保障部。2009年8月31日,云南省人民政府办公厅下发《关于印发云南省人力资源和社会保障厅主要职责内设机构和人员编制规定的通知》(云政办发〔2009〕187号),明确将原云南省人事厅、原云南省劳动和社会保障厅的职责整合划入云南省人力资源和社会保障厅。国家实行大部制改革后,人力资源和社会保障部在原仅设于劳动关系司的仲裁处这一基础上成立了调解仲裁管理司。云南省人力资源和社会保障厅整合了原信访仲裁处和人事争议仲裁处的调解仲裁职责成立了调解仲裁管理处,其工作职责为:统筹拟订劳动、人事争议调解仲裁制度的实施规范,指导和协调劳动、人事争议调解仲裁工作;指导开展劳动、人事争议预防工作;依法组织调处重大劳动、人事争议案件;建立仲裁员资格准入制度,组织调解员、仲裁员培训。

人力资源社会保障部门的整合,为各级陆续整合原劳动争议仲裁委员会和原人事争议仲裁委员会,成立劳动人事争议仲裁委员会奠定了坚实基础。与之前仲裁处室架构(原劳动和社会保障部的劳动工资司下设仲裁处,原云南省劳动和社会保障厅设信访仲裁处)不同的是,专门负责争议处理工作的业务处室的成立,不但从机构设置架构上体现了对争议处理工作的重视,更重要的是有专门业务机构负责争议调处工作,为仲裁工作的专业化、职业化奠定了坚实基础。

(二)云南省各级劳动人事争议仲裁委员会的整合

2010年,云南省劳动人事争议仲裁委员会整合完毕。2011年,云南省人力资源和社会保障厅与云南省劳动人事争议仲裁委员会联合下发《关于切实加强劳动人事争议仲裁工作的通知》(云人社发〔2011〕153号),要求:"新设立的仲裁委员会要按照《劳动人事争议仲裁组织规则》的规定,由干部主管部门代表、人力资源社会保障等相关行政部门代表、军队及聘用单位文职人员工作主管部门代表、工会代表、用人单位代表等组成。仲裁委员会主任一般由政府分管领导担任,副主任由人力资源社会保障部门和组织部门负责人担任,办公室设在人力资源社会保障局,与其调解仲裁管理部门合署办公。"截至2013年8月,云南省各级劳动争议仲裁委员会和人事争议仲裁委员会均已整合完毕,共有劳动人事争议仲裁委员会153个,其中146个为行政区划,即省级1个、州市 16 个、县（市、区）129 个；此外还有 7 个开发区（滇池旅游度假区、高新技术产业开发区、经济技术开发区、阳宗海旅游度假区、瑞丽市畹町经济技术开发区、香格里拉经济开发区、倘甸产业园区轿子山旅游开发区）劳动人事争议仲裁委员会。在整合的机构名称方面，绝大部分都使用"劳动人事争议仲裁委员会"，曲靖市为加大调解工作力度而成立"劳动人事争议调解仲裁委员会"，怒江州本级及所辖 4 个县均为"人事和劳动争议仲裁委员会"。

在仲裁委员会的组成单位方面，各地因地制宜整合仲裁委员会，因此其组成单位差别较大。云南省劳动人事争议仲裁委员的成员单位 16 个，包括省人社厅、省委编办、省委组织部、省财政厅、省政府法制办、省高院、省司法厅、省军区、省国资委、省教育厅、省科技厅、省文化厅、省卫生厅、省企业家联合会、省总工会、省民政厅。四川省劳动人事争议仲裁委员会的成员单位 17 个，包括省人社厅、省委组织部、省总工会、省工商联、省企业联合会/四川省企业家协会、省高级人民法院副院长、省军区政治部副主任、省委编办、省委教育工委、省监察厅、省司法厅、省财政厅、省文化厅、省卫生厅、省国资委、省法制办、省科技厅。①

四、劳动人事争议仲裁委员会整合的意义

（一）有限的仲裁资源得到优化组合

一是实现了劳动争议仲裁队伍和人事争议仲裁队伍的整合，优化组合了有限的人力资源。人事仲裁员和劳动仲裁员相互融合，相互学习，相互借鉴，取长补短，最终达到相互促进的作用。

二是整合后的仲裁委员会主任一般由政府分管领导担任，比此前劳动争议仲裁委员会主任由劳动行政部门领导担任，有利于仲裁委员会协

---

① 《四川省调整劳动人事争议仲裁委员会组成人员》，http://www.mohrss.gov.cn/tjzcgls/TJZCgongzuodongtai/201307/t20130730_108957.htm，最后访问时间 2013 年 8 月 20 日。

第八章 强化调解仲裁，化解劳资纠纷

调各部门工作，为仲裁工作创造良好工作环境和氛围。

三是劳动人事争议仲裁的程序法规定，甚至是实体法规定可以相互借鉴和参考，促进制度革新。如《劳动人事争议仲裁办案规则》细化了《劳动争议调解仲裁法》的程序性规定，并在第二条明确规定适用于劳动争议和人事争议。

（二）争议案件的处理实现了无缝对接

劳动争议仲裁委员会和人事争议仲裁委员会的分议，会导致部分案件处于两者管辖的真空地段。如机关事业单位编外用工的，劳动者与所在的机关事业单位发生争议的，有时会因法律规定等因素而被拒于仲裁门外。1995年1月1日实施的《劳动法》第二条第二款规定："国家机关、事业组织、社会团体和与之建立劳动合同关系的劳动者，依照本法执行。"基于对该条规定"劳动合同关系"的理解，一种观点就认为必须订立了书面劳动合同，才能存在劳动合同关系。机关事业单位编外用工如果没有订立书面劳动合同的，被认为没有劳动合同关系，从而不属于《劳动法》调整范围，从而导致劳动者得不到法律保护。这样就导致这部分劳动者与所在单位发生争议后，向人事争议仲裁委员会申请仲裁被拒绝，理由是劳动者和机关事业单位没有人事关系，也没有签订聘用合同，不属于人事争议；向劳动争议仲裁委员会申请仲裁也可能会被拒绝，理由是没有订立书面劳动合同，不属于《劳动法》调整范围，不予受理。从而导致这部分劳动者处于法律保护的真空地带。

2008年1月1日实施的《劳动合同法》第二条规定："国家机关、事业单位、社会团体和与其建立劳动关系的劳动者，订立、履行、变更、解除或者终止劳动合同，依照本法执行。"这一规定的颁布厘清了关于"劳动合同关系"在理解上存在的分歧，明确了只要产生用工，就存在劳动关系；只要有劳动关系，就应当适用《劳动合同法》。从法律上确保了将机关事业单位编外用工的劳动者纳入保护范围。劳动争议仲裁委员会和人事争议仲裁委员会的整合，从受案范围上不再区分你我，无论是人事争议还是劳动争议，都属于劳动人事争议仲裁委员会管辖范

加强和创新社会管理的法律问题研究

围,避免了此前双方相互推诿的可能性,有利于对劳动者的保护实现无缝对接,避免了此前存在的法律保护真空地带。

(三) 有利于人力资源的自由流动

劳动争议仲裁通过妥善处理因解除、终止劳动合同引发的争议,有利于劳动者及时建立新的劳动关系,倡导劳动者和用人单位遵纪守法,积极主动维护劳动关系的和谐稳定,为人力资源的自由流动创造和谐的环境和氛围。人事争议仲裁工作在处理解除人事关系和聘用合同方面同样具有促进人才在不同单位有序、良性流动的作用。

劳动人事争议仲裁委员会的整合,不但具有整合前的上述功能,还有利于促进机关事业单位职工和企业职工之间的人力资源自由流动,不但从程序上为职工从机关事业单位流动到企业提供了保障,也为职工从企业终止劳动关系到机关事业单位工作提供了支撑,更为重要的是,有利于促进相关规定的完善,并确保相关保障人力资源自由流动的政策的有效实施,如《劳动和社会保障部 财政部 人事部 中央机构编制委员会办公室关于职工在机关事业单位与企业之间流动时社会保险关系处理意见的通知》(劳社部发〔2001〕13号),以及《云南省劳动和社会保障厅 云南省财政厅 云南省人事厅 云南省机构编制委员会办公室关于转发职工在机关事业单位与企业之间流动时社会保险关系处理意见文件的通知》(云劳社〔2003〕3号),对于在机关事业单位和企业之间流动的,其养老保险关系和失业保险关系的衔接等问题进行了详细规定。

第二节 劳动人事争议仲裁院建设

一、劳动人事争议仲裁院建设的必要性

(一) 劳动人事争议仲裁院建设是争议案件处理的客观需要

1993年劳动部颁布的《劳动争议仲裁委员会组织规则》(已被废

止)第三条明确规定:"地方各级劳动行政主管部门的劳动争议处理机构为仲裁委员会的办事机构。"由于仲裁委员会没有列入国家机关序列,其实际承担的办理劳动、人事争议案件职能客观上一直由劳动、人事行政部门的劳动、人事争议处理机构承担,所谓的专职仲裁员实际上就是行政部门内劳动、人事争议处理机构的工作人员。仲裁委员会的办事机构没有专门的编制和人员,就连基本的办案经费和办案场所、办案设施都依托于劳动、人事行政部门,挤占劳动、人事行政部门的办公经费和行政资源,实际上成了虚设机构,在一定程度上导致案件办理"名不正、言不顺"。如昆明市富民县的"劳动监察信访仲裁科"有3名工作人员,其工作职能除了劳动人事争议仲裁之外,还包括劳动监察、信访、劳动工资、劳动合同登记、事业单位聘用合同鉴证、集体合同审核、协调劳动关系三方机制等;昭通市威信县的"劳动监察与基金监督办公室"尽管名称上不包括仲裁,但其职能包括了劳动监察、劳动人事争议仲裁、工伤认定、社保基金监督等。类似机构设置和职能分工在云南省各县区人力资源社会保障局中非常普遍。据云南省人力资源和社会保障厅2011年的一次调研数据:全省146个含仲裁职能的行政科室中,单独成立仲裁科室的仅有21个,与信访同在一个科室的有68个,与劳动关系同在一个科室的有60个,与劳动监察同在一个科室的有29个,与政策法规同在一个科室的有19个。

与长期没有专门编制和人员处理案件形成反差的是,云南省"案多人少"现象非常突出:如云南省1988年开始处理劳动争议之初全省仅有100件劳动案件,至2008年最高峰时达到5733件/年,增长了56倍。与之相应的是处理争议案件的仍然是行政部门的工作人员,无法按照法律规定组成仲裁庭处理案件,难以按照法定时限立案和结案,出现了案件"排期"现象,导致相当一部分案件得不到及时妥善处理,甚至引发上访等不稳定因素。再加上为保证仲裁的公平、公正,仲裁员还需要回避、轮换,仲裁人手更加捉襟见肘,使得一些集体争议案件难以按照法律规定的时限结案,不但严重影响了当事人及时有效地维护合法权益,还损害了仲裁的公信力和权威性。正是在这种社会矛盾的催化下,将仲裁委员会办事机构实体化,即成立劳动人事争议仲裁院就成为必然选择。

(二)劳动人事争议仲裁院建设是法律的必然要求

2008年5月1日起施行的《中华人民共和国劳动争议调解仲裁法》第十九条第三款明确规定:"劳动争议仲裁委员会下设办事机构,负责办理劳动争议仲裁委员会的日常工作。"云南省在全国率先制定颁布的《云南省贯彻〈中华人民共和国劳动争议调解仲裁法〉实施办法》第十一条规定:"劳动争议仲裁委员会是经《调解仲裁法》授权,依法独立处理劳动争议案件的专门机构。"第十二条规定:"县级以上人民政府应当加强对劳动争议仲裁委员会的领导,逐步推行劳动争议仲裁委员会办事机构的实体化。"第十六条第二款规定:"劳动争议仲裁委员会办事机构应当配备与工作相适应的专职工作人员。"人力资源和社会保障部颁布的《劳动人事争议仲裁组织规则》第十条规定:"仲裁委员会可以下设实体化的办事机构,具体承担争议调解仲裁等日常工作。办事机构名称和仲裁员等工作人员按照地方人民政府规定进行规范和配备。"这些规定尽管没有具体明确如何建设仲裁院,但为仲裁院建设提供了法律依据,也提出了法律要求。

2012年人力资源和社会保障部、中央机构编制委员会办公室、财政部下发《关于加强劳动人事争议处理效能建设的意见》(人社部发〔2012〕13号),文件明确规定:"仲裁机构实体化建设是指做实劳动人事争议仲裁委员会办事机构,该机构具体承担争议调解仲裁等日常工作。实体化的劳动人事争议仲裁委员会办事机构可称为'劳动人事争议仲裁院'或其他名称,具体由地方人民政府确定。"同时,还明确了实体化建设的原则为"科学规划、统筹兼顾、因地制宜、注重实效",目标任务是"到'十二五'期末,各地普遍建立适合社会主义市场经济发展需要和符合构建和谐劳动人事争议仲裁特色、争议处理能力强、社会公信度高,具有较高社会管理和服务能力的实体化办事机构"。仲裁院建设第一次有了明确的法律和文件依据,这也是机构编制部门罕见地与其他部门联合发文要求成立相应机构的举动。

(三)劳动人事争议仲裁院建设是被实践证明了的成功经验

随着全国各地劳动争议案件"井喷"式的增长,自2001年深圳市成立全国首个仲裁院后,广东、浙江等地陆续开始成立仲裁院,即推进仲裁机构实体化建设,让办事机构成为专门的办案机构。原劳动和社会保障部开始总结经验,在全国推行仲裁院建设,先后有多名领导在全国工作会议上明确提出了工作目标和要求,明确了仲裁院建设应达到以下目标:一是要有专门的办案机构;二是要有适应案件处理需要的专门的人员编制;三是要有适应案件处理需要的独立的纳入当地财政预算的工作经费保障;四是要有专门的办案场所及配套设施。各地仲裁院的建设也严格按此规定进行,基本上缓解了"案多人少"的案件井喷压力,妥善处理了劳动人事争议,有效和谐了当地劳动人事关系,有力地维护了社会稳定和谐。

二、云南省劳动人事争议仲裁院建设的情况

与省外劳动人事争议仲裁院建设进程相比,云南省起步较晚,直至2010年5月才挂牌成立了作为第一家仲裁院的昆明市劳动人事争议仲裁院。在云南省省委、省政府及相关部门的高度重视下,云南省强力推进各级劳动人事争议仲裁院建设,三年内连续发了三个文件,并召开了现场推进会议。2011年7月,云南省人力资源和社会保障厅与云南省劳动人事争议仲裁委员会联合下发了《关于切实加强劳动人事争议仲裁工作的通知》(云人社发〔2011〕153号),明确提出了2011年云南省仲裁院建设的任务。2012年7月,云南省人力资源和社会保障厅与中共云南省委机构编制办公室联合下发《关于州市、县区两级仲裁机构实体化建设的通知》(云人社发〔2012〕157号),明确了劳动人事争议仲裁委员会实体化的办事机构统一称为"XX州(市)、县(市、区)劳动人事争议仲裁院",并明确了具体的仲裁院设置方式。2013年4月,

云南省人力资源和社会保障厅与中共云南省委机构编制办公室、云南省财政厅联合下发了《关于转发加强劳动人事争议处理效能建设意见的通知》(云人社发〔2013〕66号),明确提出了2013年和2014年仲裁院建设任务的工作目标。2012年11月,云南省人力资源和社会保障厅在昆明召开了全省劳动人事争议仲裁院建设推进会议,安排和部署了推进仲裁院建设的工作任务,推动各州市进一步加大仲裁院建设推进力度。

三、劳动人事争议仲裁院建设的意义

(一)让劳动人事争议仲裁委员会摆脱了尴尬的法律地位

劳动人事争议仲裁委员会作为处理争议案件的法定机构,长期以来一直处于没有专门机构和专门人员的尴尬境地,从法律上也难以对其进行准确定位。实践中常见的误解仲裁委员会的观点为:仲裁委员会是议事协调机构。所谓议事协调机构,"是指为了完成某项特殊性或临时性任务而设立的跨部门的协调机构"①,作为议事协调机构,是为了完成某项单靠一个部门难以独立完成的工作,需要协调统筹多个部门的力量,涉及多个部门职责时而设立。议事协调机构议定的事项,由有关的部门按照各自的工作职责分别负责办理。劳动人事争议仲裁委员会尽管是由多方组成,但处理案件是以仲裁委员会自己的名义进行,并不以组成任何一方的名义,也不会将案件处理的工作职责分解到各个组成部门。而且从法律规定来看,议事协调机构如农民工工作领导小组之类的机构从未出现在相关法律法规规定中,并没有法定授权和法定职责,而劳动人事争议仲裁委员会则是有《劳动争议调解仲裁法》的明确授权,具有法定职责和职权的机构,并不属于议事协调机构。实践中之所以将劳动人事争议仲裁委员会误解为议事协调机构,就是因为劳动人事争议仲裁委员会长期以来只是一个虚设机构,没有自己的专门编制和人员。

---

① 百度百科,http://baike.baidu.com/view/3258454.htm。最后访问时间2013年8月20日。

第八章 强化调解仲裁，化解劳资纠纷

因此，作为劳动人事争议仲裁委员会办事机构的仲裁院得以成立，解决了仲裁委员会一直存在的法律定位难的尴尬境况。

（二）有效化解了"案多人少"的矛盾

劳动人事争议仲裁院成立后，有了专门的编制数和专门的工作人员，不但从数量上增加了工作人员，而且从承担的工作职责来看，劳动人事争议仲裁院工作人员不再承担人力资源社会保障行政部门的其他工作职责，只负责专门处理劳动人事争议，从人员数量和工作精力上都更加有利于处理争议，这就大大缓解了"案多人少"的矛盾。

（三）有利于稳定劳动人事争议仲裁员队伍

劳动人事争议仲裁院成立前，处理劳动人事争议的为劳动、人事行政部门的工作人员，其在处理劳动人事争议的同时，还兼任了信访、劳动关系、劳动监察、工伤认定甚至是社保基金监督等工作职责。行政工作人员兼任仲裁员不但难以从时间上确保及时处理争议，还由于行政工作人员身处劳动、人事行政部门，受行政机关内部轮岗、交流、提拔、调动等工作关系变动等因素的影响，仲裁员队伍稳定性难以得到保证。再加之劳动人事争议处理工作在实践中难以成为所在行政部门的核心处室，工作未受到足够重视，导致仲裁工作条件难以得到有效保证，仲裁工作人员的职业前景空间不大，不但难以吸收新鲜血液，既有的仲裁员也难以留住，仲裁员队伍缺乏稳定性。

劳动人事争议仲裁工作的特殊性要求仲裁员不仅要具备基本的法律知识，更需要熟悉掌握劳动人事管理方面的法律法规和政策，这就需要了解掌握人力资源社会保障部门内部的大部分业务，和机关内部各业务处室都要有较强工作联系。劳动人事争议仲裁院成立后，大多数是新招用人员，尤其是刚毕业的大学生，从年龄和学历上都具有较强的可塑性，对于仲裁员队伍的建设具有较强积极性和建设性，有利于培养其对职业的使命感和崇高感，提高其职业忠诚度。而且从现有劳动人事争议仲裁院成立的现状来看，绝大多数劳动人事争议仲裁院都是事业单位，工作人员的事业编制在一定程度上制约着其向行政机关的流动。

加强和创新社会管理的法律问题研究

(四) 有利于提升劳动人事争议案件的处理效能

仲裁员的年轻化、专业化,为提升争议案件处理效能提供了客观可能。仲裁员学历基本为本科,多数具有法律专业知识背景,通过司法考试的越来越多,这些都成为仲裁员专业化、职业化的坚实基础。仲裁员的专业化、职业化,从专业素养上确保了案件处理效能;仲裁员队伍的稳定,从工作连续性上确保了案件处理效能的连续性。此外,仲裁院的建设,为争议案件处理提供了基本平台;仲裁院成立后的基础设施建设,如加强办案场所建设,加大经费保障力度,建立健全规章制度,完善送达措施等,都为案件处理提供了强有力保障,切实提高了争议案件处理效能。

第三节 劳动人事争议调解仲裁工作机制创新

一、调解和仲裁、诉讼相衔接机制的创新

(一) 劳动争议调解原则得以逐步确立

《国营企业劳动争议处理暂行规定》第五条对企业内部调解的争议范围作了区分,将开除、除名、辞退违纪职工发生的劳动争议排除在调解范围外。第五条规定:"因履行劳动合同发生的争议,当事人可以向企业劳动争议调解委员会(或者调解小组,以下统称调解委员会)申请调解,也可以直接向当地劳动争议仲裁委员会(以下简称仲裁委员会)申请仲裁。因开除、除名、辞退违纪职工发生的劳动争议,当事人应当直接向当地仲裁委员会申请仲裁。"

《企业劳动争议处理条例》和《劳动争议调解仲裁法》均明确了所有劳动争议均可进行调解,不愿调解或者调解成的可以申请仲裁。这就正式确立了劳动争议的调解原则,并以此衔接了劳动争议调解和仲裁的关系。如《劳动争议调解仲裁法》第五条规定:"发生劳动争议,当事

人不愿协商、协商不成或者达成和解协议后不履行的，可以向调解组织申请调解；不愿调解、调解不成或者达成调解协议后不履行的，可以向劳动争议仲裁委员会申请仲裁；对仲裁裁决不服的，除本法另有规定的外，可以向人民法院提起诉讼。"

（二）探索委托调解组织先行调解模式

《人力资源和社会保障部、司法部、中华全国总工会、中国企业联合会/中国企业家协会关于加强劳动人事争议调解工作的意见》（人社部发〔2009〕124号）规定："对未经调解组织调解，当事人直接申请仲裁的劳动争议案件，仲裁委员会可向当事人发出调解建议书，引导其在乡镇、街道、企业以及人民调解委员会等调解组织进行调解，就近就地解决争议。仲裁委员会认为可以委托调解组织调解的劳动人事争议案件，经当事人同意，可以委托调解组织进行调解。"云南省各地积极探索委托调解模式，即在仲裁或诉讼阶段委托调解组织进行调解，力争将争议案件通过调解协商这一柔性方式予以化解。《昆明市中级人民法院、昆明市总工会、昆明市劳动和社会保障局、昆明企业联合会/昆明企业家协会关于劳动争议调解协调工作的实施意见》（昆中法〔2008〕62号）第四条第一款规定："下列劳动争议案件起诉到人民法院后，应当委托同级工会或劳动争议调解委员会先行调解：（一）群体性劳动争议案件；（二）当地有重大影响的或者疑难复杂的劳动争议案件；（三）涉及政策性较强的劳动争议案件；（四）其他适合调解的劳动争议案件。"

（三）赋予调解协议书法律效力

调解协议书由于并非法定法律文书，依靠双方当事人自觉履行，一直以来都没有法律强制执行力。由于其缺乏法律约束力，在一定程度上影响了调解组织工作积极性，影响了调解工作的开展。因此，法律及相关司法解释对调解协议书进行了创新性规定。

一是赋予调解协议书可申请支付令的法律效力。《劳动争议调解仲裁法》第十六条规定："因支付拖欠劳动报酬、工伤医疗费、经济补偿或者赔偿金事项达成调解协议，用人单位在协议约定期限内不履行的，劳动者可以持调解协议书依法向人民法院申请支付令。人民法院应当依法发出支付令。"《最高人民法院关于审理劳动争议案件适用法律若干问题的解释（三）》第十七条规定："劳动者依据劳动合同法第三十条第二款和调解仲裁法第十六条规定向人民法院申请支付令，符合民事诉讼法第十七章督促程序规定的，人民法院应予受理。"

二是赋予劳动者可依据调解协议直接起诉的权利。《最高人民法院关于审理劳动争议案件适用法律若干问题的解释（三）》第十七条规定："依据调解仲裁法第十六条规定申请支付令被人民法院裁定终结督促程序后，劳动者依据调解协议直接向人民法院提起诉讼的，人民法院应予受理。"《最高人民法院关于审理劳动争议案件适用法律若干问题的解释（二）》第十七条第二款规定："当事人在劳动争议调解委员会主持下仅就劳动报酬争议达成调解协议，用人单位不履行调解协议确定的给付义务，劳动者直接向人民法院起诉的，人民法院可以按照普通民事纠纷受理。"

三是赋予调解协议可作为证据的效力。《最高人民法院关于审理劳动争议案件适用法律若干问题的解释（二）》第十七条第一款规定："当事人在劳动争议调解委员会主持下达成的具有劳动权利义务内容的调解协议，具有劳动合同的约束力，可以作为人民法院裁判的根据。"《昆明市中级人民法院、昆明市总工会、昆明市劳动和社会保障局、昆明企业联合会/昆明企业家协会关于劳动争议调解协调工作的实施意见》（昆中法〔2008〕62号）第五条第四款规定："仲裁前和诉讼前经工会或劳动争议调解委员会调解达成调解协议后，一方当事人反悔的，劳动仲裁机构或人民法院经审查，调解协议是双方当事人真实意思表示，且不违反法律规定的，应当确认调解协议的效力。"

四是赋予调解协议可申请置换为调解书的权利。《最高人民法院关于审理劳动争议案件适用法律若干问题的解释（四）》第四条规定："当事人在人民调解委员会主持下仅就给付义务达成的调解协议，双方认为有必要的，可以共同向人民调解委员会所在地的基层人民法院申请司法确认。"《人力资源和社会保障部、司法部、中华全国总工会、中国企业联合会/中国企业家协会关于加强劳动人事争议调解工作的意见》(人社部发〔2009〕124号)规定:"对当事人双方提出的确认调解协议的申请,仲裁委员会应及时受理,对合法的调解协议,可以出具仲裁调解书。"《昆明市中级人民法院、昆明市总工会、昆明市劳动和社会保障局、昆明企业联合会/昆明企业家协会关于劳动争议调解协调工作的实施意见》(昆中法〔2008〕62号)第五条第二款规定:"经劳动仲裁机构或人民法院委托调解,劳动争议各方当事人在工会或劳动争议调解委员会调解下达成调解协议的,劳动仲裁机构或人民法院经审查后,应当予以确认,并及时制作、送达调解书。"

二、仲裁受案和行政部门职责衔接模式的创新

对于行政部门处理的案件是否属于仲裁受案范围的问题,曾经有观点认为,属于行政部门查处的案件,仲裁委员会不再受理。如《云南省失业保险条例》第三十八条规定:"用人单位不依法参加失业保险、不按规定出具解除或者终止劳动、人事关系证明、不向职工公布失业保险费缴纳情况的,由劳动保障行政部门责令限期改正;逾期不改正的,对直接负责的主管人员和其他直接责任人员处以1000元以上5000元以下的罚款,对单位处以2000元以上2万元以下的罚款。用人单位向失业保险机构瞒报工资额或者职工人数的,由劳动保障行政部门责令改正,并对单位处瞒报工资总额1倍以上3倍以下的罚款。用人单位因前款规定情形,造成失业人员未能享受失业保险待遇的,由劳动保障行政部门责令用人单位按照失业人员应当领取的失业保险金给予其一次性经济赔偿。"劳动者因用人单位未参加失业保险而申请仲裁,要求用人单位赔偿失业保险金时,部分仲裁委员会以责令用人单位赔偿失业保险金属于行政部门职责为由,往往不予受理。

为积极创新社会管理模式,切实维护劳动者合法权益,部分地方仲裁委员会积极调整受案范围。昆明市劳动人事争议仲裁委员会办公室

2013年8月1日发布了《关于研讨各级仲裁办案机构如何处理因社会保险引发的劳动争议案》的会议纪要,第七条规定:"用人单位未为劳动者缴纳失业保险费、工伤保险费或生育保险费,导致劳动者无法享受相应社会保险待遇,致劳动者具体明确损失,劳动者以此为由要求用人单位赔偿损失的,各级仲裁委(院)应予以支持。"

三、仲裁受案和法院受案衔接模式的创新

数年前,各地人民法院陆续开始不予受理补缴社会保险费案件,尤其是《最高人民法院关于审理劳动争议案件适用法律若干问题的解释(三)》(法释〔2010〕12号)第一条规定:"劳动者以用人单位未为其办理社会保险手续,且社会保险经办机构不能补办导致其无法享受社会保险待遇为由,要求用人单位赔偿损失而发生争议的,人民法院应予受理。"之后,人民法院一律不再受理要求补缴社会保险费案件。人民法院将补缴社会保险费案件拒之门外,所带来的直接后果就是,仲裁机构处理补缴社会保险费案件面临难以和诉讼顺利衔接的难题:仲裁机构作出裁决后,劳动者或者用人单位起诉到人民法院不被受理,难以进入一裁两审程序;即使仲裁机构按照《劳动争议调解仲裁法》第四十七条规定,对补缴社会保险费案件作出一裁终局的裁决书,劳动者持此生效裁决书申请人民法院强制执行,部分人民法院会以缺乏具体执行标的等理由拒绝执行,致使仲裁裁决书面临法律效力难以确定的尴尬局面。裁决书无法得到有效执行的不利局面,往往使劳动者从仲裁申请人演变为上访人(甚至包括部分好不容易从信访渠道引导到法律程序处理的劳动者),从本应进入法律程序,通过法律程序得到妥善解决的案件演化为上访案件,成为社会不稳定因素。

针对裁审不能衔接的实际情况,北京市、上海市仲裁机构为保持和人民法院受案范围和标准的一致性,避免裁审的不顺畅,一律停止受理补缴社会保险费案件,均明确补缴社会保险费属于行政部门职责范围,不属于劳动争议受案范围。如此一来,尽管避免了裁审不衔接,但减少

了劳动者维权渠道，堵塞了劳动者通过仲裁维权的通道，不利于保护劳动者的社会保险权益。与之相比，具有较强积极意义的是，昆明市人力资源和社会保障局 2009 年 12 月 25 日第 4 期会议纪要第二条规定："仲裁机构在作出仲裁裁决时、劳动保障监察机构在作出行政处理文书时，应当针对涉及的各项社会保险应补缴数额分别载明，对不能补缴的失业、工伤、生育保险也应当说明并按相关规定处理。"第三条规定："仲裁机构在作出仲裁裁决前，劳动保障监察机构在下达行政处理文书前，对需载明社会保险补缴数额，可请社会保险经办机构进行核定，社会保险经办机构应当协助核定。如仲裁裁决、行政处理文书作出生效后，用人单位拒不执行，可按照《云南省社会保险费征缴条例》第十八条之规定执行。"昆明市劳动人事争议仲裁委员会办公室 2013 年 8 月 1 日发布了《关于研讨各级仲裁办案机构如何处理因社会保险引发的劳动争议案》的会议纪要，第五条规定："劳动者自己缴纳了城镇职工基本养老保险费或城镇职工基本医疗保险费，各级仲裁委（院）应视情况予以支持。(1) 涉及城镇职工基本养老保险费的，劳动者要求用人单位依法为其补缴城镇职工基本养老保险费（重复缴纳部分，由社保部门依法清还）；(2) 涉及城镇职工基本养老保险费或城镇职工基本医疗保险费的，劳动者要求用人单位依法承担应当缴纳金额，并向劳动者返还该金额。"

此外，对超过法定退休年龄劳动者的社会保险缴费问题，会议纪要第六条规定："劳动者和用人单位的劳动关系一直延续到劳动者已超过法定退休年龄，用人单位一直未为其缴纳城镇职工基本养老保险费或城镇职工基本医疗保险费，劳动者在劳动关系解除或终止后一年内向仲裁委（院）提出申请，要求用人单位补缴劳动关系存续期间的城镇职工基本养老保险费或城镇职工基本医疗保险费，各级仲裁委（院）应予以支持。"

四、劳动人事争议处理工作信息化创新

为适应信息化工作需要，规范办案程序和流程，实现争议案件处

加强和创新社会管理的法律问题研究

和管理的规范化,加快办案速度,提高办案质量,人力资源和社会保障部开发了劳动人事争议调解仲裁办案系统全国统一软件,从案件接待登记、立案登记、立案审批、组庭、案件综合处理、自动生成调解书或裁决书、结案报告等流程均实现了智能化控制,不但严格了程序,还能提醒办案人员是否超过办理时限等。此外,软件还集成了数据统计和数据自动分析等功能,实现了各级仲裁机构上下级之间数据报送的自动化,避免了数据因人为报送的不准确,也节约了填报数据的时间。该软件的另一个亮点是整合了法律法规数据库,可以根据争议案件的诉求,自动关联相应法律法规规定,有助于办案人员快速查找适用相应规定,既节约了办案时间,又避免了适用法律法规可能出现的偏差。

五、确立了劳动争议仲裁不收费制度

《国营企业劳动争议处理暂行规定》第二十七条规定:"仲裁委员会进行仲裁,应当收取仲裁费。仲裁费的收取标准由劳动人事部会同国务院有关部门另行制定。"《企业劳动争议处理条例》第三十四条也继续规定了缴纳仲裁费:"劳动争议当事人申请仲裁,应当按照国家有关规定交纳仲裁费。仲裁费包括案件受理费和处理费。收费的标准和办法由国务院劳动行政主管部门会同国务院财政行政主管部门和国务院物价行政主管部门规定。"实践中各地劳动争议仲裁委员会收取仲裁费的标准不一,多至几百元,少至几十元。

《中华人民共和国劳动争议调解仲裁法》第五十三条规定:"劳动争议仲裁不收费。劳动争议仲裁委员会的经费由财政予以保障。"《云南省贯彻〈中华人民共和国劳动争议调解仲裁法〉实施办法》第二十三条规定:"劳动争议仲裁不收费。劳动争议仲裁委员会的经费由同级财政列入预算,予以保障;各州(市)、县(市、区)劳动争议仲裁委员会所设办事机构经费由各地根据当地实际情况自行确定。"仲裁不收费制度的确立,避免了劳动者因收费制度而被拒之于仲裁门外,有利于劳动者维权。

六、劳动人事争议仲裁员队伍建设机制健全

（一）仲裁员任职资格法定标准得以确立

1993年11月5日原劳动部颁布《劳动争议仲裁委员会组织规则》第十六条明确，仲裁员应具备的基本条件是："（一）拥护党的路线、方针、政策，坚持四项基本原则；（二）坚持原则，秉公执法，作风正派，勤政廉洁；（三）具有一定的法律、劳动业务知识及分析、解决问题和独立办案的工作能力；（四）从事劳动争议处理工作三年以上或从事与劳动争议处理工作有关的（劳动、人事、工会、法律等）工作五年以上，并经过专业培训；（五）具有高中以上文化程度，身体健康，能坚持正常工作。"随着社会经济的发展以及国民学历素质的提高，尤其是在我国《法官法》、《律师法》要求任职需通过司法考试、取得法律职业资格证后，仲裁员的任职条件与之相比差距较大。

《劳动争议调解仲裁法》第二十条对仲裁员任职条件进行了严格规定："仲裁员应当公道正派并符合下列条件之一：（一）曾任审判员的；（二）从事法律研究、教学工作并具有中级以上职称的；（三）具有法律知识、从事人力资源管理或者工会等专业工作满五年的；（四）律师执业满三年的。"法律对仲裁员资格的要求大大提升，为仲裁员队伍建设和素质提升奠定了坚实基础。

（二）仲裁员资格考试门槛逐步得以提高

原有的仲裁员资格考试，受限于仲裁员均来自于行政机关的现实因素，其准入资格考试基本限于内部考试，行政部门内部组织进行培训，内部人员出题，内部人员改卷，没有形成制度化、规范化，一定程度上难以保证仲裁员业务素质的有效提升。此外，尽管也吸收了部分兼职仲裁员，但兼职仲裁员多来自于仲裁委员会组成的其他部门，由于缺乏足够外部人员参加，其资格考试缺乏足够的公开性和透明度，不利于仲裁员整体素质的提升，也不利于社会的认可。云南省在仲裁员培训和资格考试中，开始借鉴司法考试，引入司法考试试题模型，确保逐步提高仲

裁员业务水平。在仲裁院建设中，督促各地尽快组建仲裁院，在积极鼓励专职仲裁员提升专业化水平的同时，要求各地在新进仲裁员把关时注重法律专业，原则上招用法律科班毕业的人员。截至2013年8月，云南省各级仲裁院工作人员中，通过国家司法考试人员的比例已占到7%，与之前仅有个别人员相比前进了一大步。

（三）兼职仲裁员的参与度得到提高

兼职仲裁员的参与率一直较低。按照《企业劳动争议处理条例》和《劳动争议调解仲裁法》的规定，仲裁委员会可以聘请专家学者和律师等为兼职仲裁员。但实践中受限于三个主要因素：其一，兼职仲裁员难以从自身繁重的本职工作中抽身出来，难以保证在确定的开庭时间参加庭审，难以保证有足够的时间参与处理争议案件。其二，劳动争议案件的标的基本都不大，没有经济效益，仲裁又不收费，行政经费难以得到充足保障，兼职仲裁员难以享受到如商事仲裁中的仲裁员待遇，自然缺乏足够的参与热情。其三，劳动争议大多实行"一裁两审"，仲裁缺乏终局效力，在很大程度上影响了兼职仲裁员参与仲裁工作的职业信心。

为切实提高兼职仲裁员的参与度，云南省积极创新工作机制：一方面通过建立兼职仲裁员办案补助制度，解决兼职仲裁员参与办案的实际困难，激发兼职仲裁员参与办案的热情度。如2012年人力资源和社会保障部、中央机构编制委员会办公室、财政部三部委联发《关于加强劳动人事争议处理效能建设的意见》（人社部发〔2012〕13号）明确要求："有条件的地区，应逐步提高专、兼职仲裁员办案补助标准。"2013年4月，云南省人力资源和社会保障厅与中共云南省委机构编制办公室、云南省财政厅联合下发了《关于转发加强劳动人事争议处理效能建设意见的通知》（云人社发〔2013〕66号），明确提出："要加快建立专、兼职仲裁仲裁员办案补助制度，具体标准由各地确定；有条件的地区，要逐步提高补助标准。"另一方面鼓励各地探索实施派驻仲裁员制度。《劳动人事争议仲裁组织规则》第十一条规定："仲裁委员会组成单位可以派兼职仲裁员常驻办事机构，参与争议调解仲裁活动。"这一规定为扩大兼职仲裁员队伍提供了制度空间和操作平台,可以由仲裁委员会组成各方轮流派驻仲裁员,进行定期轮换,可以让仲裁委员会真正回归"三方原则",同时可以保证派出人员的专业性和公正性。

此外,云南省还积极探索通过各种形式补充仲裁辅助人员,原则上按照1∶1.5的比例配备书记员,通过聘用制或公益性岗位等形式,逐步推行合同制书记员制度。

第四节　劳动人事争议案件处理机制创新

一、劳动人事争议仲裁受案范围逐步扩大

(一) 仲裁受理案件的类型逐步增多

《国营企业劳动争议处理暂行规定》的受案范围为:国营企业行政与职工之间因履行劳动合同,因开除、除名、辞退违纪职工发生的争议,范围较窄,类似于人事争议的受案范围。《企业劳动争议处理条例》在原有受案范围基础上增加了因职工辞职、自动离职,因执行国家有关工资、保险、福利、培训、劳动保护的规定发生的争议。《劳动法》在此基础上增加了因履行集体合同发生的争议。《劳动争议调解仲裁法》又增加了因确认劳动关系,订立、变更、解除和终止劳动合同,离职,工作时间、休息休假、工伤医疗费、经济补偿或者赔偿金等发生的争议(当然,很多争议在规定颁布之前事实上已进入仲裁程序处理)。争议受理案件类型的逐步扩大,基本涵盖了劳动关系的方方面面

(二) 涉及用人单位主体的范围逐步扩大

《国营企业劳动争议处理暂行规定》的主体仅限于国营企业,《企业劳动争议处理条例》从国营企业扩大到所有企业,《劳动法》进一步扩大到用人单位,包括企业、国家机关、事业单位、社会团体,《劳动争议调解仲裁法》与《劳动合同法》一致,继续扩大到民办非企业单位,

如基金会、律师事务所、会计师事务所等。

(三) 涉及劳动者主体的范围逐步扩大

劳动者主体范围主要是随着用人单位主体范围扩大而扩大，在用人单位主体范围扩大的同时，与其有用工关系的劳动者自然也就纳入调整范围。此外，劳动者主体范围更具有亮点的是逐步突破了法定退休年龄，即不仅局限于未达到法定退休年龄的才作为劳动者，超过法定退休年龄的仍然可以作为劳动者。如《劳动合同法》第四十四条第（二）项规定了劳动合同终止的法定情形之一为，劳动者开始依法享受基本养老保险待遇的，第一次突破了法定退休年龄这一固有条件。《最高人民法院行政审判庭关于超过法定退休年龄的进城务工农民因工伤亡的，应否适用〈工伤保险条例〉请示的答复》（（2010）行他字第10号）规定："用人单位聘用的超过法定退休年龄的务工农民，在工作时间内、因工作原因伤亡的，应当适用《工伤保险条例》的有关规定进行工伤认定。"认定工伤的前提是存在劳动关系，这就意味着法院也认可超过法定退休年龄的仍然可以建立劳动关系，仍然可以作为劳动者。

(四) 涉及当事人外延的范围扩大

为切实保护劳动者和用人单位合法权益，相关法律法规对劳动争议当事人的范围作了详尽明确的规定。如《劳动争议调解仲裁法》第二十二条除了继承此前关于"发生劳动争议的劳动者和用人单位为劳动争议仲裁案件的双方当事人"这一规定外，进一步明确"劳务派遣单位或者用工单位与劳动者发生劳动争议的，劳务派遣单位和用工单位为共同当事人"。第二十三条规定："与劳动争议案件的处理结果有利害关系的第三人，可以申请参加仲裁活动或者由劳动争议仲裁委员会通知其参加仲裁活动。"《劳动人事争议仲裁办案规则》第八条规定："发生争议的用人单位被吊销营业执照、责令关闭、撤销以及用人单位决定提前解散、歇业，不能承担相关责任的，依法将其出资人、开办单位或主管部门作为共同当事人。"第九条规定："劳动者与个人承包经营者发生争议，依法向仲裁委员会申请仲裁的，应当将发包的组织和个人承包经营者作为当事人。"

(五)争议案件的仲裁管辖标准更便利劳动者

《企业劳动争议处理条例》在明确了劳动争议属地管辖的基础上,第十八条规定:"发生劳动争议的企业与职工不在同一个仲裁委员会管辖地区的,由职工当事人工资关系所在地的仲裁委员会处理。"

《劳动争议调解仲裁法》第二十一条第二款在明确属地管辖原则的基础上规定:"劳动争议由劳动合同履行地或者用人单位所在地的劳动争议仲裁委员会管辖。双方当事人分别向劳动合同履行地和用人单位所在地的劳动争议仲裁委员会申请仲裁的,由劳动合同履行地的劳动争议仲裁委员会管辖。"这一规定赋予劳动合同履行地和用人单位所在地的仲裁委员会均有管辖权,并允许劳动者可以自由选择管辖地,极大地方便了劳动者维权,尤其是在用人单位异地开展生产经营活动时,如果劳动者仍然要到用人单位所在地或者工资关系所在地申请仲裁,势必会加大劳动者维权的成本,不利于劳动者及时、便捷维权。《劳动人事争议仲裁办案规则》第十二条规定,劳动合同履行地为劳动者实际工作场所地,用人单位所在地为用人单位注册、登记地。用人单位未经注册、登记的,其出资人、开办单位或主管部门所在地为用人单位所在地。

二、仲裁时效的放宽和处理时限的缩短

(一)放宽仲裁时效

一是延长仲裁时效期间和明确界定时效起算点。《国营企业劳动争议处理暂行规定》将仲裁时效规定为两类,其时效期间和起算点均不一样:因履行劳动合同发生的劳动争议,当事人应当从争议发生之日起六十日内,或者从调解不成之日起三十日内,向仲裁委员会提出;因开除、除名、辞退违纪职工发生的劳动争议,当事人应当自企业公布处理决定之日起十五日内向当地仲裁委员会提出。

《企业劳动争议处理条例》和《劳动法》没有再根据不同劳动争议来规定仲裁时效,但关于仲裁时效期间和时效起点均不一样:《企业劳

动争议处理条例》规定时效为六个月,《劳动法》规定时效为六十日;《企业劳动争议处理条例》规定时效起算点为知道或者应当知道其权利被侵害之日,《劳动法》规定时效起算点为劳动争议发生之日。

《劳动争议调解仲裁法》对此又作出了不同规定:劳动争议申请仲裁的时效期间为一年。仲裁时效期间从当事人知道或者应当知道其权利被侵害之日起计算。

二是明确规定了仲裁时效的中止、中断情形。《企业劳动争议处理条例》仅笼统规定了仲裁时效的中止、中断:当事人因不可抗力或者有其他正当理由超过前款规定的申请仲裁时效的,仲裁委员会应当受理。《劳动争议调解仲裁法》第二十七条详尽地规定了仲裁时效的中止、中断,更有利于保护劳动者合法权益:(1)因当事人一方向对方当事人主张权利,或者向有关部门请求权利救济,或者对方当事人同意履行义务而中断。从中断时起,仲裁时效期间重新计算。(2)因不可抗力或者有其他正当理由,当事人不能在仲裁时效期间申请仲裁的,仲裁时效中止。从中止时效的原因消除之日起,仲裁时效期间继续计算。《劳动人事争议仲裁办案规则》第十条规定:在争议申请仲裁的时效期间内,有下列情形之一的,仲裁时效中断;从中断时起,仲裁时效期间重新计算:(1)一方当事人通过协商、申请调解等方式向对方当事人主张权利的;(2)一方当事人通过向有关部门投诉,向仲裁委员会申请仲裁,向人民法院起诉或者申请支付令等方式请求权利救济的;(3)对方当事人同意履行义务的。第十一条 因不可抗力,或者有无民事行为能力或者限制民事行为能力劳动者的法定代理人未确定等其他正当理由,当事人不能在规定的仲裁时效期间申请仲裁的,仲裁时效中止。从中止时效的原因消除之日起,仲裁时效期间继续计算。

三是规定了特殊仲裁时效。《劳动争议调解仲裁法》第二十七条明确规定,劳动关系存续期间因拖欠劳动报酬发生争议的,劳动者申请仲裁不受一年仲裁时效期间的限制;但是,劳动关系终止的,应当自劳动关系终止之日起一年内提出。

四是明确列举了几类争议的时效起算点。《最高人民法院关于审理劳动争议案件适用法律若干问题的解释（二）》第一条规定，人民法院审理劳动争议案件，对下列情形，视为劳动法第八十二条规定的"劳动争议发生之日"：（1）在劳动关系存续期间产生的支付工资争议，用人单位能够证明已经书面通知劳动者拒付工资的，书面通知送达之日为劳动争议发生之日。用人单位不能证明的，劳动者主张权利之日为劳动争议发生之日。（2）因解除或者终止劳动关系产生的争议，用人单位不能证明劳动者收到解除或者终止劳动关系书面通知时间的，劳动者主张权利之日为劳动争议发生之日。（3）劳动关系解除或者终止后产生的支付工资、经济补偿金、福利待遇等争议，劳动者能够证明用人单位承诺支付的时间为解除或者终止劳动关系后的具体日期的，用人单位承诺支付之日为劳动争议发生之日。劳动者不能证明的，解除或者终止劳动关系之日为劳动争议发生之日。

（二）处理时限缩短

《国营企业劳动争议处理暂行规定》和《劳动法》都规定了处理时限为六十日。《企业劳动争议处理条例》除了规定六十日时限外，还规定在案情复杂时可以延长时限三十日。《劳动争议调解仲裁法》第四十三条规定了四十五日时限，最长可以延长十五日。处理时限的缩短，以便更加快捷处理劳动争议，更加有利于保护劳动者合法权益。

三、举证责任分配更合理

无论是《国营企业劳动争议处理暂行规定》，还是《劳动法》，此前都没有规定举证责任的分配，仅在法院《司法解释（一）》第十三条规定了由用人单位举证。

《劳动争议调解仲裁法》在确立了谁主张谁举证原则之外，还确立举证责任倒置原则。第六条规定："发生劳动争议，当事人对自己提出的主张，有责任提供证据。与争议事项有关的证据属于用人单位掌握管理的，用人单位应当提供；用人单位不提供的，应当承担不利后果。"

四、部分案件实行有条件的一裁终局制度得以确立

《企业劳动争议处理条例》第三十条规定,当事人对仲裁裁决不服的,自收到裁决书之日起十五日内,可以向人民法院起诉;期满不起诉的,裁决书即发生法律效力。《劳动法》第八十三条规定,劳动争议当事人对仲裁裁决不服的,可以自收到仲裁裁决书之日起十五日内向人民法院提起诉讼。一方当事人在法定期限内不起诉又不履行仲裁裁决的,另一方当事人可以申请人民法院强制执行。

仲裁程序之后还有法院一审和二审诉讼程序,一裁两审的争议处理体制设计,导致劳动人事争议案件只要有一方起诉到人民法院,仲裁裁决书不发生法律效力,没有任何约束力,仲裁阶段的工作和努力不起任何实质性作用,甚至对于法院审案的参考作用也没有,因为《最高人民法院对劳动部〈关于人民法院审理劳动争议案件几个问题的函〉的答复》(法〔经〕函〔1989〕53号)(尽管已被最高人民法院于2013年1月14日发布的《最高人民法院关于废止1980年1月1日至1997年6月30日期间发布的部分司法解释和司法解释性质文件(第九批)的决定》明文废止,但实践中仍然按此标准操作)明确了法院不对仲裁裁决书进行维持或撤销。而作为处理双方存在争议的角度,除了双方都协商一致同意的调解结案外,必然存在某一方甚至双方都不满意的情况,都可以直接向法院起诉,从而导致仲裁裁决无效。仲裁程序的虚化直接损害了仲裁本应有的定纷止争的功能,大幅度降低了仲裁裁决的权威性;基于有法院诉讼途径提供救济渠道和仲裁作用不大的想法,一定程度上降低了仲裁员办案的责任心,敷衍塞责的态度也就容易产生,这又会导致仲裁裁决权威性的进一步降低,由此形成恶性循环。

正是基于这一弊端的考量,《劳动争议调解仲裁法》确立了部分案件实行有条件的一裁终局制度。第四十七条规定,一裁终局案件的范围为:"(一)追索劳动报酬、工伤医疗费、经济补偿或者赔偿金,不超过当地月最低工资标准十二个月金额的争议;(二)因执行国家的劳动标

准在工作时间、休息休假、社会保险等方面发生的争议。"上述两类案件产生一裁终局效力的条件为：劳动者没有根据《劳动争议调解仲裁法》第四十八条规定向人民法院提起诉讼，且用人单位也没有根据《劳动争议调解仲裁法》第四十九条规定向中级人民法院申请撤销裁决（或者其申请没有被中级人民法院支持）。

一裁终局制度确立的意义在于：简化了劳动争议原有的一裁两审的冗长程序，节省了劳动者维权的时间成本和人力物力成本，更有利于劳动者维权。

五、先行裁决和先予执行制度的确立

为更加及时保护劳动者合法权益，避免劳动者陷入一裁两审的较长程序，法律规定了先行裁决和先予执行制度，确保劳动者能够第一时间能够将自己的法定权益变现。《劳动争议调解仲裁法》第四十三条规定："仲裁庭裁决劳动争议案件时，其中一部分事实已经清楚，可以就该部分先行裁决。"第四十四条规定，仲裁庭对追索劳动报酬、工伤医疗费、经济补偿或者赔偿金的案件，根据当事人的申请，可以裁决先予执行，移送人民法院执行。同时该条还规定："仲裁庭裁决先予执行的，应当符合下列条件：（一）当事人之间权利义务关系明确；（二）不先予执行将严重影响申请人的生活。劳动者申请先予执行的，可以不提供担保。"

六、赋予劳动者直接起诉权

为避免因仲裁处理时间较长或仲裁机构不作为，影响劳动者及时维权，法律还赋予了劳动者在特殊情况下可直接起诉的权利。

（一）仲裁机构未及时受理的可以直接起诉

《劳动争议调解仲裁法》第二十九条规定："劳动争议仲裁委员会收到仲裁申请之日起五日内，认为符合受理条件的，应当受理，并通知申请人；认为不符合受理条件的，应当书面通知申请人不予受理，并说明理由。对劳动争议仲裁委员会不予受理或者逾期未作出决定的，申请人

可以就该劳动争议事项向人民法院提起诉讼。"

（二）仲裁机构未及时结案的可以直接起诉

《劳动争议调解仲裁法》第四十三条规定："仲裁庭裁决劳动争议案件，应当自劳动争议仲裁委员会受理仲裁申请之日起四十五日内结束。案情复杂需要延期的，经劳动争议仲裁委员会主任批准，可以延期并书面通知当事人，但是延长期限不得超过十五日。逾期未作出仲裁裁决的，当事人可以就该劳动争议事项向人民法院提起诉讼。"

（三）劳动者可持工资欠条直接起诉

《最高人民法院关于审理劳动争议案件适用法律若干问题的解释（二）》第三条规定："劳动者以用人单位的工资欠条为证据直接向人民法院起诉，诉讼请求不涉及劳动关系其他争议的，视为拖欠劳动报酬争议，按照普通民事纠纷受理。"

（四）劳动者可持调解协议书直接起诉

《最高人民法院关于审理劳动争议案件适用法律若干问题的解释（三）》第十七条规定："依据调解仲裁法第十六条规定申请支付令被人民法院裁定终结督促程序后，劳动者依据调解协议直接向人民法院提起诉讼的，人民法院应予受理。"《最高人民法院关于审理劳动争议案件适用法律若干问题的解释（二）》第十七条第二款规定："当事人在劳动争议调解委员会主持下仅就劳动报酬争议达成调解协议，用人单位不履行调解协议确定的给付义务，劳动者直接向人民法院起诉的，人民法院可以按照普通民事纠纷受理。"

七、《社会保险法》确立了基金先行支付制度

在用人单位没有缴纳工伤保险费，工伤职工急需治疗工伤时，往往因用人单位拖延甚至拒绝支付工伤医疗费，导致工伤职工难以得到及时救治而延误治疗，甚至造成悲剧的发生。再加之现行法律确立的一裁两审体制，对于工伤职工，尤其是没有订立劳动合同的工伤职工，要维权所花的时间可能会超过一般人的想象。一个劳动者进入某单位工作，双

第八章 强化调解仲裁，化解劳资纠纷

方没有订立劳动合同，后来劳动者在工作中受伤，用人单位没有依法支付工伤保险待遇，劳动者在没有掌握充足证据证明双方存在劳动关系的情况下，如果要求用人单位依法支付工伤保险待遇，就需要通过下列程序：

第一，确认劳动关系。①劳动者申请仲裁确认劳动关系，最长两个月；②不服向法院起诉，最长几个月；③不服向中院上诉，最长六个月。

第二，认定工伤。①劳动者申请劳动行政部门认定工伤，最长两个月；②对工伤认定结论不服，申请行政复议，最长三个月；③对复议决定不服向法院提起行政诉讼，一般三个月；④对一审判决不服上诉，最长两个月。

第三，劳动能力等级鉴定。①劳动者申请进行劳动能力等级鉴定，最长三个月；②对劳动能力等级鉴定结论不服，向省级劳动能力鉴定委员会申请再次鉴定，最长三个月。

第四，要求用人单位支付工伤保险待遇。①劳动者申请仲裁，最长两个月；②不服向法院起诉，最长九个月；③不服向中院上诉，最长六个月。

如此算来，工伤案件中劳动者要最终得到工伤保险待遇赔偿，在不计入法院强制执行所需的程序和时间的情况下，就可能需要最长十二道程序，需要历时五十个月，需要花四年多时间。这对于已经伤残的职工来说无疑是难以承受的维权代价。

正是基于及时救治工伤职工，确保工伤职工第一时间获得工伤保险待遇，避免工伤职工因陷入冗长的法律维权程序，《社会保险法》确立了工伤保险待遇基金先行支付制度，具体包括：

其一，第四十一条规定："职工所在用人单位未依法缴纳工伤保险费，发生工伤事故的，由用人单位支付工伤保险待遇。用人单位不支付的，从工伤保险基金中先行支付。从工伤保险基金中先行支付的工伤保险待遇应当由用人单位偿还。用人单位不偿还的，社会保险经办机构可

以依照本法第六十三条的规定追偿。"

其二，第四十二条规定："由于第三人的原因造成工伤，第三人不支付工伤医疗费用或者无法确定第三人的，由工伤保险基金先行支付。工伤保险基金先行支付后，有权向第三人追偿。"

人力资源和社会保障部2011年6月29日颁布《社会保险基金先行支付暂行办法》（2011年7月1日起施行）具体规定了基金先行支付的操作程序和步骤，尤其是针对用人单位没有参加工伤保险，职工追索工伤保险待遇遭遇维权难的窘境，第六条细化了法律规定的"用人单位不支付的"情形：即职工被认定为工伤后，有下列情形之一的，职工或者其近亲属可以持工伤认定决定书和有关材料向社会保险经办机构书面申请先行支付工伤保险待遇：（1）用人单位被依法吊销营业执照或者撤销登记、备案的；（2）用人单位拒绝支付全部或者部分费用的；（3）依法经仲裁、诉讼后仍不能获得工伤保险待遇，法院出具中止执行文书的；（4）职工认为用人单位不支付的其他情形。第七条和第八条明确了社会保险经办机构收到工伤职工申请后，在三个工作日内向用人单位发出书面催告通知，如果用人单位在接到通知的五个工作日内未按时足额支付工伤保险待遇的，社会保险经办机构应当先行支付应当由工伤保险基金支付的工伤保险待遇。

八、畅通了劳动争议仲裁绿色通道

（一）建立快立、快调、快审、快结"四快"机制

对涉及农民工的劳动争议案件，建立仲裁快立、快调、快审、快结机制，做到尽量当庭举证、质证、调解和裁决，缩短办案时限，提高结案率。

（二）"两节"期间快速处理农民工劳动报酬案件

自2012年开始，为确保农民工在元旦、春节前领到工资，人力资源和社会保障部、国家发展和改革委员会、公安部、监察部、财政部、住房和城乡建设部、国务院国有资产监督管理委员会、国家工商行政管

第八章　强化调解仲裁，化解劳资纠纷

理总局、中华全国总工会等9部门联合下发文件，明确要求：提高劳动报酬争议调解仲裁效能，限时处理集体劳动报酬争议和小额争议。10人以上的集体劳动报酬争议要当天立案并在7日内结案，其中人均涉案金额1000元以上的案件应由仲裁委员会主任挂牌督办。发挥企业劳动争议调解委员会、乡镇街道劳动就业社会保障服务所设立的调解组织作用，设立法律援助点，为农民工维权提供无偿服务。各省均把预防和解决农民工工资拖欠作为每年元旦春节前一项重要工作摆在突出位置，云南省还明确要求各地严格贯彻"行政问责"四项制度，要求涉及拖欠工资的劳动争议案件在春节前基本结案，切实维护了广大农民工合法的劳动报酬权，有力地维护了社会稳定。

（三）昆明市设立了农民工仲裁庭

为切实保障农民工合法权益，昆明市劳动人事争议仲裁委员会在昆明市总工会设立了派出仲裁庭，专门审理涉及农民工的劳动争议案件。

第五节　劳动人事争议调解工作机制创新

一、劳动人事争议调解组织的创新

（一）企业劳动争议调解委员会组成结构的调整

从1987年《国营企业劳动争议处理暂行规定》到1993年《企业劳动争议处理条例》，再到1995年《劳动法》，均只规定了在企业（用人单位）内部设立劳动争议调解委员会，作为调解劳动争议的组织。对于其组成，均规定了劳动争议调解委员会由职工代表、用人单位代表和工会代表组成。在三方代表中，工会代表来自于工会，职工代表来自于职工，似乎并不矛盾。但按照《工会法》第二条的规定："工会是职工自愿结合的工人阶级的群众组织，中华全国总工会及其各级工会组织代表职工的利益，依法维护职工的合法权益。"这就表明，工会作为一级组

织并没有自己独立的利益诉求,其利益诉求是代表了职工的利益诉求,工会就是职工的代表。既然作为职工的代表,工会就不应当具有独立于职工的第三方身份出现在调解组织中。因此,"三方原则"适用于调解委员会的组成,将工会设置为不同于职工的第三方利益主体,违背了工会的法律地位和性质。正如有学者指出的:"劳动争议调解组织内部所实施的'三方原则'存在逻辑冲突。"①

(二)赋予更多的调解组织以劳动争议调解职能

《企业劳动争议处理条例》和《劳动法》都仅规定了企业(用人单位)劳动争议调解委员会,负责调处企业(用人单位)内部的劳动争议。而调解的本意应在于由第三方主持下帮助争议双方当事人协商一致化解争议,其中第三方的独立地位是调解制度的基本特点,也是调解得以发挥积极作用的基础和前提。但法定的调解组织仅限于企业(用人单位)内部的劳动争议调解委员会,而企业劳动争议调解委员会设立于企业内部,不但组成一方为企业代表,更重要的是调解人员的工资福利待遇由企业发放,调解人员同样也是作为企业职工,调解场所设在企业内部,调解的工作制度和工作环境均受制于企业。由于调解组织的人员、场地、工作制度均来源于作为争议一方当事人的用人单位,调解组织难以保持独立第三方的立场,用人单位内部的劳动争议调解委员会形同虚设,其公信力不足影响了其调解效果。

针对这一弊端,《劳动争议调解仲裁法》不仅规定了企业劳动争议调解仲裁法委员会可以调解劳动争议,还规定了依法设立的基层人民调解组织以及在乡镇、街道设立的具有劳动争议调解职能的组织。云南省人力资源和社会保障厅协调省综治维稳办、省司法厅、省总工会、省企协企联共同下发了《关于加强全省劳动人事争议调解工作的实施意见》,明确规定,企业劳动争议调解委员会主任由分管工会的领导担任,

---

① 郑尚元著:《劳动争议处理程序法的现代化——中国劳动争议处理制度的反思与前瞻》,中国方正出版社 2004 年版,第 66 页。

在工会组织设立办事机构。乡镇（街道）劳动争议调解委员会主任由乡镇（街道）政府分管领导担任，成员由综治维稳、政法、民政、工商、劳动保障服务所（站）、工会、企业代表组织、基层人民调解委员会组成，在劳动保障服务所（站）设立办事机构，同时在个体经济、私营经济比较集中的村和社区设立调解小组，努力做到"小事不出社区，大事不出乡镇（街道）"。此外，还要求事业单位及其主管部门建立人事争议调解委员会，主任由分管人事工作的领导担任，成员由纪检监察部门负责人、人事（组干）部门负责人、综合部门负责人、工会组织负责人、职工代表和法律专家等组成，在同级人事（组干）部门设立办事机构。在乡镇（街道）调解组织建设方面，云南省通过开展乡镇"2113116"工程建设，即为全省每个乡镇（街道）劳动保障站（所）配备两名专职劳动和社会保障工作人员、一间办公室、一间档案室、三台办公设备、一个服务窗口、一辆执法监察车，以及配置包括劳动争议调解、职业介绍、劳务输出、社会保险等六项工作职责，确保了基层调解组织调解劳动争议职责的顺利履行。

云南省还积极探索行业性调解组织建设，云南省人力资源和社会保障厅与省高级人民法院、省人民检察院、省公安厅、省司法厅、省卫生厅联合下发《关于加强行业性、专业性人民调解委员会建设的意见》，从名称规范、队伍建设、经费保障、业务建设等方面进行了明确。在云南省保监局的指导下，云南省保险行业协会于 2012 年 8 月成立了昆明市保险业人民调解委员会，不但调处保险公司与保险消费者之间的争议，还调处保险公司与其员工之间的劳动争议，有效地化解了保险业内的劳动争议。

二、建立健全争议调解预防工作机制

（一）开展调解示范组织建设

云南省推荐昆明钢铁集团有限公司和云南红云红河烟草集团有限公司，作为全国大型国有企业劳动争议调解组织建设示范点，积极开展劳动争议调解组织建设和劳动争议预防工作。此外，还积极开展非公有制企业、商会（协会）调解示范组织建设。

（二）建立健全各项预防机制

云南省各地积极建立预防机制、应急协调机制、联防联动机制、痕迹管理等制度，如昆明市颁布了《昆明市预防和处理集体劳动争议的规定》和《昆明市人民政府关于构建和发展和谐劳动关系的意见》，强化调解工作，建立调解工作应急机制；普洱市成立劳动人事争议调解仲裁工作小组；开远市积极创新QQ群和飞信等调解工作方式，争议案件数降低了50%。

三、调解工作机制创新

云南省各地积极探索调解工作制度和工作模式。昆明市人民政府办公厅以昆政办〔2011〕131号文件印发了《昆明市人民调解工作"以奖代补"的实施意见》，明确规定："通过实施人民调解'以奖代补'，创新工作机制，进一步调动和发挥广大人民调解员工作的积极性和主动性，增强责任心和荣誉感，不断提升调解质量和调解成功率，努力实现'三不出、四下降'的工作目标。"同时要求各县区制定"以奖代补"的具体标准，但原则上不应低于以下标准：人民调解委员会每成功调解一件简易矛盾纠纷，一次性奖励50元；一件普通矛盾纠纷，一次性奖励100元；调解一件疑难矛盾纠纷，一次性奖励300元；调解一件重大矛盾纠纷，一次性奖励500元。"以奖代补"工作机制的实施，也在一定程度上缓解了劳动人事争议处理的压力。富源县构建县乡"两级联动"和"一元引导、多元跟进"的立体化调解机制；西山区健全完善了人民调解、行政调解、司法调解相互衔接的"三位一体"大调解工作体系，形成了一站式劳动纠纷化解格局；盘龙区创建了"爱心调解室"，为当事人双方营造了和谐沟通的环境和氛围，大大提高了辖区内的调解成功率；晋宁县通过加强基层调解组织的建设，逐步形成了"阶梯式"调解工作模式等。

第八章 强化调解仲裁，化解劳资纠纷

第六节 调解仲裁工作制度创新中存在的问题和对策

一、裁审关系对劳动争议处理的影响

由于我国行业协会等民间组织不甚发达，工会还没有发展成为可以独立向资方施压的利益集团，完全依靠民间组织或脱离政府的机构来处理劳动争议的条件远未实现。行政性的劳动争议解决模式比较适应中国目前的国情，因为作为政府代表的人力资源社会保障部门居于核心主导地位，可以利用其行政资源、带有行政色彩调处劳动人事争议，同时又吸收了其他部门而使仲裁工作具有广泛地代表性。此外，基于对行政权的限制和合理使用考量，以及司法最后救济权原则的考虑，将诉讼制度作为劳动人事争议的后续救济渠道，确保了劳动人事争议得到公正处理。但这一裁审模式也带来下列问题：

（一）劳动争议处理标准不一

一是主导思想不一。仲裁工作人员基本都在行政机关，人员的产生由行政机关任命，工作制度来源于行政机关，办公场所设于行政机关，自然受到行政机关工作思路的影响。具体体现在工作思路贴近于行政机关追求社会效应，对劳动关系更多地追求稳定与和谐；法院法官则更多倾向于保护个体尤其是劳动者的合法权益，侧重于保护个体劳动关系。

二是适用法律依据不同。仲裁和诉讼均适用共同的劳动保障法律法规规定，但仲裁还适用行政机关尤其是人力资源社会保障部门内部颁布的规章和其他规范性文件，不同层级行政机关颁布的红头文件都对仲裁工作具有约束力，而这些规章对于法院仅为参考，大量的红头文件对法院连参照作用都没有。此外，法院还受到《民法》、《民事诉讼法》、《合同法》等民事领域法律的影响，甚至是直接适用民事法律规定，从而存在与适用劳动保障法律规定的较大差异。

(二) 延长了劳动争议处理时间

尽管法律确立了"一裁终局"制度，但终局仅针对两类案件，范围较窄，且要实现终局效力还需具备两个条件，即劳动者不起诉，且用人单位没有申请中级人民法院撤销或撤销申请没有得到支持。这导致实践中绝大多数劳动争议仍然要通过一裁两审程序才得以处理。再加之前述的仲裁不收费等因素的影响，用人单位没有违法成本，无形中助长其恶意利用程序，拖延支付劳动者相应费用的主观性。

从一裁两审的三道程序所花时间来看，劳动争议仲裁的审限最长为两个月，法院一审最长九个月，二审最长六个月，一裁两审所花时间可能会长达十七个月，再加上立案受理时间、各环节中间衔接时间，则可能更长。如前所述，在工伤案件中，工伤职工维权需要十二道程序计四年多时间，很大程度上源于工伤职工需要确认劳动关系，单确认劳动关系就需要走完一裁两审程序历时近两年。尽管《工伤保险条例》第十八条要求劳动者提供材料之一为"与用人单位存在劳动关系（包括事实劳动关系）的证明材料"，并没有对未订立书面劳动合同的劳动者要求一律提供劳动合同。《最高人民法院行政审判庭关于劳动行政部门在工伤认定程序中是否具有劳动关系确认权请示的答复》（〔2009〕行他字第12号）规定："根据《劳动法》第九条和《工伤保险条例》第五条、第十八条的规定，劳动行政部门在工伤认定程序中，具有认定受到伤害的职工与企业之间是否存在劳动关系的职权。"但在实践中，工伤认定部门在劳动者没有出示劳动合同，难以用最直观、最简单的劳动合同这一证据形式来证明劳动关系时，往往容易倾向于要求劳动者先去确认劳动关系，而不会根据劳动者提供的其他证据直接核实是否存在劳动关系，从而一定程度上导致劳动者维权程序拉长。

(三) 人为割裂了劳动争议的处理

按照现行裁审法律规定，《劳动争议调解仲裁法》仅规定了对仲裁裁决不服的可以在十五日内向人民法院起诉，或者对于一裁终局的裁决在中级人民法院撤销后向人民法院起诉，但未明确进入法院后如何审理。实践中,甚至包括最高人民法院司法解释明确规定,法院在审理经过仲裁裁决的劳动争议时,并不对裁决内容包括意见进行评判,这就意味着无论仲裁裁决查明了什么事实,作出了何种认定意见,既不对法院处理案件产生影响,同时也不能为法院处理案件提供参考和借鉴。法院对于案件的处理完全是从头开始,另起炉灶。这给当事人至少带来两方面不利影响:其一,仲裁调查阶段双方当事人进行的举证、质证等调查活动,已经查明的案件事实,进入诉讼后还得重复上演,让当事人身心疲惫,一定程度上让仲裁阶段的调查成为了法院调查的预演和彩排;其二,基于前面所分析的适用法律依据不同的因素影响,仲裁和诉讼阶段处理案件标准的不一,导致当事人对仲裁处理标准和诉讼处理标准难以适应,甚至游走于两种标准之间,在仲裁阶段和诉讼阶段分别揣摩各自标准,以图适应不同标准而取得自己利益的最大化。长此以往,仲裁和诉讼两张皮的情况愈演愈烈,人为割裂了劳动争议的处理,导致当事人的诉累。

(四)有条件的一裁终局制度难以确保仲裁的权威性和公信力

《劳动争议调解仲裁法》第四十七条规定了对两类案件的裁决具有终局效力。但第四十八条又赋予了劳动者可以任意向人民法院起诉的权利,只要劳动者起诉,一裁终局制度又回归到一裁两审制度。第四十九条又赋予了用人单位可以向中级人民法院申请撤销,然后可以起诉的权利,只要终局裁决被撤销,一裁终局制度仍然回归到一裁两审制度。从司法权具有最终裁判权和最终救济渠道,具有司法监督作用来看,法院必须拥有有条件撤销仲裁裁决的权力。但是,仲裁制度也应发挥其快捷、高效处理争议案件的优势。但"有条件的一裁终局"在这两条规定的作用下,让"终局"容易成为一种制度摆设,成为难以企及的终局理想。仲裁的权威性和公信力被降低,仲裁难以发挥本应有的截留案件功能,导致仍然有大量案件流入法院诉讼阶段。

"'单轨制'模式在我国劳动争议处理的历史上虽起过积极作用,但时至今日其弊端日益显露,且不利于劳动争议的及时、有效、公正地获得解决。而选择'双轨制'是国际上解决劳动争议的大势所趋。""在程序上实行'两裁终局',即当事人对一裁裁决不服的可以向上级仲裁机构申请复议,其复议裁定为终局裁决,发生法律效力,可以申请法院强制执行。上级仲裁委员会发现下级仲裁委员会的裁决确有错误的,有权直接处理或指定下级仲裁委员会重新处理。而且,劳动争议仲裁委员会具有独立的法律地位,是兼备行政性与司法性的特别机关,因此在程序上也应有别于一般的仲裁,而实行两裁终局。"双轨制的优点比较明显:"它可以减少争议处理环节;节省时间、人力物力;降低成本;争议双方当事人可以根据自己的意志选择仲裁或诉讼,符合意思自治的原则,更可以分流劳动争议案件,减轻仲裁压力。因此,双轨制值得我国借鉴。"①

二、仲裁不收费制度的思考

《中华人民共和国劳动争议调解仲裁法》第五十三条规定:"劳动争议仲裁不收费。"从实践运行情况来看,不收费制度事实上并未真正起到保护劳动者合法权益的作用。按照诉讼费用承担的规则,由败诉者承担诉讼费用,有助于抑制滥诉的冲动,加大违法者的成本。但法律规定仲裁一律不收费,从表面上看是减轻了劳动者的负担,因为劳动者在申请仲裁时不用预交仲裁费。但实际上并不尽然。第一,原有的收费制度是让劳动者预交仲裁费,最终并不一定都由劳动者承担,而是按照败诉者以及败诉比例来承担原则,在劳动争议促裁实践中绝大多数都是用人单位败诉,实际上劳动者承担仲裁费的比例非常低、且对困难的劳动者还可以减免仲裁费。第二,仲裁不收费让用人单位规避了违法成本。仲裁处理劳动争议案件,最终的结果是用人单位承担了当初本应承担的法定义务,既没有罚款的处罚决定,也没有责令支付滞纳金等职权,在用

---

① 杨德敏著:《我国劳动争议处理机制的反思与重构》,江西人民出版社 2006 年版,第 103—104 页。

第八章　强化调解仲裁，化解劳资纠纷

人单位因违法而败诉时，用人单位连仅有的承担仲裁费这一违法成本也不存在。这在一定程度上甚至纵容了用人单位违法，因为在劳动者不申请仲裁时，违法行为可以逃避法律责任，可以减轻用工成本；即使劳动者申请了仲裁，用人单位也并没有因此受损，不会承担额外的成本，只是承担了本应早就承担的法定义务，甚至还因将成本支出的时间延后而得以获益。第三，在一定程度上加大了劳动者维权成本。如前分析，用人单位有故意或者纵容违法的冲动，或者恶意利用程序拖延案件的及时处理，因为用人单位的这些行为都不会有违法成本，还可以拖延支出成本的时间，这就导致劳动者权益容易被侵害，还导致劳动者权益被侵害后不得不走完一裁两审程序。第四，不收费制度会引发滥诉的冲动，耗费本已有限的仲裁资源和司法资源，降低了劳动者合法权益的受保护程度。

"为了保障调解、仲裁、诉讼三个阶段都能'用其所长'，在配套制度上，还应该有一个成本调控的措施，即在制度之间设置一个成本阶梯。费用方面由低到高，行政调解是免费的，仲裁收费较低，法院审理则费用适当提高，即按照规定交纳案件受理费，而对于具有给付内容的劳动争议，应当按照争议标的的适当比例交纳案件受理费。通过经济杠杆引导劳动纠纷优先通过调解、仲裁诉讼等柔性方式解决。"[①]

[①] 董保华主编：《劳动争议处理法律制度研究》，中国劳动社会保障出版社2008版，第50页。

第九章　建立行政调解，化解社会纠纷

第一节　行政调解制度概述

一、行政调解的概念分析

（一）行政调解制度的历史沿革

对于行政调解概念的理解，"调解"必然是首要的理解概念。调解制度古已有之，在我国儒家文化思想中根基深厚。儒家文化以"和为贵"、"让为贤"为中心，在中国的传统社会中成为本土民族思想的一种主流形态。在此思想形成上所形成的社会纠纷解决手段主要依靠双方当事人间所达成的一致约定来建立和维护，于是形成了"调解"。"调解"作为一种社会矛盾的主要解决手段在我国源远流长，时至今日仍在发展和运用，并被赋予"东方经验"的美誉，从古至今，在我国历史各个时期的发展过程中，调解制度对于稳定社会秩序、社会局势及发展社会经济都起到了不可或缺的作用。

在我国古代社会，政府集行政、司法于一体，此时绝大多数的调解表现即为行政调解。因此，对行政调解的历史渊源可追溯至原始社会时期，部落内部成员间的纠纷解决并无统一的标准，一般均由部落首领按照当时的风俗、习惯,通过协商或双方当事人认可的解决方式来进行处理,开启了行政调解的最初形态。西周时期开始,专门设立了调解官员,其职责为"司万民之难而谐合之";秦汉时期,又设立了秩、啬夫和三老,专管道德教化和调解事务;唐代时则设乡正、里正和村正三职专门处理普通民事纠纷或轻微的刑事案件;"元朝、明朝两个朝代受无讼思想的影响,更喜欢采用调解方式解决矛盾纠纷,还设立了专门的调解机构申明亭"[①]。建立里老理讼制度,县、乡之里的里长、里老每当会日即集合里民,对法令规约进行宣讲,同时对一些轻微的刑事案犯,为了对犯罪者进行警戒,会将犯罪者的姓名写在申明亭上,在犯罪者悔过后再去掉;对于涉及婚姻、相邻等民事纠纷,里老也有权在申明亭劝导解决。该制度以对双方的劝导训诫将矛盾和平解决,为社会的安定创造了有力保障,所带来的社会效果不仅得到了清统治者的认同,并使行政调解体制在清朝得到了更加完善和合理的发展,一方面在立法上肯定了行政调解的作用和地位,另一方面又按照所解决纠纷性质的不同对诉讼内调解和诉讼外调解进行了区分,甚至将调解"消弭讼端"作为当时对官员政绩的考评标准之一。

近代以后,辛亥革命时期,曾出现过息讼会;国民党时期,政府也曾制定和颁布过一些关于调解组织的法规和政策,但这两个时期均由于社会原因的影响不仅不能充分发挥行政调解自身所有的积极作用,反而成为统治者用来压迫人民群众的工具。新中国成立后,全国第二届司法会议于1953年召开,这次会议不仅对以往的调解工作经验进行了总结,还将建立和健全人民调解委员会作为一项重要工作在全国城乡中有领导有计划地作为重点来抓。次年2月25日,政务院即公布施行了《人民调解委员会暂行组织通则》,在这份文件中人民调解委员会的性质、职权首次得到了法律的肯定,让行政调解制度开始在改革开放和经济发展

---

① 汪汀:《从中国诉讼调解的历史演变论现代诉讼调解的得与失》,载《法学研究》2008年第2期。

的社会环境中走上了不断完善和发展的道路。

（二）行政调解制度的内涵界定及类型研究

我国理论界对于"行政调解"的研究经历了一个从无至有的过程。以近年来出版的行政法学的教科书作为参照物来看，对于"行政调解"的定位一直以来都是不一致的。人民出版社1993年版出版的《行政行为法》、中国方正出版社1999年版出版的《行政法学新论》和中国政法大学出版社1996年出版的《行政法学》中对于行政调解均无论述；胡建淼主编的《行政法学》（法律出版社1998年版）对行政调解的本质作了论述，认为行政调解只是一种在主体、内容或形式上与行政相关的行为；法律出版社2000年出版由熊文钊所著的《现代行政法原理》中认为行政调解是行政裁判的一种；刘旺洪主编的《行政法学》（南京师范大学出版社2005年版）认为行政调解行为是一种行政管理方式；杨解君主编的《行政法学》（法律出版社2000年版）认为行政调解是一种与行政指导相类似的行政事实行为。从上述教材中的观点不难看出行政调解制度或者没有被纳入行政法律体系，或者不被作为一种限定性制度看待。

2006年10月11日，中国共产党第十六届中央委员会会第六次全体会议召开，会上正式提出了"大调解"的理念，同时由于实务中行政调解事实的存在和日益广泛的应用已经让学界无法回避，大量学者才开始从理论层面和实务层面的不同角度开始了对行政调解的探究。

行政调解制度与人民调解、司法调解共同成为大调解的重要类型之一，是目前世界流行的 ADR 解纷机制中的重要组成，在实践中起着定纷止争、维护安定的作用。但是由于受到传统行政法治理念中"公权不可处分"理念的影响，目前对行政调解制度的内涵界定仍有较大分歧，由于对行政调解制度内涵界定的不同必然导致行政调解理论基础探讨及探究行政调解机制架构产生不同的方向。因此在对行政调解制度的研究中对于行政调解制度的内涵界定成为首要条件。

目前在理论界对于行政调解制度的内涵界定仍有较大分歧，借鉴范

第九章 建立行政调解，化解社会纠纷

愉老师的观点，认为至少涉及以下几个方面：①行政机关在专门性争议解决机制中（包括行政裁决和行政复议）对当事人双方的行政和民事争议所进行的调解；②基层政府所属机构（如派出所、工商局、城管、劳动监察等）在日常行政执法和管理活动中对当事人之间的民间纠纷进行的调解；③行政机关通过信访、行政投诉等机制协调处理各类争议的活动；④在政府的组织或主持下，以（乡镇街道或区县一级）人民调解、消费者协会、行业协会等形式运作的准行政性调解；⑤法院审判组织在行政诉讼中对双方当事人的行政争议进行的调解（行政协调或行政诉讼调解）。① 上述观点基本涵盖了行政调解制度中可能涉及各类主体及纠纷类型，但概而言之，上述内容基本隶属于两种意义上的区分：第一种主要指纠纷产生后，纠纷主体在行政机关的主持下进行调解的行为。第二种则指人民法院在审理行政案件所进行的调解，即行政诉讼调解。针对两种意义上大的区分，第二种区分主要存在于诉讼过程中，更趋同于司法调解，因此，目前对于行政调解的界定，第一种区分更接近于行政调解的实际用途，大多数学者对此均持认同的态度。有的学者甚至将行政调解定义为：由国家行政机关出面主持的，以国家法律和政策为依据，以自愿为原则，通过说服教育等方法，促使双方当事人平等协商、互让互谅，达成协议、消除纠纷的诉讼外活动。② 而此种行政调解的定义无疑是一种广义上的界定，把行政调解的主体定位于国家行政机关，而行政调解所发生的时间明确限定于诉讼之外，严格区别于诉讼中的行政调解。

（三）行政调解制度与其他调解制度的异同

通过上述对行政调解制度的内涵的界定，不难看出对于主体的界定、产生的时间及调解的依据，行政调解制度的概念是一个大而广之的概念，为了更进一步明确行政调解制度，对行政调解和其他调解制度之

---

① 范愉：《行政调解问题刍议》，载《广东社会科学》2008年第6期。
② 崔卓兰：《行政法学》，吉林大学出版社1998年版，第210页。

间的辨析即成为一种必要，借此可以排除实务中行政调解与其他调解制度之间的混淆和模糊。

目前我国主要存在四种调解制度，即人民调解、司法调解、行政调解和大调解，因本文主要是针对行政调解所进行的研究，故在此着重以行政调解和其他几类调解制度进行比较辨析，了解行政调解与其他类型调解制度的异同，从而达到能够更好理解行政调解的目的。

1. 行政调解与人民调解之比较

我国《民事诉讼法》第十六条规定："人民调解委员会是在基层人民政府和基层人民法院的指导下，调解民间纠纷的群众性组织。人民调解委员会依照法律规定，依据自愿原则进行调解。"从该规定不难看出，人民调解主要是指人民调解委员会对纠纷当事人进行劝导教育，促使当事人协商解决纠纷的一种活动。

通过比较人民调解与行政调解不难看出，行政调解与人民调解相比，在权力的来源和作用上是都是相同的，二者的权力均来自于法律的授权，在行为依据上都具有法定性和合法性的特点，且二者的性质都属于诉讼外的调解，同时二者都能起到化解矛盾，解决纠纷的作用。而二者的不同之处首先在于主体不同，并因此而导致各自所承担的义务不同。在行政调解中，行为主体是行政机关及其法律法规授权的组织，该调解行为直接导致的主要是公法上的义务；而人民调解的行为主体主要是民间自治组织和人民调解委员会，故该调解行为所导致的义务更集中于私法领域，如《人民调解委员会组织条例》的法律规定。其次，行政调解和人民调解行为所依据的法律根据和制度设计不同。对于行政调解，其所依据的法律根据和制度设计并不集中，而是散见于诸多的法律、法规、规章和政策之中；而人民调解所依据的法律根据和制度设计却相对集中，主要依据《人民调解法》和《人民调解委员会组织条例》的具体法律规定。第三，二者行使职权的依据也不尽相同，应行政调解而言，进行调解工作时，行政主体并不能从上述依据中找到明确的规定，实务中通常是根据实践和理论进行；但人民调解，由于《人民调解法》和《人民调解工作若干规定》已有明确规定，少数没有规定的也能通过道德标准进行。最后，二者行为的法律效力不同。对于行政调解中达成的调解协议，由于法律对该协议的效力并无明确规定，故实践中争议较大；而对于人民调解中达成的调解协议，《人民调解法》和《人民调解工作若干规定》中已经明确规定该类协议具有合同的效力，若擅自变更或解除，将承担违约责任。2013年1月1日，新《民事诉讼法》正式实施，其中第一百九十四条和第一百九十五条更是明确了人民调解协议的法律效力。

2. 行政调解与司法调解之比较

行政调解和司法调解的主体都具有公权力的性质，但是，司法调解的主体却是特定的，具有唯一性，即只有人民法院有权行使，而行政调解的主体不仅是行政机关还包括法律法规授权的组织，主体多元且不确定。此外，司法调解程序较为严格，主要发生于诉讼过程中；而行政调解如前所述，其所依据的法律法规并不统一，散见于各类法律法规中。同时在启动调解程序时，二者之间的启动方式也大相径庭。对于司法调解，法院可以依职权进行，而行政调解通常只能依当事人的申请进行。就二者所产生的结果而言，司法调解的结果与审判所产生的结果互为彼此，一旦调解权力得以实现，则审判权力就无从实现，而当审判权力得以实现时，则调解权力也无从实现，即二者只能以其一的方式出现，并不能并存；但行政调解能否引起相关的结果，只能视具体情况而定，并无统一特定的情形。

3. 行政调解与大调解之比较

大调解主要指在各级党委和政府领导下将人民调解、行政调解和司法调解有机结合起来的纠纷排查调处方式，该理念提出于2006年10月11日中国共产党第十六届中央委员会第六次全体会议，目的在于把各类矛盾纠纷及时有效地解决，同时在主体上具有多元化和联动性，在行为上做到预防与解决并重。因此其与行政调解之间的关系是包容与被包容的关系，行政调解作为大调解体系中的一部分，其优点被大调解体系

加强和创新社会管理的法律问题研究

所吸收,为建立和谐有序的社会从而建立一种新型纠纷解决机制。

二、行政调解的原则及价值分析

(一) 行政调解的原则

1. 自愿性原则

在行政调解中,行政主体突破具体行政行为中管理与被管理的模式,以组织者、中间人的身份出现在纠纷当事人之间,所进行的调解均以双方当事人意思自治为基础,作为组织者的行政主体不得对双方当事人的意思和行为进行强迫,而行政调解所达成的协议结果,也必须是双方当事人的真实意思表示,任何以欺诈、胁迫或乘人之危方式产生的行政调解协议一律无效。

由于行政调解在适用上更加灵活,程序上不拘于形式,追求实际效果和目的,在结果上,它以不同于判决的、综合案件背景、当事人实际情况、前因后果等复杂多面的因素和条件,经过权衡、抵消和妥协达成的和解或决定为特征。① 因此,在对纠纷的解决上,双方当事人拥有更充分的自主性和能动性,而任何当事人自觉自愿所达成的调解协议在对纠纷解决的彻底性和执行的自觉性上都能起到关键的作用。

然而应当注意的是,行政调解的自愿原则还应当注意此处的自愿仅针对当事人对调解行为的选择和调解过程中对自身权益能调解结果的认可,若过度泛滥当事人的意思,扩大自愿的范围同样有可能损害到他人、集体或国家的利益,如在调解过程中双方当事人所达成的调解协议可能涉及第三者的利益,则该调解协议不应得到确认,否则虽然目前的纠纷得到了解决,却为其他纠纷的产生埋下了隐患,背离了调解的初衷。又如双方当事人同意进行调解,但一方当事人却在他方当事人和行政调解主体做了大量调解工作后自行退出调解,对这种因一方当事人的不诚信行为给他方当事人所造成的损失以及对行政调解资源所造成的浪

---

① 范愉:《非诉讼纠纷解决机制研究》,中国人民大学出版社2000年版,第365页。

第九章 建立行政调解，化解社会纠纷

费也可能导致新矛盾的产生。因此，在实践中有学者曾提出自愿原则的限制性原则，但笔者认为调解自愿原则首先是双方当事人对自己权利的处分，只要是满足不违反法律法规和政策的前提下，并不影响或损害到第三人的合法权益即可进行。

2. 合法性及合理性原则

行政调解的合法性原则要求行政调解必须依法进行，不得违反国家的法律、法规及政策，更不能因当事人之间的自愿而忽视当事人自身的法定权利和义务。行政调解所带来的结果实质上应该是使应当享受权利的当事人的权利得到切实保护，而使应当承担义务的当事人对自身应负的责任切实得到履行，从而使纠纷当事人之间的矛盾从根本上得以化解。因此，行政调解的合法性原则应当包括：①调解的主体必须是法律规定或基于法律授权而产生，不能自行设定；②调解的产生过程必须依据法律进行，坚决摒弃违法调解和非法调解；③对于违反上述两点所达成的行政调解协议，非经法律事后追认，不产生法律效力。

由于调解制度本身所具有的特殊性，对于行政调解的产生虽然要求满足合法性的特点，也不能一味追求合法性，而忽略了合理性的存在，因为行政调解最重要的价值之一是对问题解决的符合实际性，因此在满足合法性要求的同时，还要兼顾与合理性的平衡。

所谓合理性，即要求行政调解活动应当符合社会的伦理道德，合乎情理，并应当建立在正当性的基础之上。首先，在合法性原则的范围内，当事人可以视自身情况进行合理地选择，如将来的生活实际，人情世故、自身的支付能力等。其次，在一些新型纠纷当中，如果在相应的法律规范或者框架并不是很完善的情况下，通过行政调解解决纠纷可以起到社会规范的形成和确认的作用。这既为以后法律的完善奠定基础，也较之判例一次性地确定某个法律原则更具合理性。[①]

由于现实社会中，任何一个纠纷的产生以及发展往往交织着情、

---

① 范愉：《非诉讼纠纷解决机制研究》，中国人民大学出版社2000年版，第371页。

理、法的关系，法律规范自身的僵硬性并不能完全彻底地化解当事人之间的矛盾，作为社会道德的最低要求，法律规范所能提供的仅是一个起码的衡量标准，而一个合情合理合法的调解方案往往要比判决更能起到事半功倍的作用。所以在行政调解中，对合法性与合理性最大限度平衡的追求是其制度设计和规则制定中不可或缺的重要原则。

3. 兼顾公平与效率原则

行政调解的一个重要内容还包括对公平和效率关系的处理。行政调解制度设计的初衷是出于对纠纷解决成本的节约及合理利用社会资源配置出发，可以更迅速、快捷、高效、方便地为当事人解决纠纷，尽可能减少行政管理过程中不必要的浪费并实现社会管理效益的最大化。但是如果片面强调行政调解的效率，那么对当事人之间的公正原则就不能得到起码的保证，而失去了公平可言的调解无论对当事人而言还是就社会而论都失去了存在的意义，试想一个纠纷的当事人是否会愿意以牺牲自己的合法利益为代价来寻求一个高效快捷的了结方式，这样的解决不如不解决。因此，在行政调解过程中，调解行为进行时对于公平与效率应当同时兼顾。虽然自愿原则是行政调解的首要原则，但是按照现行的法律规定，行政调解制度并非解决纠纷的终局性制度或诉讼的前置程序，因此在对纠纷当事人进行调解时既不能为了追求效率而强迫当事人接受调解，也不能为了追求公平而久调不决，否则不仅可能让双方间的矛盾升级，甚至会影响到行政机关在当事人心中中立性的公信力。只有在公平公正的基础上所作出的处理结果，才符合行政调解主体中立性的角色性质和设置行政调解制度的初衷，才能使行政调解制度得到广大群众的信任和支持，使当事人能及时寻求其他解决争议的途径来维护自己的合法权益，在现行社会的发展中找到更为宽广的发展空间。

(二) 行政调解制度的价值分析

由于行政调解制度在创建现代和谐社会进程中所扮演的重要角色，其制度的设计和发展与日新月异的社会发展相互呼应，对于新时期新形势下产生的新问题的解决，行政调解的作用不可或缺，从其对当事人产

第九章 建立行政调解，化解社会纠纷

生的影响、对行政机关自身的发展及对整个社会所产生的作用来分析，不难看出行政调解在有助于将当事人之间的利益最大化的同时也从根本上化解了双方矛盾，在维护社会的稳定和谐的同时也能促使政府主动转变职能，从管理型政府向服务型政府转变；在完成上述两项作用外，行政调解还推动了我国法治建设的进程，诠释了依法行政的具体含义，促成行政调解与人民调解和诉讼调解的有机互动，有效缓解社会矛盾所带来的压力，最终完成促进社会稳定、和谐发展的宏伟目标。

1. 化解社会矛盾，维护安定和谐

如前所述，调解制度是中国传统法律文化的必然产物，受儒家思想影响深远，以"和为贵"的理念为主要思想内涵，将"耻诉"、"厌诉"观念牢牢根植于老百姓心中。而法院的裁判行为因为据以作出裁判的法律自身带有滞后性和僵硬性，不足以应对在不断发展过程中新出现新产生的各种新型矛盾，同时由于法院裁判的解决方式在解决纠纷过程中一般均以非此即彼的形式出现，没有中间渠道的过渡，容易导致当事人之间的关系更加紧张甚至使双方的关系僵化，矛盾升级。此外，由于法院代表国家的审判权，从法的价值方面来看，其比行政机关更倾向于公正的价值取向，从而可能导致对于当事人个体利益的关注低于社会利益，现实中常常出现的赢了官司输了理以及"合理不合法，合法不合理"的现象时有发生，而此种情形的出现可能导致当事人对国家和社会产生对抗心理，很难保证实质的正义得到实现，正如庞德所言："一个法院能使一个原告重新获得一方土地，但是它不能迫使他恢复一个妻子已疏远的爱情。法院能强制一个被告履行一项转让土地契约，但是它不能强制他去恢复一个秘密被严重侵犯的人的精神安宁。"① 所以说法律不是万能的，而诉讼也并非解决纠纷的唯一手段。相反，作为行政机关而言，由于其所处的社会管理地位，容易让老百姓产生信任感，在产生矛盾

---

① ［美］庞德：《通过法律的社会控制、法律的任务》，沈宗灵译，商务印书馆1984年版，第31页。

时，双方心理上的依赖和信任远比一部僵硬的条文更容易让人接受。同时，行政调解较之诉讼而言，其成本更为低廉，其高效率也更为快捷。对此，英国行政法学家威廉·韦德在论及英国裁判所的优越性时曾指出："20世纪的社会立法设立裁判所仅仅是出于行政上的原因，是因为它能够提供一种较为迅捷、经济，也更为便捷的公正裁判。法院的法律程序是琐碎、缓慢、费用昂贵，它的缺陷也正是其优点，因为法院的任务是实现高标准的公正。一般而言，公众总是需要尽可能的最好的产品，并准备为此付出代价。但在处理社会事务当中，目标就不同。这个目标并不是不惜任何代价以获得最好的结果，而是在符合有效管理的基础上取得最好的结果。为了节省社会和当事人的开支，应当使争议得到迅速和经济的处理。"①

尽管如此，行政调解作为社会解纷机制中的一种手段，并不能弱化诉讼的功用，也不能采取置法律于不顾的方式来解决问题。对行政调解而言，法律仍是解决问题方式的首要依据。只是与诉讼相比，更加注重从双方当事人的具体情况和实际利益来具体分析，从而对当事人进行指导和教育，强化双方当事人间的交流和沟通，从"大事化小，小事化了"角度出发促使双方当事人自愿对解决纠纷的方式和手段达成合意，签订调解协议，而在此过程中，法律仍是调解行为的指导依据和范围限度，行政调解和诉讼二者均是解决社会纠纷的手段和途径。

2. 促进政府职能转变，塑造服务型政府

邓小平曾说过："在社会主义制度下，归根结底，个人利益和集体利益是统一的，局部利益和整体利益是统一的，暂时利益与长远利益是统一的。"② 其中公共利益与个人利益的一致性，两者之间相互转化，相互依赖及相互包含的关系成为现代行政法的重要成果。对此，狄骥也曾指出"国家所追求的一种目的：①维持本身存在；②执行法律；③促

---

① [英] 威廉·韦德著：《行政法》，徐炳等译，中国大百科全书出版社1991年版，第620—621页。

② 邓小平：《坚持四项基本原则》，人民出版社1983年版，第162页。

第九章 建立行政调解，化解社会纠纷

进文明。三种国家的目的可以归结为实现法的唯一目的，即：实现社会连带关系或利益一致关系，从而使社会整体化。"① 因而，行政法的目标就是保护公共利益与个人利益的一致关系。

现代社会行政调整的首要任务是在对公共利益和个人利益的追求上如何实现二者间最大限度的统一。由于目前我国社会正处于高速发展和转型时期的特殊性，针对利益主体与利益需求日趋呈现多样化特点，利益关系随之也表现为复杂多样。从社会现状来看，收入分配不均、贫富差距过大、房价的飞速上涨、房屋拆迁与城中村改造、官员腐败、子女教育等问题已经日趋成为阻碍社会经济发展，导致社会动荡的不稳定因素，要解决如此日新月异、纷繁复杂的社会矛盾，单一依靠诉讼来进行调整已远不足以应对。由此而来的法律强制力的变化客观上弱化了行政法中的强制力，政府的行为后盾不再是以强制力为依托。另外，社会转型的客观要求也需要行政自身必须从公共权力向公共服务转变，这一职能的转变不仅要求在行政理念上有指导，还要求更为有效的行政制度建立从而达到充分发挥行政机关的作用。

由于行政调解在操作中能够同时融汇政府的服务职能、监督职能以及维稳职能的作用，为政府转变职能部门的需求客观上提供了制度保障和实施渠道，从而达到治理的目的，恰恰有助于这一趋势的进一步发展，首先从行政调解发生的时间来看，其产生于行政过程中，在双方利益尚未形成冲突时即对其进行疏导或者是对已形成利益的冲突在进入司法程序前就将其解决，客观上政府采用私法性质的柔和手段行使职能来达到行政管理的目的，在此过程中，当事人的地位也从传统行政主体模式中的被管理者变更为行政管理的合作者。在调解中，行政主体注重对当事人的理解、尊重，通过引导和沟通，为相对方选择更合意的行为创造机会使其作出合意的选择，在实现双方利益最大化的同时，也争取到个人利益和公共利益的双赢局面，正如有学者所言："主要由当事人根

---

① ［法］狄骥：《宪法论》，钱克新译，商务印书馆 1962 年版，第 483 页。

据协议来达成合意的解决方法,比起根据法律一刀两断地作出裁决,更容易带来符合纠纷实际情况的衡平式的解决。"① 其次,行政调解为产生纠纷的双方当事人提供了一个交流沟通的平台,在双方矛盾尚未升级和激化时即对双方的利益进行协调,不仅让双方利益达到平衡,也表现了行政主体对相对方的权利的尊重。就行政内涵而言,行政调解使行政权力的重心向行政权利进行了转移,不仅是现代行政的精神精髓,对于增强政府与广大民众之间的亲和力也起到不可或缺的作用。最后,行政调解在法律规定的范围内针对不同案件的具体情况,做出符合该案件实际的调解方案和调解结果,自由裁量权的行使空间较大,能够弥补因法律滞后而带来的弊端。同时由于在调解时,均能根据案件情况从实际出发,能够保证尽可能不打破现有的各种社会关系结构的平衡,有助于矛盾解决后双方当事人恢复原有的健康秩序和良好关系,同时也能够建立和增强政府和行政机关的公信力和权威性。

3. 缓解社会纠纷解决的压力,促进社会和谐发展

承前所述,由于我国目前所处的特殊社会环境,社会矛盾出现复杂化、多样化、高频化的特点,单一依靠诉讼来进行调整已远不足以应对。行政调解制度作为一种社会纠纷解决机制的出现,能够从不同途径和渠道缓解社会纠纷解决压力,起到定纷止争的良好社会效果。之所以这样说,是因为从行政调解的主体构成来看,行政调解建立了一个所谓的官与民交流的平台,产生纠纷的双方当事人以及以行政主体作为中立方的三方机制以对话方式进行沟通和交流,协商解决冲突和纠纷,在定纷止争的同时也为公民接触、观察、了解政府提供了一个互动的平台。《中华人民共和国突发事件应对法》第二十一条明确规定:"县级人民政府及其有关部门、乡级人民政府、街道办事处、居民委员会、村民委员会应当及时调解处理可能是引发社会安全事件的矛盾纠纷。"在具体实

---

① [日]栩潄孝雄:《纠纷的解决与审判制度》,王亚新译,中国政法大学出版社2004年版,第76页。

践中，行政调解的类型主要反映在上访、信访、突发性事件、群体性事件、土地纠纷、轻微治安冲突等事件上，在处理这些事件时有关行政主体应当及时赶到事发现场进行了解、调查，并在此基础上进行调处，不能调解的及时以其他方式进行处理，从第一时间保证与当事人对话交流协商，软化矛盾，疏导积怨，将可能造成更大矛盾的纠纷在第一时间得以化解，在深化服务行政理念、强化政府职能的基础上有效预防争议和矛盾的扩大。就房屋拆迁实例来看，以四川省成都市青羊区政府信息公开网上所公布的结果为样本，成都市青羊区自2006年成立房屋拆迁管理办公室以来，对于依法受理的58件拆迁案件中，曾对双方组织调解500余次，最终成功达成安置协议的共计15户；对于调解未成，下达裁决书的32户，也已经全部达成安置协议；另有26户，召开了行政强拆听证会，也全部达成了拆迁补偿安置协议。综上，对于依法受理的58个案件经行政调解促使当事人双方达成协议率为100%，行政裁决案件上访为零。[1] 从上述实例不难看出，行政调解在实践中能够有效节约行政成本、更好地定纷止争，从而为创建安定和谐的社会环境提供有力保障。

第二节 我国行政调解制度的现状分析

一、我国行政调解制度的现状

（一）我国行政调解制度的立法现状

专门针对行政调解制度的法律规定，目前我国并无统一规定。现行涉及行政调解的内容多见于各种法律、法规、规章。据不完全统计[2]，

---

[1] 参见四川省成都市青羊区政府信息公开网：http://www.cdqingyang.gov.cn/，最后访问时间2013年9月16日。

[2] 朱最新：《社会转型中的行政调解制度》，载《行政法学研究》2006年第2期。

涉及行政调解的法律有近40部，如：《中华人民共和国证券法》第一百七十六条中就涉及证券业协会对于其会员的证券纠纷有调解的职责；《中华人民共和国突发事件应对法》第二十七条中也明确规定县、乡人民政府及其有关部门应当及时对有关社会安全的矛盾纠纷进行调解；《中华人民共和国妇女权益保护法》第五十五条规定了人民政府可以依法调解侵害妇女在农村集体经济组织中的各项权利的事件；《中华人民共和国土地承包法》第五十一条也规定了乡（镇）人民政府可以对当事人请求调解的土地承包经营纠纷进行调解。诸如此类的还有《中华人民共和国海域使用管理法》第三十一条、《中华人民共和国水法》第三十六条等。在上述对行政调解制度有所涉及的法律中，所规定的仅是针对行政调解制度的原则性规定或规定某类争议可以由主管机关进行，但是对于具体程序、方式等却未进行明确，涉及行政调解程序、方法、效力和救济等方面的内容更未提及。而相关的行政法规约60部，如《铁路交通事故应急救援和调查处理条例》第三十六规定，铁路管理机构或事故调查组织在当事人的请求下对事故赔偿损害争议进行调解；《期货交易管理条例》第四十九条也明确规定期货业协会有对客户与期货业务有关的投诉纠纷有调解的职责；此外，《中华人民共和国专利法实施细则》第七十九条、第三十九条、《医疗事故处理条例》第四十八条、《计算机软件保护条例》第三十一条等都有相关的规定。而在涉及行政调解制度的行政法规和规章中，大致对行政调解制度的立法方式区分为两类：其一为执行性立法，即对法律已有明确规定的，进一步对行政调解的原则及具体操作程序进行细化，使调解主体、内容、程序等更为明确化，增强法律规定的可操作性，如《道路交通事故处理程序规定》、《农村土地承包经营权流转管理办法》等；其二为创制性立法，即法律并没有对相应的行政调解制度进行立法，或虽有立法的原则，对并无相应的具体规定，而行政法规和规章根据实践需要所作的立法尝试。前者如《信访条例》、《城市房屋拆迁管理条例》，后者如《中华人民共和国行政复议法》等。除此而外，一些地方性法规也偶有涉及有关行政调解的规定。

2004年3月国务院在其颁布的《全面推进依法行政实施纲要》中明确提出要积极探索高效、便捷和成本低廉的防范、化解社会矛盾机制，充分发挥调解在解决社会矛盾中的作用。在2010年的《国务院关于加快推进法治政府建设的意见》中提出："要抓紧建立行政调解制度和机制，科学界定行政调解范围，规范行政调解行为，明确行政调解协议的法律效力，有效发挥行政机关调解民事纠纷的作用。"再次明确了行政调解制度定纷止争的重要性，并要求建立健全群体性事件预防和处理机制。在我国现有的四种调解制度中，除大调解制度是在综合其余三种调解制度的基础上运用而成外，其余三类调解制度的发展状况为共同并存，并形成我国社会主义文明建设所要求的相互协作、"三位一体"的调解机制。但是在具体的立法实践中，《中华人民共和国民事诉讼法》、《中华人民共和国行政诉讼法》、《中华人民共和国人民调解法》、《人民调解委员会组织条例》、《人民调解工作若干规定》等法律法规的颁布及相关司法解释的出台，使本应与行政调解处于同一水平的诉讼调解和人民调解制度逐步得到了完善，其规范性远远超过了行政调解，这种立法状态上的失衡必然导致调解制度三位一体结构的失衡，影响行政调解制度全面健康有序的发展。

（二）我国行政调解制度运行现状的基本类型

根据我国目前的立法和实践，行政调解涉及的内容非常广泛，主要集中于公安行政、医疗卫生行政、劳动行政、自然资源行政、环境保护行政、公共交通行政、计量行政、邮政行政以及民政行政等领域。[①] 由于目前对于行政调解的法律规定并不统一，实务中，具体的运行主要从主体角度考虑来进行划分，目前主要包括以下几种类型：

1. 基层人民政府的调解

对于行政调解的主体而言，基层人民政府一直处于不可或缺的地

[①] 刘巍：《论行政调解》，载刘茂林主编：《公法评论》（第1卷），北京大学出版社2003年版，第213页。

位,其主要职责中也包含对民事纠纷和轻微刑事案件的调解。例如,明确由基层人民政府调解的就有《中华人民共和国土地管理法》第十六条规定:"土地所有权和使用权争议,由当事人协商解决;协商不成的,由人民政府处理。单位之间的争议,由县级以上人民政府处理;个人之间、个人与单位之间的争议,由乡级人民政府或者县级人民政府处理。当事人对有关人民政府的处理决定不服的,可以自接到处理决定通知之日起三十日内,向人民法院起诉。"又如《中华人民共和国矿产资源法》第47条也规定:"矿产企业之间的矿区范围的争议由当事人协商解决,协商不成由有关县级以上人民政府根据依法核定的矿区范围处理。"在该条文的"处理"中,显然包括调解这一解决方式。此外,《民间纠纷处理办法》中也规定基层人民政府的司法行政人员为司法助理员,其工作职责主要是负责处理民间纠纷。同时,《人民调解委员会组织条例》中对于民间纠纷的范围也进行了确定,即公民之间有关人身、财产权益和其他日常生活中发生的纠纷。因此,由于基层人民政府所处地位的特殊性,所进行的调解工作较易符合群众"耻诉、厌诉"、"大事化小,小事化了"的心理特征,在其主持下所达成的协议也比较容易被纠纷当事人接受,便于从根源上解决矛盾,其重要性不容忽视。

2. 特定行政机关的行政调解

行政机关行使其行政管理职权过程中,职责之一即为对有关的民事纠纷或行政纠纷进行调解。如《治安管理处罚法》第二十三条规定:"对于因民间纠纷引起的打架或者损毁他人财物等违反治安管理的行为,情节轻微的,公安机关可以调解处理。"《道路交通事故处理办法》第十条规定:"公安机关处理交通事故,应当在查明交通事故原因,认定交通事故责任,确定交通事故造成的损失情况后,召集当事人和有关人员对损害赔偿进行调解。"在道路交通事故中,公安机关所进行的调解与其他诉讼外调解程序的不同之处在于该办法明确规定了调解的具体期限为三十日,可延长十五日,期满调解未成的,公安机关应当制作调解终结书,由调解人员签名并加盖公安机关印章后向当事人和有关人员送达。若调解未成或一方当事人拒不履行调解协议确定的义务,公安机关即不再调解,当事人可以选择诉讼解决。此外,工商行政管理部门在对市场进行监管的过程中对合同纠纷、消费纠纷所进行的调解,环境保护部门对有关的环境纠纷进行的调解均属于传统意义上由特定行政机关进行的行政调解。随着社会不断发展变化导致各种新型矛盾的出现,对于一些新型行业的主管行政机关的行政调解也应势而生,如《电信用户申诉处理暂行办法》第19条规定:"对于属于民事争议的下列情形,申诉受理机构可以组织双方当事人进行调解:(一)申诉人与被申诉人已经就申诉事项进行过协商,但未能和解的;(二)申诉人、被申诉人同意由申诉受理机构进行调解的;(三)信息产业部规定的其他情形。"

3. 法律、法规授权组织的行政调解

我国行政调解主体中由法律、法规授权的主要有两类:一是法律、法规授权的行政机关的内部机构、派出机构以及临时性机构。这类调解比较常见的有商标评审委员会对商标权属纠纷的调解。一类是法律、法规授权的企事业单位、社会团体、行业协会、基层群众自治组织等其他社会公共组织。这类调解比较常见的有消费者协会对消费领域的纠纷进行的调解。[①]

二、现行行政调解制度中存在的问题及原因分析

由于承袭了儒家文化思想,我国本土的民族思想中形成了"和为贵"、"让为贤"主流形态,这种思想形态是调解制度能够得以存在和发展的主观条件,反而言之,调解制度的存在和发展又为创造安定、有序的社会环境提供了保障。然而随着近几年来所出现的诉讼爆炸、上访信访不断地出现,调解特别是行政调解似乎成了可有可无的制度,若仅仅以诉讼等解纷手段来对社会进行治理,则治理手段的单一性必然不足以

---

① 朱最新:《社会转型中的行政调解制度》,载《行政法学研究》2006年第2期。

应对多元化的社会矛盾,反而会滋生更多新的问题,不但解决不了现有矛盾,还会让原有的行政调解制度失去发展的机会和空间。因此,结合目前我国现行行政调解制度来看,笔者认为不利于其发展的原因主要包括以下几个方面:

(一) 缺乏正确的法治理念指引

正确的理念对于行为的指导有积极的作用,相反,错误的理念形成则可能有碍了事物的发展。在我国行政调解制度的发展过程中,由于政策、体制及社会观念的原因,不容置疑地存在着不少错误的法治理念,从而阻碍了行政调解健康有序的发展。

这些错误的法治理念主要表现为片面理解所谓"小政府、大社会"和行政限权等理论,不考虑社会需求和现实,一味以行政权限进行限缩。在法治建设中一度过分迷信司法,追求解纷途径的单一化,不顾实际、或者仅仅因为存在某些问题就轻易取消了许多行之有效的行政解决纠纷机制,将纠纷处理推向司法诉讼程序。[①] 由于对法治理念极端盲目轻信,导致社会片面认为行政调解的存在会无限扩大行政机关的行政权力,对司法的权威性和公正性造成威胁,进而影响到社会法治化建设的进程。由于对行政调解所达成的协议是否具有强制执行力,法律规定不明,在对纠纷达成行政调解协议后,可能出现因一方当事人拒不履行协议义务而使调解协议成为一纸空文。此时,不仅双方当事人之间的纠纷得不到解决,反而给行政机关的权威性造成不利影响。由此而生的是行政主体本身产生吃力不讨好的想法,在再次运用行政调解手段处理矛盾纠纷时丧失主动性和积极性。此外,一些地方行政机关对于创建和谐社会的理解片面狭隘,简单将和谐作为手段,回避单纯维稳带来的不利后果,对一些矛盾纠纷不是及时疏导,有力劝解,而是单纯采用堵、压的方式强制化解,忽略了行政调解中协商处理的柔性手段,反而将其作为一种强制治理的方式。有的行政机关在行政调解过程中甚至混淆行政调

---

① 范愉:《行政调解问题刍议》,载《广东社会科学》2008 年第 6 期。

解与行政执法,将作为行政执法主体的管理者意愿强加于调解当事人,片面追求公权力的权威性,忽略当事人权利,虽然"当调解是在假如调解不成则将采取强制性程序的威胁下进行时,它通常最为有效"①,但是如此一来,行政调解仅仅成为行政执法者执法过程中的一个手段,不能真正体现行政调解的本质内涵。而有的行政机关又单纯追求行政调解率,不顾公平、正义、合法的基本原则,往往采用"和稀泥"的方式或片面追求息诉罢访的结果,一味迎合当事人的无理要求,甚至是违法要求。"如对不调解的刑事案件等进行违法调解,将行政调解作为规避法律制裁的手段,最终使行政调解成为向因缺乏资源而不能通过审判购买正义的人们推销质次价廉的正义而已。"②而上述这些错误的法治理念只能处理一时的表面的问题,对产生矛盾纠纷的原因并未深究,进行疏导,反而可能导致矛盾的反复和激化,甚而引发更大的社会矛盾,如笔者所在区域曾发生过一起简单的民事相邻案件,因在村委会调解时双方未达成协议,导致矛盾激化,最后演变为故意伤害致死的恶性刑事案件,在当地造成了极为恶劣的影响。

(二)行政调解法律规范不统一,缺乏程序保障

由于我国目前统一的法律规定中并无行政调解的一席之地,而散见于各处的相关规定在名称上也大相径庭,有的用"协调",有的用"处理",例如《电信条例》第二十条"网间互联双方经协商未能达成网间互相协议的……由协调机关随机邀请电信技术专家和其他有关方面专家进行公开论证并提出网间互联方案"中所用的是"协调",而《矿产资源法》第四十七条中规定:"矿产企业之间的矿区范围的争议,由当事人协商,协商不成的,由有关县级以上人民政府根据地依法核定的矿区范围处理。"此处所用的是"处理",那么在具体实践中,对于"协调"

---

① [日]棚濑孝雄:《纠纷的解决与审判制度》,王亚新译,中国政法大学出版1994年版,第13页。
② [日]棚濑孝雄:《纠纷的解决与审判制度》,王亚新译,中国政法大学出版1994年版,第47页。

和"处理"等诸如此类的词如何理解,其与行政调解之间的关系如何,对此该如何定性等问题均是在具体实践中难以判断和辨别的,因为对处理方式的理解不当,所带来的后果必然会影响到纠纷处理的结果。

此外,分散于各种法律规范中的规定往往只对某类或某些情形可以行政调解处理的规定一般均为原则性规定,对于具体操作过程中所应遵循的程序和规则基本并不提及。如此一来,首先是行政主体在进行行政调解时可能出现无法可依的情形,或相关法律规定并不能起到预期的指导和规范作用;其次,当事人可能因行政调解程序的公正性规定不明而产生合理怀疑,一旦当事人的该种观念先入为主则势必对行政调解的权威性也会产生怀疑,由此带来的结果或调解不成或即使调解成功也会产生拒不执行调解协议的情形,从而使行政调解流于形式,无法达到预期目的。此外,由于目前分散于各类法律规范中涉及行政调解的相关规定或多或少仍保留较强的行政化色彩,弱化了当事人的参与意识,使调解行为成为行政主体可有可无的选择性工作,随意性较大,不利于当事人从心理上首先接受行政调解,如依照《消费者权益保护法》制定的《工商行政管理所处理消费者申诉实施办法》第六条"工商所处理消费者申诉……工商所可当即处理,也可择期处理。"由于缺乏程序性的保障机制,行政调解在实践中或出现行政机关越权调解、强行调解或出现流于形式,走过场的情形,而这两种情形不论哪一种都不利于行政调解的发展和健全。

(三) 行政调解的效力问题

理论而言,因为行政机关同时具有公权力属性,在行政调解中又充当了中立第三者的角色,因其主持所达成的调解协议其效力应高于一般的民间调解协议。但是实践中的情形,恰恰相反,对于人民调解协议的效力,最高人民法院于 2002 年 9 月发布的《关于审理涉及人民调解协议的民事案件的若干规定》中明确进行了肯定,但对于行政调解协议的效力问题,目前为止尚无规定。因此,"尽管我国拥有悠久的行政调解传统,但在 1980 年代以后,行政调解的效力却越来越低,乃至成为行

第九章 建立行政调解，化解社会纠纷

政性解纷机制整体衰落的标志"①。

在行政调解协议效力缺位的前提下，无疑会给行政机关、司法机关以及当事人带来负面的影响。例如，双方当事人所达成的行政调解协议因不具备强制执行力，协议义务人反悔时，他方当事人仅能提起诉讼进行救济。而由于审判权的行使与行政调解程序相比具有较为严格的司法程序和依据，二者相比，即凸显出的行政调解程序和依据的明显不足，一旦该协议因不能满足审判规定的形式要件被撤销，那么行政调解所产生的公信力和对行政机关的权威性在当事人心中都将大打折扣，一旦当事人对行政调解的丧失信心，随之而来的就是当事人单一选择诉讼方式解决矛盾。正如范愉所言："在行政权威和行政官员素质均无保证，司法机关与行政机关未形成合理协调时，行政处理结果可能得不到社会的认可，经常被法院推翻，由此导致资源和时间的浪费，必然会极大地削弱行政性 ADR 的作用，也会影响到行政机关处理纠纷的积极性。"②

第三节 域外行政调解制度之比较研究

一、域外纠纷解决机制中的行政调解制度介绍

由于现实的纠纷解决需求和政策理念的转变，自 20 世纪后期起，世界各国开始重新审视行政权的功能和行使方式，创建了大量新型行政纠纷解决制度。从这一发展轨迹中可以看到，随着社会发展和治理的需要，国家在某些领域的直接和积极介入会继续加强，特别是涉及弱势群体、环境、消费者权益、市场秩序、公共安全等方面，不仅要求行政机关严格执法，而且要求其积极参与各种纠纷的解决处理。③从世界范围

---

① 范愉：《行政调解问题刍议》，载《广东社会科学》2008 年，第 6 期。
② 范愉：《ADR 原理与实务》，厦门大学出版社 2002 年版，第 734 页。
③ 范愉：《行政调解问题刍议》，载《广东社会科学》2008 年第 6 期。

来看，行政调解作为一种诉讼外的纠纷解决机制，在世界各国的 ADR 机制上都占有着重要的一席之地。通过对域外解纷机制进行研究、对比，通过借鉴与发现，找出我国行政调解制度发展的瓶颈。

(一) 法国

自1972年的"阿兰达事件"① 后，法国议会在1973年1月3日通过《关于设立共和国行政调解专员的第73—6号文件》，正式建立了行政调解专员制度，以此来保护公民权利并对行政行为进行监督。根据议会法律规定，行政调解专员的人选由部长会议通过，总统任命，任期六年，不得连任，不得兼任任何其他职务。在执行职务时，不接受任何机关的命令。除由总统提出，经最高行政法院副院长、最高法院首席院长和审计法院首席院长一致同意，认为确有障碍、不能执行职务外，不得提前解职。行政调解专员有权任命工作人员，其工作的主要职能是受理个人对行政机关的申诉，并调和个人与行政机关的分歧，在特定的情况下，行政调解专员还享有命令和追诉的权力。对于国家行政机关、公务法人和其他享有行政职能的私法组织的失职、行政迟延、案卷错误、拒绝适用法律或公共服务职能的冲突等，行政调解专员都有权展开调查，并以（在行政方体与公民之间进行）调停、（向行政主体提供）建议和（发布试图引起社会舆论、总统和议会注意的）报告等不具有法律拘束力的形式灵活地解决行政争议。此外，如果行政主体不执行法院已确定的判决，行政调解专员有权发布执行令，对于公务员的严重违法或失职行为，主管行政长官若未按调解专员的建议进行处分时，行政调解专员有权发动纪律处分程序或刑事追诉程序。在处理上述具体案件的过程中，行政调解专员若发现法律制度本身存在缺陷或其他普遍性问题，得

---

① 阿兰达事件：1972年，法国一家国有企业前官员阿兰达声称他掌握了涉及48位政府高官丑闻的材料，一时舆论大哗，公众对政府官员贪污受贿和胡作非为的行为极为不满，议会内外要求建立申诉专员制度的呼声非常强烈。时任总统蓬皮杜就此举行记者招待会，承诺将采取有效措施加强对政府官员的监督。此后法国任命了调解专员，专门从事保护公民和监督行政行为的工作。次年通过的《共和国调解专员法》，标志着调解专员制度正式建立。

第九章　建立行政调解，化解社会纠纷

向总统和议会提出总体性的法律建议。①

通过对法国行政调解专员的任职和职能研究不难看出，该制度的特点一是职务具有排他性，任职期间专员不得兼任其他职务。同时执行职务具有独立性，任何机关的命令均不能对执行职务中的专员形成约束。此规定能够保证专员的中立地位不受任何因素影响，由此而作出的调解结果，权威性和公信力较其他调解结果而言明显更高，不仅让公民的权利能够得到及时充分的救济，也在客观上缓解了行政机关与公民之间直接面对而产生的尖锐矛盾。二是具有高度豁免性，行政调解专员在执行职务时并不因自己的意见和公务行为被审查起诉，该规定的实质从体制上真正保证了专员的独立性，在履行职务时更能公正中立，杜绝行政机关的权力滥用。三是调解专员的决定并不必然具有行政效力，其在行使职权时可以不具有法律拘束力的形式灵活地解决行政争议，其行为所带来的结果并非行政行为，因此也不必然具有行政效力。四是行政调解专员不能直接接受公民申诉，只能依法由国会议员进行审查后，根据不同情形确定是否送交专员处理。

综上所述，法国的行政专员调解制度对公民的法律权利和基本权利同时提供了保障，其所体现的社会作用不仅表现为在行政法体制中甚至还存在于宪法体制中。同时由于行政调解专员职能本身所具有的权威性和灵活性，因此而调停的案件本身具有约束力，不仅增加了行政调解的权威性和公信力，也间接使公民与政府关系在客观上得到改良。同时，由行政调解专员通过具体实务和专业发现所提出的建议，能有效弥补法律的僵硬性，对于促进行政体制的改革具有重要作用。但是同样由于职能受到的限制，行政调解专员的决定不具有执行性，此外由于受理公民申诉的间接性，可能使部分合理的申诉无法得到调解专员的受理和调查，在一定程度上对公民权利的保护产生消极的影响，从而成为行政调

---

① 王建学：《从行政调解专员到基本权利保护专员》，载《国家行政学院学报》2008 年第 5 期。

解专员这一制度的缺陷。

(二) 美国

在当代世界，美国可谓是 ADR 最积极的推动者，无论是立法者、社会，还是行政执法者和司法机关，都在积极推动 ADR 的利用和发展。美国 ADR 的发展经历了摇篮期、草创期、警戒期和制度化时期。① 迄今为止，ADR 作为诉讼外的纠纷解决机制已经得到社会的广泛认同。

因此要理解美国的行政调解制度，不能仅从定义本身去单纯理解，而要从美国的整个行政纠纷解决机制视野中去进行理解。20 世纪 70 年代，由于经济社会的发展，社会矛盾剧增，民权运动意识的高涨，美国民众主张个人权利的愿望和需求日益强烈，传统的诉讼方式由于诸如成本高、期限长、程序复杂等自身缺陷的影响，已不能完全适应社会现实的需要。1976 年，美国最高法院首席大法官沃恩伯格组织召开庞德会议，提出积极发展成本更低、效率更高、方式更多样的纠纷解决机制，ADR 由此诞生，随后在美国得到了迅速发展和广泛推广，发挥着越来越突出的作用，与诉讼共同构成了美国多元化纠纷解决机制。② 在众多的非诉解纷方式中，在争议双方的申请下，由与双方无利害关系的中立第三方组织，对双方进行沟通使纠纷得以解决的调解方式已成为 ADR 的主要内容之一，适格担任中立的第三方的主体，既可以是国家机关、社会组织，也可以是私营机构甚至个人。调解中时，由当事人自愿协商所形成的合意即为协议，整个调解过程中调解人与任何一方当事人谈话的内容均属于保密范畴，不得对他方当事人或第三人进行透露，若调解无法达成协议，争议当事人可以继续选择以诉讼方式来进行解决，且此前所进行的调解内容并不能作为证据提供。

从上述特点的可以看出该调解方式在有利化解矛盾的同时有效保障

---

① 范愉：《纠纷解决的理论与实践》，清华大学出版社 2007 年版，第 193 页。
② 参见《美国行政调解与替代性纠纷解决机制考察报告》，浙江省人民政府法制办公室，http：//www.zjfzb.gov.cn/il.htm? a=si&.id=5c3f755b355fa39801358370dedd0303，发布于 2012 年 2 月 16 日，最后访问时间 2013 年 7 月 6 日。

了交易安全、维护了良好的合作共赢关系。因此,在美国,调解成为各种民商事主体解决纠纷的首要选择。曾经对 ADR 持保守态度的美国民事诉讼法学家史蒂文·苏本教授在经过一段时间的观察,不仅完全消除了原来的疑虑,甚至认为 ADR 中最有发展价值的即为调解。在美国的行政调解内容中,主要集中体现于劳动纠纷上,依据《国家劳动关系法》,国家劳动关系委员会被赋予行政调解职权;《劳动关系法》、《铁路劳动法》同样赋予联邦调解调停局、全国调解委员会和全国铁路调解委员会负有劳动纠纷特别是解决铁路、航空运输业集团性劳动纠纷的职责。

美国政府部门在解决社会纠纷中所发挥的重要作用从联邦政府来看,不仅国会、法院、政府部门设有纠纷解决办公室负责解决本单位的雇佣纠纷,不少部门的纠纷解决办公室还运用调解等 ADR 方式解决其行政管理领域的纠纷。此外,美国联邦政府还设立了平等就业委员会(EEOC)、职业安全卫生委员会(OSHA)、联邦雇员福利计划委员会(MSPB)和联邦劳工关系委员会(FLRA)等直接向总统负责的独立机构,专门负责解决就业歧视、安全卫生、福利待遇、劳资关系等方面的纠纷。这些委员会在各州都设有派出机构,负责解决所在地联邦机构与其雇员之间的同类争议。以专门负责解决就业歧视纠纷的联邦平等就业委员会为例,该委员会由主席、副主席和 3 名委员组成,总部设在华盛顿,并在全国 15 个州设有地区办公室。其中,旧金山地区办公室负责管辖西部 7 个州的案件,有 2 名全职调解员、14 名合同制调解员和 20 多名志愿调解员,每年调解纠纷 600 余起。与此同时一些州也设立了专门的纠纷解决机构。可以说,这些行政部门纠纷解决机构的设立确保了纠纷的及时化解,避免纠纷形成诉讼。据司法部官员介绍,在司法部负责起诉、应诉的案件中,绝大多数案件在诉前或诉中就通过 ADR 得到了解决,只有不到 2% 的案件最终是由法院判决解决的。另据联邦平等就业委员会旧金山地区办公室介绍,在该办公室每年调解的 600 多件纠纷中,最终起诉到法院的案件不到 20 件。① 从上述数据不难看出在整个 ADR 纠纷解决机制中美国的行政调解其作用是不容忽视的。

(三) 日本

日本的调解机制包括调停制度和其他非诉讼调解机制。其中的非诉讼调解机制其解纷内容多为公害、劳动、建筑质量和消费者纠纷,该机制设立的行政性调解组织是常设性纠纷处理机构。如 1970 年日本颁布的《公害纠纷处理法》即建立了公害纠纷行政处理制度,其目的是在司法自治的基本精神的前提下,通过当事人之间的互让和行政机关的斡旋、调停、仲裁和裁定等制度,寻找迅速妥善地解决公害纠纷。② 根据《公害等调整委员会设置法》的相关规定,该委员会属日本总务省的直属机构,由委员长及 6 名委员组成,6 名委员中有 3 名为兼职人员,均能够独立行使职权并拥有身份保障,而该成员中既包括高等法院长、行政法学者、律师、专业技术人员等,使纠纷解决过程中的专业性得到保障。在具体的纠纷解决过程中,主要职责包括:①与其他行政机构进行合作,对纠纷迅速解决,对于在处理案件时获得的信息负有向有关政府部门提出政策建议和对策的职责。如《公害纠纷处理法》中就专门针对"县际案件"规定了"联合审查制度"。②根据日本民法中的相关规定,对于最终形成的调解方案,在法律上即为和解协议,对当事人接受双方间的纠纷解决方案视为形成新的合同关系,如果调停委认为双方之间难以达成合意,可以适时制作调停案,并在 30 日以上的期限内对当事人进行劝告。

二、域外行政调解制度所带来的启示

随着国际形势的发展,各国在思考问题时均将与世界接轨纳入思考

---

① 参见《美国行政调解与替代性纠纷解决机制考察报告》,浙江省人民政府法制办公室,http://www.zjfzb.gov.cn/il.htm?a=si&id=5c3f755b355fa39801358370dedd0303,发布于 2012 年 2 月 16 日,最后访问时间 2013 年 7 月 6 日。

② [日] 小岛武司、伊藤真编:《诉讼外纠纷解决法》,中国政法大学出版社 2005 年版,第 128 页。

第九章 建立行政调解，化解社会纠纷

范畴。从法国、美国、日本各自的非诉纠纷解决机制来看，这些国家的实践经验是卓有成效的，其发展的速度也远远超越了我国的非诉纠纷解决机制发展的速度。所以"通过移植国外的先进法律文化完善本土法律建设，也是世界各国法制现代化的重要手段"①。但是"因各国国情的不同，在行政性纠纷解决机制上并没有绝对相同的规律和路径。行政调解制度的设立、行政调解模式的选择、行政调解程序运行方式与其他纠纷解决方式的衔接上都应当充分考虑社会的需要和当地社区纠纷解决的习惯甚至当事人的自治能力，并根据社会发展情况及时地进行调解"。所以我国在对现行行政调解制度进行研究时，应立足本国实际，吸收和借鉴他国经验，取其精华，弃其糟粕，找到适用我国行政调解的发展之路。

对于上述域外各国的行政调解制度，虽然因自身实际的不同而必然导致程序和主体上的诸多不同。但总体而言，在整个调解过程中始终贯穿着的积极沟通、调解专业化及行政告知三项原则。

对于积极沟通原则，主要指调解主体在发生纠纷双方间积极地进行沟通，促使使双方在认识上形成一致，对纠纷的解决达成共识。积极沟通原则不仅减少了纠纷双方的对立情绪，同时在化解矛盾，使纠纷当事人达成共识，最终达到双赢的局面中扮演着从认识层面的本质来认识矛盾的重要作用，纠纷当事人只有从心理上接受了这种共识，才能自觉自愿的按照协议来履行自己的义务，对于矛盾的解决具有彻底的意义。

相对于积极沟通原则而言，专业化原则主要运用于调解过程中，对于纠纷当事人来说，一个矛盾的解决如果由一个具有专业素养的人来主持较之一个仅具有调解员身份而不具备专业素养的门外汉更具权威性和可行性。因此该项原则的运用不仅能够从心理上被当事人所接受，在对于专业纠纷的解决中，其调解结果也才足以服人，从而让类似的行政调

---

① 强世功：《调解、法律与现代化：中国调解制度研究》，中国法制出版社 2001 年版，第 8 页。

解案件更具权威性和专业性,为行政调解成为专业纠纷解决的首选途径奠定了基础。

除了上述积极沟通和专业化原则外,行政告知原则也是行政调解的重要原则之一,主要是指行政机关在收到纠纷当事人的调解诉请时,必须向纠纷主体说明调解应当注意的事项和正确的途径,不得随意拒绝或置之不理。此项原则的运用能够有效保护当事人的合法权益,并对当事人正确维护自己的权利和途径提供有效指导。

第四节 完善我国行政调解制度的构想

一、完善关于行政调解的法律规范

对于我国目前行政调解制度中出现的问题,从源头来看,仍存在着无法可依的情形。任何一项制度的推进,首先必须有明确的规范性文件来作为实践的依据,否则缺少了规范指导的制度在实践中必然被架空,实施者也无从实行。

在我国目前尚无统一的行政调解法律规范的情形下,针对规定用语模糊、无具体操作程序等问题,有必要从源头上进行解决。有的观点主张制定统一的《行政调解法》,以建立一个和谐统一的行政调解制度体系。① 如此一来,虽然在规范体系上有了明确的保障,但是就我国目前的现状来看,对于行政调解制度,在我国仍属于一个实践先行的范畴,若是先行直接制定统一的法律法规,一则有可能限制了各地方和各部门的主动性、积极性及各地结合自身实际所进行的实践优势;二则对于目前我国可能涉及行政调解的纠纷规定不尽翔实,则同样会出现不利于实践的情形。因此笔者认在规范立法方面,不妨在行政程序法中对于行政

---

① 朱最新:《社会转型中的行政调解制度》,载《行政法学研究》2006年第2期。

的一些基本责任、权限、范围、程序和效力等作出专门规定，再由各行政机关在法律规定的权限范围内制定本部门的实施细则。

二、适当扩大行政调解的适用范围

对于行政调解的范围，部分学者认为主要包括一般民事纠纷、轻微违法行为和权属争议等几个方面。实践中，调解适用范围不明确就会造成有的纠纷适用，而有的纠纷不适用，以及同类型纠纷有的地方适用，有的地方不适用的情形，不利于社会经济生活的正常运行，并在一定程度上对行政管理的效率进行了制约。传统的行政争议中能够适用行政调解的仅包括行政赔偿和补偿。但是实际上在行政争议的纠纷中并非所有的纠纷均由包含义务性质的行政权构成，相反很多行政纠纷产生的原因恰恰是"是由于行政机关利用其优越地位，有意识或无意识地给当事人造成困难。这种困难可以由于行政机关改变态度而消灭"①。因此，笔者认为，行政调解的范围不应当被局限在上述范围之中，应进行适当扩大，并且对此应在法律规范中进行明确。结合我国自身的实际发展情况，现实中，行政纠纷的适用范围并不可能包罗所有的纠纷，故笔者认为在对于行政纠纷的扩大范围问题上主要应进行三个方面的调整。

首先，对于涉及公民人身权利、财产权利的民事纠纷以及一切权属和利益纠纷，此类纠纷直接关系群众的生产、生活，也是社会最基本的组成要素，且对公共利益、其他组织和他人的权益并不造成影响，及时有效地对这类纠纷进行调解有助于维护社会的安定团结和社会经济的健康有序发展。故对此类纠纷，只要属于行政调解组织的职权范围之内，就应当进行调解。

其次，对于在行政管理或其他公益或私益活动中，行政主体为了实现行政目的而引起的纠纷。按照2006年中共中央办公厅和国务院办公厅发布的《发布预防和化解行政争议健全行政争议解决机制的意见》

---

① 王名扬：《法国行政法》，中国政法大学出版社1988年版，第545页。

加强和创新社会管理的法律问题研究

（中办发2006第27号）中提出行政争议要在"不损害国家利益、公共利益和他人合法权利的前提下，在双方当事人自愿的基础上，争取调解处理"的要求，可以借鉴美国在立法模式上的经验，如美国1996年修改的《行政争议解决法》中将包括行政调解在内的替代性解决机制范围用排除的方式进行了规定。我国在对行政争议的适用进行规定时也可采用排除的方式明确限定将诸如涉及公共利益、公共政策、他人利益及社会重大事项的行政管理以及法律明确规定只能采用司法解决的情形之外的行政纠纷可以采用行政调解的方式进行解决。

最后，对于具有行政隶属关系密切的行政机关内部单位成员间的有关行政争议，如《行政诉讼法》中对于公务员因人事任免、奖惩等发生的纠纷排除司法解决之外，而此类纠纷由于双方地位上的从属性，并不适用国家和公民之间一般权利义务关系的规定，因此类纠纷不属于司法解决的范畴，无法得到及时合理的解决，因此若对此适用行政调解，则对于此类矛盾的化解必然能发挥较之其他解决方式更有效的优势，所以笔者认为对于此类纠纷也应纳入到行政调解的适用范围中来。

三、完善行政调解的程序

程序是实现正义的根本保障。但就我国目前的立法现状而言，尚无一部行政程序法，更无论行政调解程序法。不仅如此，甚至在现行已有的相关法律法规中，对于行政调解的程序都没有明确的规定。因此，行政主体在行使行政调解职权时并没有相应的程序可以遵循，在实践中，常常是调解人自定程序进行，随意性较大，解决的纠纷类型五花八门，无法形成既定合理的形式，不仅不利于行政调解工作的开展，也无法保证行政调解的公信力。因此，严格的行政调解程序是保证行政调解顺利开展的必要前提。对此，笔者认为应从以下几方面对行政调解的程序进行完善：

第一，在具体的实践中，对于行政调解的启动一般先由当事人提出申请，行政机关在受理后，组织双方进行协商后，由行政机关根据双方

第九章 建立行政调解，化解社会纠纷

协商达成的协议内容制作调解协议书。这种方式主要为依申请进行，启动权在当事人手中，任何一方当事人若不愿意接受行政调解，则不得强制进入行政调解程序，可以通过其他途径进行解决，这种方式主要体现的是行政调解的自愿原则。笔者认为自愿原则是行政调解的基础原则，但为了保障程序的顺利进行还可以引入行政告知程序和听证程序。所谓行政告知，即行政机关在收到当事人的申请时应当向申请人说明行政调解必须注意的事项和正确途径，使申请人对于行政调解的有关要求清楚明白，能从更有利于保护自己的合法权利的途径出发选择解决方式。而听证程序，则是指行政机关在制作调解协议前，对双方当事人的诉辩主张应充分了解，并在此基础上对当事人进行说服和劝告，引导双方进行协商从而促成调解协议的达成。该程序设计的目的在于尽量重现事实真相，充分了解双方当事人的态度和认知，便于为双方协商铺垫事实基础。对此，可借鉴国外经验，确立积极沟通制度，以确保当事人享有充分表达自己真实意思的平台，通过积极沟通，使双方当事人了解对方的想法，进而能够互谅互让，达成协议。在沟通上包括当事人之间的沟通以及当事人和调解人之间的沟通两个方面，均可以在程序上进行明确规定。此外，对于调解的公开性，笔者认为应以公开调解为主，不公开调解为辅。特别是对于行政争议的纠纷，建议公开调解，理由是此类纠纷往往具有案例的性质，一个较好的行政争议调解案件，通常能起到示范的作用，不仅对于争议中所涉及的法律规定有很好的贯彻作用，同时对于类似情形具有较好的指导意义，而不公开调解的事项主要指涉及当事人的隐私、及商业秘密的事项，对此当事人可在申请时向行政机关提出不公开调解的要求。

第二，对于调解开展的时间应该有明确的时限规定，明确行政调解机构及其工作人员的法律责任，而不应是久调不决。将调解的时限进行规定，有助于提高调解的效率，符合当下高效的行政理念。结合实际，笔者认为对于行政调解的时限应确定为两个月为宜。逾期不能达成调解协议的，行政机关可以终结调解，如此不仅有助于督促当事人及时合理

地解决纠纷,同时也能够预防久调不解造成的行政资源浪费,避免影响当事人的生产、生活,甚至产生新的矛盾的现象出现。同时,为了保障行政调解人员的责任到位,还应建立责任追究机制,对行政调解机构及其工作人员在开展行政调解工作过程中应该履行的义务及违背该义务所应该承担的责任进行规定,力求责任到岗、责任到人,使行政调解真正服务于民,不会流于形式。

第三,确立调解与裁决分离的制度。对于适用行政调解的事项中,涉及行政裁决范畴的纠纷(如公安机关对交通事故的调解),若调解时当事人之间未能达成协议,则行政机关必将做出行政裁决。但是如果调解人和裁决人均为同一人的话,之前在调解过程中形成的主观认识,可能会影响到裁决的客观性和公正性,为了使保证裁决的客观公正,应当确立调解与裁决分离的制度,即若行政调解无法达成协议,则进行行政裁决时原调解人应予回避,避免调解人员在调解过程中对当事人进行裁决结果的暗示,导致调解不能正确反映当事人的真实意愿,同时也能够避免行政裁决中先入为主观念的产生,确保行政裁决的客观性和公正性。

四、明确行政调解协议的法律效力

对于行政调解协议的法律效力,根据其调解内容的不同可以分为两类。其一是民事纠纷中行政调解协议的法律效力问题。由于目前对于此类纠纷中所达成的行政调解协议并不具有直接的法律效力,加之行政机关调解的民事纠纷范围主要是与行政管理活动相关的民事纠纷或由法律明文规定由基层人民政府进行调解的其他民事纠纷,因此作为中立第三人的行政机关在进行调解时,其所行使的行政调解权其实质上具有准司法权的性质,与民事诉讼调解有异曲同工之处,不同点仅在于各自的适用范围不同。相较于民事诉讼调解而言,行政调解民事纠纷的范围较窄,对于行政调解协议的效力中并无明确法律规定。但是由于行政调解本身所具的准司法权的性质,从理论上讲,纠纷类型应属于司法机关的管辖范围,只是从经济成本及方便高效的角度出发交由行政机关来处

第九章 建立行政调解，化解社会纠纷

理，因此对此类纠纷行政调解协议的效力不妨借鉴《民事诉讼法》第九十七条的规定，调解书经双方当事人签收后，即具有法律效力。行政机关根据纠纷当事人自愿达成的协议所制作的调解书一经双方当事人签字盖章后也应具有法律效力，若是调解不能达成协议再由法律规定的纠纷解决方式进行解决。但是此处的协议效力并不等同于行政裁决的强制执行力。"因为行政裁决指是国家行政机关依照法律授权，在法定程序内，主持解决当事人之间发生的行政管理事项密切相关的特定民事纠纷的行政行为。"① 因此，由于行政裁决是行政机关运用行政权力根据法定职权单方意思行为的结果，不受纠纷当事人的意思影响，而行政调解协议则是在双方自愿、合法的基础上达成的合意，对该意思表示行政机关并不能强制调解。所以对于民事纠纷行政调解协议的生效时间确定为双方当事人对协议进行签收之时，有助于维护行政调解协议的权威性和公信力。

除了借鉴《民事诉讼法》第九十七条中对于民事纠纷行政调解协议的法律效力的规定，还可以借鉴最高人民法院于2002年9月发布的《关于审理涉及人民调解协议的民事案件的若干规定》中对于人民调解协议的效力的规定。该规定中明确经人民调解委员会调解达成的有民事权利义务内容的并经双方当事人签字或盖章的调解协议，具有民事合同的性质上。如果一方当事人不自觉履行，另一方当事人可以就协议的履行、变更、撤销向法院提起诉讼。通过借鉴，确认行政调解协议具有民事合同的性质，经双方当事人签字或盖章在加盖行政调解机关印章后即发生法律效力，双方当事人均应按协议约定内容来履行各自的权利义务内容。若一方当事人不按协议内容履行自己的义务时，应赋予法院或上级行政机关享有对行政调解协议的形式审查权，例如，审查协议是否有违反自愿调解原则、程序违法、违背法定的回避事项、违反公共利益无权调解等等，就不符合形式要件的协议认定无效并予以撤销。② 若无上

---

① 应松年主编：《行政法教程》，中国人事出版社2000年版，第199页。
② 陈思明：《行政调解探析》，中国政法大学2009年优秀硕士论文库，载于中国知网，最后访问时间2013年9月16日。

述情形，则他方当事人可以就该争议提起诉讼，人民法院在审理时应充分尊重行政调解协议的内容，同时如果在协议内容中明确规定了申请强制执行的权利，一方申请的，法院应予执行。如此能够将行政调解与司法机制有机结合起来，确保行政调解的拘束力。正如范愉教授所言："行政机关居中达成的调解协议至少具有民事合同的性质，实际上应高于民事合同的性质，因为行政机关的调解具有专业性、权威性等优势。"一旦行政调解协议的效力能得到落实，那么相较于诉讼而言，效力和结果一样，但程序更简便、更高效的行政调解必然受到群众的欢迎，对于缓解司法机关的诉讼压力，促进社会的和谐稳定发展，行政调解势必起到巨大的作用。

此外，行政调解还包括行政纠纷的行政调解。对于行政纠纷的行政调解，与民事纠纷的行政调解同理，同样可以将民事诉讼中的调解制度引入其中，即行政纠纷的行政调解在双方当事人就解决纠纷达成协议并签字盖章后协议即发生法律效力，若行政机关违反该协议约定，则行政相对人可以向人民法院或上级行政机关提出申诉；若行政相对人违反该协议约定，则行政机关可以依职权强制执行也可以申请法院强制执行。在具体的生效程序上，还可以借鉴WTO的"司法最终审查原则"，该原则要求行政机关与国际贸易相关的行政裁决行为不具有终局性，只有司法机关的司法审查才具有终局性。运用到行政纠纷的行政调解中来，可以规定行政机关对于行政纠纷的行政调解协议在双方签收后并不立即发生法律效力，可以规定五日内向人民法院提出审查申请，由人民法院来最终审查该协议的效力，否则期满后，协议即发生法律效力。

五、明确行政调解的主管机构

行政调解作为一项社会纠纷解决制度存在，其主体的特殊性决定其在实施过程中必然存在名实分离的情形。根据现行法律规定，对一些特定行政领域内的行政调解职能直接确定给政府的，由政府直接担当个案调解主体。如《环境保护法》第十五条规定："跨行政区的环境污染和

第九章　建立行政调解，化解社会纠纷

环境破坏的防治工作，由有关地方人民政府协商解决，或者由上级人民政府协调解决，做出决定。"《水法》第五十七条规定："单位之间、个人之间、单位与个人之间发生的水事纠纷，应当协商解决；当事人不愿协商或者协商不成的，可以申请县级以上地方人民政府或者其授权的部门调解，也可以直接向人民法院提起民事诉讼。县级以上地方人民政府或者其授权的部门调解不成的，当事人可以向人民法院提起民事诉讼。"在上述两部法规中虽然明确了政府的调解主体地位，然而在实际操作上，通常是由相关或指定的部门进行，最后以政府名义作出。本质上将职能部门的调解职能与政府调解职能等同起来。而职能部门的调解与政府调解最大的区别在于职能部门的调解仅限于本部分范围内，而政府调解通常却能立足高远，对一些群体性事件或社会影响较大的事件同时进行疏导和解决。若需调解的事件较为复杂，可能同时涉及其他行政管理领域，牵扯到其主管部门，那么单纯地由一个主管部门来进行调解就可能会忽视其他部门的利益，导致行政调解工作的狭隘性、片面性。因此，对于行政调解的主管机构，笔者认为在政府主导下对资源进行整合，形成相对中立和权威的中立机构实行统一式调解，不仅有利于行政调解机构在行使职能时能够从根本上化解社会矛盾，维持社会稳定发展，也能够有效避免由职能部门调解时相互推诿的情形出现。对此，山东省潍坊市已有实践。2010年4月，潍坊市政府常务会议专题研究通过了《关于推行相对集中行政复议职权和政府行政裁决职权工作的实施方案》，将行政调解纳入潍坊市委统筹的"大调解"工作体系，并将原分散在各职能部门的政府个案行政调解职能（包括行政复议案件调解、行政裁决案件调解、行政赔偿调解、单独民事争议案件的政府行政调解职能）回收由政府直接行使，从而实现了政府个案行政调解职能的名实一致。① 与此类同，成都市出台了《成都市行政调解工作指导意见（试

---

① 中国潍坊政府门户网站：http://www.weifang.gov.cn/WFZW/ZFWJ/WZBF/201004/t20100427_396164.htm，最后访问于2013年7月6日。

行)》、三门峡市人民政府制定了《关于加强行政调解工作的意见》，均通过设立行政调解机构，建立健全与人民调解、司法调解组织的协调联系机制、信息沟通机制等，进一步优化、整合调解资源，实现"三大调解"化解纠纷功能的优势互补。

六、加强行政调解与其他纠纷解决机制的衔接

自 2006 年 10 月 11 日，中国共产党第十六届中央委员会第六次全体会议通过了《中共中央关于构建社会主义和谐社会若干重大问题的决定》并提出"实现人民调解、行政调解、司法调解有机结合"的理念以来，针对我国社会矛盾纠纷化解机制所出现的"大调解"格局，在完善行政调解机制的构建上必须合理分配资源和权力，保持与大调解机制协调发展。就我国目前存在的三大调解制度而言，由于行政调解、人民调解和司法调解三者有所不同且所涉及的领域不同，因此行政调解在与其他二者的有效衔接上应充分考虑其身特点及作用来进行。

作为我国传统解决纠纷的一种方式，人民调解能有效化解纠纷、消除矛盾，在实践中被赋予了重要作用，自 2013 年 1 月 1 日起新实施的《民事诉讼法》第 194 条和第 195 条更是明确了人民调解协议的法律效力，因人民调解而产生的协议，其效力明确得到法律的认可。因此有建立行政调解与人民调解的有效衔接制度，就必须探究二者之间的互动形式，建立二者之间联合调解机制的工作方式。如治安案件发生后，公安机关介入并进行了初步的行政管理或相应处罚。但是如果在这个过程中发现同时涉及相关民事权益纠纷，则公安机关的民警可以同时对该类纠纷进行调解，遇到疑难、复杂的案件可以将该类纠纷移交给当地的联合调解处进行处理，从而将人民调解工作有机地纳入到行政调解工作的范围中来，使行政调解协议具备一般民事合同的法律效力，同时可以将这种做法推而广之，应用到其他行政领域，甚至在行政法领域可以设置专门的行政调解机构，并配备专业的行政调解人员，结合我国目前的现状，可以着重加大处理城镇房屋拆迁、农村土地承包、土地征收及征

用、环境污染、劳动就业保障、医疗卫生等案件,以此来化解社会突出矛盾,将人民调解与行政调解二者有机衔接共同化解社会矛盾。

对于在行政调解与司法调解的有机衔接上,笔者认为不妨从行政调解协议的司法确认、行政主体与司法机关共同调解及对行政调解的执行三方面入手。之所以如此,是因为这种结合在行政执法资源和司法审判资源上可以整合利用,使之得到有效衔接。由此对于行政调解协议不具备强制执行力的问题通过司法确认、追认及共同调解得到解决,同时也在一定程度上使行政调解协议具备了强制力,从而提升了行政调解的公信力。在具体的衔接过程中,笔者认为可以从以下几方面考虑:首先是证据上的衔接,即在行政调解阶段中所出示或形成的证据,在司法过程中,只要不存在违反法律规定的情形下,法院对该证据的效力应当予以确认。其次是对于调解协议效力的衔接,即在行政调解过程中已经形成或最终形成书面内容的调解协议,在诉讼过程中,法院应当充分尊重双方的最初真实意思表示,使行政调解协议的效力得到有效的法律保障,从而提升行政调解的公信力和权威性及社会影响力。最后是对于行政调解与司法调解二者之间在程序上的衔接,笔者认为对于不属于行政调解范畴的纠纷、行政调解无法达成协议的纠纷等行政机关应当告知当事人可以采取司法途径解决双方的争议,并将受理时当事人提交的全部材料退回当事人,若材料涉及国家重大利益、他人合法利益、商业秘密等不易直接交当事人的材料,行政机关可以视情况将该材料移交司法机关进行处理,从而将行政调解与司法调解有效衔接起来,从而对化解社会矛盾提供有力保障。

参考文献

本书编写组:《加强和创新社会管理干部学习读本》,北京:中共中央党校出版社2011年版。

万军:《社会建设与社会管理创新》,北京:国家行政学院出版社,2011年版。

殷昭举:《创新社会治理机制》,广州:广东人民出版社2011年版。

马仲良著:《社会管理创新》,北京:中国社会出版社2012年版。

徐顽强著:《社会管理创新:理论与实践》,北京:科学出版社2012年版。

贾宇:《社会管理创新与依法治国:第二届中国法学名家论坛学术论文集》,北京:法律出版社2013年版。

连玉明:《中国社会管理创新报告(2014)》,北京:社科文献出版社2014年版。

包心鉴:《社会治理创新与当代中国社会发展》,北京:人民出版社2014年版。

周望:《社会治理创新的地方经验研究》,北京:中国法制出版社2014年版。

林文学:《医疗纠纷解决机制研究》,北京:法律出版社2008年版。

潘绥铭:《存在与荒谬——中国地下性产业考察》,北京:群言出版社1999年版。

张孔来：《艾滋病防治工具书：CSW 人群干预》，北京：人民卫生出版社 2005 年版。

王陇德：《艾滋病防治工作手册》，北京：北京出版社 2005 年版。

李建华：《艾滋病防治工具书：IDU 人群干预》，北京：人民卫生出版社 2005 年版。

郝阳：《防治艾滋作示范全国艾滋病综合防治示范区经验案例选》，北京：人民卫生出版社 2009 年版。

张北川：《她们在黑暗中》，北京：中国社会科学出版社 2001 年版。

杨志明：《劳动人事争议调解仲裁》，北京：中国劳动社会保障出版社 2012 年版。

周湖勇：《劳动诉讼制度研究》，北京：中国法制出版社 2013 年版。

杨德敏：《我国劳动争议处理机制的反思与重构》，南昌：江西人民出版社 2006 年版。

林鹏、杨放等：《广东省静脉吸毒人群行为的定性研究》，《华南预防医学》2006（1）。

杨放、林鹏、王晔等：《广东省静脉吸毒人群吸毒行为及针具共用影响因素的定性研究》，《华南预防医学》2004（30）。

河北省社区矫正工作机制与规范运行研究课题组：《河北省社区矫正工作机制与规范运行研究》，《河北法学》2010（6）。

李德琼、黄诚：《创新社会管理至关重要》，《经济研究导刊》2011（18）。

周健：《社会组织及其管理制度改革探析》，《江西社会科学》2013（6）。

胡仙芝、徐迅、李三秋：《社会组织化与公共管理改革关系析论》，《中国行政管理》2009（10）。

金璐：《公民社会视角下的大庆社会管理创新研究》，《法制与社会》2013（20）。

程淑兰、丁润萍：《资源型地区社会管理转型路径探析》，《经济问题》2012（11）。

李立国：《勇于担当 善于作为 发挥民政在加强和创新社会管理中的重要作用》，《中国民政》2011（7）。

侯琦、魏子扬：《合作治理——中国社会管理的发展方向》，《中共中央党校学报》2012（1）。

厉希超：《分析现阶段社会管理的成就、问题以及改革》，《中小企业管理与科技（下旬刊）》2013（9）。

谢松保：《关于创新社会管理的几点思考》，《政策》2011（3）。

谢松保：《切实履行民政职能 积极服务社会管理创新》，《党政干部论坛》2011（6）。

马津华：《运用人民调解机制化解医疗纠纷》，《医学与法学》2009（2）。

张云林、张杏玲：《北京医疗纠纷第三方调解援助及探讨》，《中国医院》2009（2）。

陶鹏、薛澜：《论我国政府与社会组织应急管理合作伙伴关系的建构》，《国家行政学院学报》2013（3）。

肖金明：《社会管理创新：意义、特征与重心所在》，《山东大学学报（哲学社会科学版）》2012（4）。

蔡乐渭：《社会管理创新的法治之维——论法治视角下社会管理创新的重点》，《领导科学》2011（4）。

后 记

本书是云南省哲学社会科学研究基地课题——加强和创新社会管理的法律问题研究（JD2011ZD01）的最终研究成果。在研究过程中得到了云南省哲学社会科学规划办公室的大力支持，得到了省内相关学科专家学者的指导，在此深表谢意！本研究项目由杨临宏主持，陈颖、邓博具体负责协调实施。本项研究由杨临宏提出研究思路和提纲，陈颖、朱素明、邓博参与讨论完善。各章撰写分工是：第一章邓博（中国社会科学院法学研究所）、朱素明（昆明理工大学法学院）；第二章华袁媛（文山师范学院）；第三章李静（昆明医科大学公共卫生学院）；第四章孙琳（云南大学马克思主义学院）；第五章黄劲媚（昆明市食品药品监督管理局）；第六章宗宏（云南省政府法制办公室研究室）；第七章陈颖（昆明医科大学法医学院）；第八章曾圣谡（云南省人力资源和社会保障厅调解仲裁管理处）；第九章沈春梅（大理州中级人民法院）、顾德志（云南民族大学管理学院）。最终研究成果在各撰稿人完成各自的撰写任务后，由陈颖、朱素明、邓博进行修改完善，最终由杨临宏修改定稿。

囿于作者水平，书中错讹之处敬请读者斧正。